白庚胜,纳西族,博士、研究员、教授,1957年2月14日生于云南丽江市。就读于中央民族学院(中央民族大学)、北京师范大学、中共中央党校,以及日本大阪大学、筑波大学。长期从事学术研究管理、行政领导工作,曾先后任中国社会科学院民族文学研究所副所长,中国民间文艺家协会分党组书记,中国文学艺术界联合会主席团成员,云南省人民政府副秘书长,中国作家协会党组成员、书记处书记、副主席等职务,兼任国际萨满学会副主席、国际纳西学学会会长、中国少数民族文学学会理事长、中国民间文艺家协会常务副主席、中国民俗学会副理事长、中国人口文化促进会副会长等职。现任第十三届全国政协常委,中国作家协会副主席,中国纪实文学研究会会长,20余所大学及机构的教授、研究员。他在文学创作、翻译、评论、研究,以及文化学调研、研究、组织领导等领域卓有成就,出版有70余种专著、专集、译著、编著,并主编出版40余种近万卷(册)类书、丛书、套书,主持"中国民间文化遗产抢救工程""中国少数民族文学发展工程"等10余项国家特别委托项目、社科重大项目,获10余项国内外重要学术奖项,被中国文联授予"全国青年优秀文艺家",中央机关授予"优秀党员",国务院授予政府特殊津贴,国务院授予"全国民族团结模范",中央组织部、中央宣传部、中央统战部、教育部、科技部、人事部联合授予"优秀留学回国人员成就奖",为党的十七大代表。

本书获

2020 年贵州省出版传媒事业发展专项资金资助
贵州出版集团有限公司出版专项资金资助

白庚勝文集

央禅 己亥年 书

白庚勝文集

孙淑玲 主编

国内馆藏东巴经典编目举要

白庚胜 孙淑玲 等 编著

贵州出版集团

贵州民族出版社

图书在版编目（CIP）数据

国内馆藏东巴经典编目举要 / 白庚胜等编著. -- 贵阳:
贵州民族出版社, 2022.1
（白庚胜文集 / 孙淑玲主编）
ISBN 978-7-5412-2666-3

Ⅰ.①国… Ⅱ.①白… Ⅲ.①纳西族—民族文化—文
献 Ⅳ.①K285.7

中国版本图书馆CIP数据核字(2021)第166478号

BAI GENGSHENG WENJI
GUONEI GUANCANG DONGBA JINGDIAN BIANMU JUYAO
白庚胜文集
国内馆藏东巴经典编目举要

编　　著：白庚胜　孙淑玲 等
主　　编：孙淑玲
责任编辑：王丽璇　李小燕

出版发行：贵州民族出版社
地　　址：贵州省贵阳市观山湖区会展东路贵州出版集团大楼
印　　刷：贵阳精彩数字印刷有限公司
版　　次：2022年1月第1版
印　　次：2022年1月第1次印刷
开　　本：787mm×1092 mm　1/16
印　　张：28.25
字　　数：410千字
书　　号：ISBN 978-7-5412-2666-3
定　　价：110.00元

一、主要编著

顾　　问：徐小力

编　　著：白庚胜　孙淑玲

秘　　书：丁春艳

二、释读东巴（以姓氏拼音为序）：

和即贵　和开祥　和士诚　和文质　和学智　和云彩
和云章　习尚洪　杨尚兴

三、参与编写者（以姓氏拼音为序）：

白　枫　白庚胜　和宝林　和发源　和力民　和庆元
和尚礼　李静生　李霖灿　李例芬　李在中　王世英
习煜华　杨华玲　杨正文　张　旭

四、技术处理（以姓氏拼音为序）：

曹立君　丁春艳　耿巧曼　花如祥　孔令楠　祁　喆
吴国新　夏欣雨　赵西伟

总　序

孙淑玲

两年前，贵州民族出版社社长胡廷夺先生前来北京寻找贵州民族出版业"突围"的突破口，寻找到中国社会科学院民族学与人类学研究所研究员石茂明先生。盖因他们都是苗族同胞，又曾在中央民族大学同过学。十分谦虚的石先生便介绍白庚胜先生为胡先生做宏观策划，并建议先选编一套"白庚胜全集"作为开端。

白庚胜先生虽然已从工作一线退下，但仍是中国作家协会副主席，还担任全国政协常委，需要长年为文化、文学事业和参政议政而奔波全国各地，根本无暇顺从这一美意，做自己的文化、文学、学术总结。而且，白庚胜先生认为中国能人高士多得很，自己的诗、文、论、译工作还在源源进行之中，还轮不到出"全集"。

经多次谢绝无果后，胡先生与我们商定，这项工作就由我独担，并只称"白庚胜文集"，以留有余地。

众所周知，白庚胜先生是名副其实的文人，或称"文人型领导""领导型文人"。他因文而留京，为文而留学，为文而从政，所从的"政"也是与文化、文学、学术有直接或间接相关的"政"。他除先后担任多种文化、文学、艺术类领导职务，兼任国内外多个学术团体负责人，主持多项国家"重大课题""委托项目"，在二十多个大专院校、研究单位兼职教学外，还在组织、策划、领导有关文化、文学、学术工作，以及读书、写作、讲课、改稿、为他人写序跋与评论中生活，代价是年仅61岁就已双目摘除白内障。

他的著述较为丰富，其中有论著、论文、译著、译文、编著、编纂、创作、评论、对谈、演讲、民间文学翻译整理等，不一而足，而且历时太长、跨度太大、数量太多，要把它们分门别类选编在一起绝非易事。由于我的专业是戏曲教育，选编这套文集对我的挑战极大。但是，好在30多年来我们一直相濡以沫、了解较深，他的资料工作又一直做得极周全、细致，还有女儿白羲、女婿肖天一做助手，更有胡廷夺先生全力协助、指点。所以在有铁凝主席、慕德贵部长出席的有关它的出版签约会召开，以及班禅额尔德尼·确吉杰布大师为它题写书名之后，我的工作也在日积月累、不断推进，在全国人民喜庆中国共产党成立100周年之时收官，向新时代的中国文化界、文学界、学术界献上了白庚胜先生与我的一片薄礼。

最终选编确定的《白庚胜文集》共为50卷，每卷主要以已出版过的专集为单位，分属文化、文学、翻译、纳西学四大类。所要说明的是：(一)所收各卷均是独立或合作完成的专著、专论、专译等；(二)不收入主编的论集、丛书、辞典30余种，使之更本色；(三)对已出版过的卷本，基本保持原貌，但部分卷本在内容上略做一些增、删、合、分，使之更加匀称；(四)考虑到工作量太大，为赶进度，内文时间顺序不能太严格;(五)为节省版面,一些原著中的图片被删除;(六)为保持基本原貌,原序、后记及其内容不做任何改动。

当文人兼领导的妻子不容易,当白庚胜先生的妻子更不容易,因为白庚胜先生就很不容易。长期以来,他因生于文化中国而自豪,他因感动于中华民族终于迎来文化盛世而激动不已,他因文化使命而奋斗不止。至今,他已考察全国 2000 多个县(市),阅读书籍无算,抢救保护文化遗产及其传承人无数,提交内参提案巨量,写下文字多多,特别是在口头与非物质文化遗产学、纳西学、地名文化学、色彩文化学方面用力最甚、用功最勤、用心最深。这部文集就是他的文化、文学、学术心路的遗痕,也是他对祖国、对中华民族文化忠诚的结晶。这些,读者们都会从中一一窥见,不用理会有多少人怀疑、不解。至于水平之高低,自可以"仁者见仁,智者见智"。可贵的是,在别人的灯红酒绿、笙歌弦诵间,白庚胜用生命、勤奋、爱、忠诚,谱写了一曲文化爱国主义的壮歌。我以作为他的妻子见证了以上的一切,并以能参与到他的文化工作中做"内助"而为幸。

是为序。

2021 年 5 月 15 日

目　录

东巴文化研究历程

　　由北京信息科技大学作为责任单位、徐小力教授为首席专家的"'世界记忆遗产'东巴经典传承体系数字化国际共享平台建设研究"课题，于5年前被列为国家社会科学基金重大项目，并在其后连续两次得到资金追加支持。到今天，它行将大功告成。本人参与了此项工程从动议、规划到实施、完成的全部过程，并负责东巴经典的释读、翻译与编目整理，在此基础上编著成《国内馆藏东巴经典编目举要》一书。

一

　　东巴经典是纳西文化的百科全书，而纳西文化的主体乃是作为我国56个民族之一的纳西族。

　　纳西族古称"摩挲""么些"等，最早见载于晋代常璩所著《华阳国志》，当属现今汉藏语系藏缅语族祖先羌人后裔。目前，纳西族共有人口30余万，分布在云南、四川、西藏交界地区，以云南省丽江市、迪庆藏族自治州为主要聚居地，并建立有玉龙纳西族自治县。纳西族下分纳西、纳日、阮可、纳亥、摩里摩挲等几个支系。其中，以纳西支系人口最多、社会发展水平最高；纳日又称纳汝、纳，他称摩梭，环泸沽湖而居；阮可之意为江边人，专指分布在金沙江河谷地带的纳西人；纳亥又写作纳恒，世居迪庆高原东侧的香格里拉市三坝、洛吉等地，那里是东巴教及其东巴经典的发祥地。东巴经典主要保存于纳西、纳亥、阮可三个支系中，而纳日人主要传承达巴经典。事实上，达巴经典是东巴经典的口诵形式，达巴教是东巴教的地域性存在，达巴相当于纳日人的东巴。

　　纳西族历史古老，直比氐羌。由于不断迁徙，她最后定居于汉、藏、白、彝几大民族集团之间，构筑起主体鲜明、结构多元、层序分明、体系庞大的纳西文化大厦，并把它主要保存于东巴经典之中。

　　从地域性、支系性观之，纳西文化由白地型、永宁型、丽江型构成：白地型以纳亥文化为主干，兼有阮可文化。它以东巴文化为主干，受藏传佛教及藏文化的一定影响；永宁型即纳日型文化，以达巴教及其文化为核心，拥有母系社会及阿注走访婚两大遗产，受藏传佛教及藏文化浸润显著；丽江型纳西文化，以本民族传统文化为基础，广泛吸收汉、藏、白，尤其是儒、释、道文化因素，并以丽江古城、十三大寺、丽江古乐等而闻名于世。纳西文化还按其社会特质被划分为民间文化、宗教文化、精英文化三个层次，前者指存在于纳西族各支系的民俗文化，包括生产、生活、社会、制度各个方面；次者指包括萨尼崇拜及东巴教、达巴教等在内的宗教文化；末者指以各地各支系土司及士子阶层中所流行的精英文化。东巴经典属纳西族宗教文献，是东巴文化的主要载体，但依存于民间文化，点缀在精英文化边缘。

　　东巴文化是纳西族宗教东巴教的全部文化继承，因东巴教教主称"东巴什罗"、宗教职业者称"东巴"而得名。东巴之义为"智者"。东巴文化包括东巴、仪式、工艺、法器、服饰、歌舞、巫技、经典等门类。其中的东巴经典是东巴教经典的总称，用纳西族象形文字或部分音标文字哥巴文写成，计有1140多种，涉及哲学、宗教、语言、文字、天文、地理、社会、生态、习俗、法律、伦理、道德、文学、艺术等多个领域，已于2003年被联合国教科文组织列入"世界记忆遗产名录"。

　　东巴经典在历经近200年的浩劫之后，目前尚有34 000多册收藏于全球相关机构及个人手中。这种收藏最早开始于19世纪中叶。1867年，由法国传教士德斯古丁斯（Pere Desgodins）从云南寄回巴黎的11页本《高勒趣赎魂》是其标志。数年后，英国人吉尔（W.Jill）上尉与梅斯内（Mesney）复将两本东巴经典分别寄往梅斯内在泽西的家及大英博物馆，扩充了其收藏规模；1922年，英国曼彻斯特约翰·瑞兰兹图书馆从爱丁堡植物学家福雷斯特（G.Forrest）处购得135本东巴经，数量居当时全世界东巴经收藏之最；1929年，英国外交部亦从我国腾越（云南腾冲）采购到55本用于求寿仪式的东巴经典，并经美国传教士安德鲁斯（Andrews）与一位东巴合作全部翻译成汉语、部分英语，终于向外界揭开东巴经典及其文化的神秘面纱。从1931年起，英国在新购125本东巴经并将它们与原有的55部一同送回大英博物馆、印度事务部加以收藏后停止其英译工作。与此同时，美国学者约瑟夫·洛克（J.F.Rock）从1921年至1949年购买到8000多册东巴经典，并将它们赠送或出售给欧美各国图书馆、研究机构与个人收藏者。他的有关收藏还有近2000种毁于第二次世界大战期间的日军炮火及1949年撤离中国大陆时的兵燹之中。收藏于意大利东方研究所的500多部东巴经典原本照相复制本，便是洛克当年的馈赠品；联邦德国国家图书馆所藏的1700多部东巴经典也出自洛克。另一位美国学者昆汀·罗斯福（Quentin Roosevelt）亦在此方面贡献卓著。他于1944年在丽江收集到1861部东巴经后，将其中的1073部卖给了美国国会图书馆、88部卖给了哈佛燕京学社。

在我国，由于受西方国家对云南边地进行殖民地争夺及文化侵略的刺激，从20世纪初期便有一批学者呼吁学界及早抢救保护东巴经典。最早投入此项工作的有纳西族学者杨仲鸿、周汝诚、方国瑜等，更有陶云逵、李霖灿、万斯年诸专家于抗战期间接踵其后。中华人民共和国成立后，和志武、和发源、宋兆麟、周霖、李即善、白庚胜、和尚礼、朱宝田先后投入其中，中央民族考察团云南省分团丽江工作队、中央民族学院（大学）、云南省博物馆、国家博物馆、丽江县（后更名为丽江市）文化馆、云南省社会科学院东巴文化研究室（院）、中甸县（后更名为香格里拉市）三坝纳西族乡文化站等更成为其中流砥柱，使我国分别保存于北京，台北，南京，云南昆明、丽江、迪庆的东巴经典数量最丰、内容最全、品类最好，独冠全球。目前，国内外东巴经典馆藏已达国内18 481册、国外5516册，总计达23 997册。另有3000余册被洛克赠予亲友，在国外个人收藏，国内亦有5000余册散藏于个人手中。

　　大规模的收集、收藏促成了东巴经典及其文化研究渐成气候，并集中在翻译、编目、研究三大领域，成果丰硕。其中，翻译分为纳译汉、纳译英、汉译外、外译外四类；编目有中文编目、外文编目两类；在研究方面包括东巴教及其东巴、仪式、辞书、文献、文学、艺术、哲学、天文、占卜、语言、文字等方面。

　　（一）翻译

　　东巴经典汉译与外译工作始于 1930 年前后，主持者为美国在丽江的传教士安德鲁斯。东巴经典纳译汉工作起始于陶云逵于 1937 年发表的《么些族之羊骨卜及贝巴卜》，并以李霖灿《么些经典译注九种》、丽江县文化馆《崇般图》等 23 部石印本、云南社会科学院东巴研究院《纳西东巴古籍译注全集》100 卷、中国社会科学院民族学人类学研究所与云南社会科学院《哈佛燕京图书馆藏纳西东巴经书》，以及赵银棠、和志武、戈阿干、木丽春等纳西族学者的东巴文学作品系列翻译等最为著名。

　　（二）编目

　　东巴经典编目工作在国外于 1962 年 1 月至 10 月启动，主持人为洛克，地点为西德。这项工作得到了西德梵文学者雅纳特（K.L.Janert）的全力帮助。这项工作将收藏于西德国家图书馆的 527 部东巴经典悉数编纂成《德国东方手稿目录》，其中的第七套《纳西手写本目录》第一至第八卷业已正式出版。继之，美国国会图书馆、哈佛燕京学社，英国国家图书馆、曼彻斯特大学约翰·瑞兰兹图书馆，瑞典国家世界文化博物馆，法国国家图书馆、远东学院、吉美特博物馆、巴黎语言文化大学，德国国家图书馆，以及我国国家图书馆、国家博物馆、中央民族大学图书馆、台北"故宫博物院"、南京博物院、云南民族大学图书馆、云南省图书馆、云南民族博物馆、云南省社会科学院丽江市东巴文化研究院、云南省迪庆藏族自治州三坝纳西族乡文化站等都对各自收藏的东巴经典作了各具特色的编目，已出版的有《中国少数民族古籍总目提要·纳西族卷》。

（三）研究

东巴经典及其文化的研究亦起步于法国，拉卡珀里尔（Terriem de Lacouperie）发表于 1885 年的《西藏境内及周边的文字起源》为其代表作。作者在介绍德斯古丁斯带入欧洲的第一本东巴经典时明确指出：这是么些人（纳西族）的象形文字手稿。继之，巴克（J.Bacot）历经 1907 年、1909 年两次在纳西族地区的实地考察后于 1913 年出版《么些研究》一书，从纳西族地区的历史、地理、语言到习俗、宗教，尤其是对 370 多个纳西象形文字进行了成功的释读。

1. 辞书编纂

国际纳西学热点之一是辞书编纂。它在国外有约瑟夫·洛克的《纳西语英语百科辞典》（上、下卷）以及雅纳特的《纳西语——英语翻译》等。在国内，则先后有杨仲鸿的《么些文多巴字及哥巴文汉字译字典》、张琨的《阅读么些图经手册》《么些标言文字字典》、方国瑜的《纳西象形文字谱》、闻宥的《么些标言文字字典》、李国文的《东巴文化辞典》等问世，为学界提供了很好的学术工具。

2. "东巴"研究

东巴是东巴教的主人，也是东巴文化的主体，最早对其做研究的是洛克。其对象为纳西族支系纳日人巫师"吕波"与纳西人巫师"萨尼"。他（她）虽不是严格意义上的"东巴"，但因为有的东巴同时兼为"吕波"或"萨尼"，东巴教一般被定性为巫教，东巴往往被称为巫师，对他们的研究无疑有助于深化对东巴的认识。洛克之后，英国学者安东尼·杰克逊（A.Jackson）、日本学者荒屋丰、丸山宏也对此各有涉足，如《么些族仪式用书、目录书及占卜书的作者们》（杰克逊），从对东巴作为东巴经典作者的角度进题，而《"翻译者"巫师之地位》（荒屋丰）关注的是巫师"东巴""达巴"作为人神之间的"翻译者"的角色转换及地位，《纳西族民俗宗教诸问题》（丸山宏）则把道士、"桑尼""东巴"放在同一层次上考察其作用、地位、关系，其意义不言自明。

3. 东巴教研究

将东巴教作为一种宗教形态进行认识与把握，一直为纳西学，尤其是东巴文化研究者所热衷。如，洛克所著《献给中国西藏边疆纳西人的萨满教》、杰克逊所著《纳西宗教》、孟彻理（C.F.Mckhann）所著《纳西宗教概说》、郭大烈所著《东巴教的流派和现状》都是扛鼎之作。

4. 仪式研究

纳西族东巴教有众多的仪式，而且其规模有大小之分、黑白之别，一个个仪式便是东巴教及其文化的一个个子系统。要对东巴经典及其文化进行整体或分体研究、对分体间关系进行把握，绝对离不开对仪式的研究。因此，洛克自己就先后研究过祭署（那伽）、祭天、开路、祭武士、驱鬼、"杀魂"等仪式，并发表有大量专门性文章。进入20世纪下半叶以来，英国学者杰克逊与美国学者赵省华亦对此表现出浓厚的兴趣，前者关心仪式结构，后者热衷仪式中的两性角色转变，大大深化了洛克的理论。

5. 文献研究

东巴经典的文献研究分内容研究与形式研究。前者重于价值意义发现与阐释，后者则以其本体的形制、数量、分类、审美、书写为中心。洛克的《纳西文献研究》是内容研究的力作：其第一部分为《东巴什罗的诞生和来历》，第二部分有《纳西的"恒日屏"（神路图）》《纳西巫师占卜书"左拉"的起源》《江边纳西人"日喜"和他们的宗教文献》《美国地理学会所藏尼古斯么些手稿》等十几种。傅懋勣的《丽江么些象形文〈古事记〉研究》《纳西族图画文字〈白蝙蝠取经记〉研究》成就斐然。美籍德国人劳佛的《论纳西文字本》、闻宥的《论么些写本之形式》则在本体研究中令人耳目一新。

6. 语言文字研究

虽然西方学者也有诸如拉卡珀里尔定性东巴文为"象形文"之论，也有过洛克、杰克逊等关于纳西象形文字起源及象形文（东巴文）、标音文（哥巴文）起源孰先孰后之讨论，但东方学者在此方面研究优势明显。

这从日本学者山田胜美 1957 年出版的《曾有过生命的绘画文字世界》、西田龙雄 1966 年出版的《活着的象形文字——纳西族的文化》,诹访哲郎长期参与到有关研究的情况就可见一斑。我国学者在此方面更是独持牛耳,代表性成果有《么些文字》(章太炎)、《么些研究论文集》(李霖灿)、《纳西象形文字谱》(方国瑜)、《么些象形之初步研究》(闻宥)、《纳西族图画文字和象形文字的区别》(傅懋勣)、《从么些文看甲骨文》(董作宾)、《音字汇编》(和仲恒)、《音字形字对照表》(和泗泉)、《"古"之本义为"苦"说——汉字甲骨文、金文、篆文与纳西族象形文字》(方国瑜)、《纳西族东巴经语文试析》(和志武)、《东巴古籍的整理与研究》(萧霁弘)、《纳西族象形文字的分布与传播问题新探》(朱宝田)、《汉古文字与纳西东巴文字比较研究》(王元鹿)、《东巴形声字的类别和性质》(喻遂生)等,涉及东巴象形文字产生、演变,以及结构特点、类别、性质、传播诸问题。

7. 社会历史研究

借助东巴经典研究纳西族社会历史,一直是东巴文化研究的重中之重,并已成果累累。它在法国学者沙畹(Edouard Chavannes)始开其路以来,已有考狄(Henri Cordier)的《么些族》、洛克的《中国西南的古纳王国》《中国西藏边疆纳西人的生活与文化》,以及顾彼得(Peter Goullart)的《被遗忘的王国》、列舍托夫(A.M.Reshetor)的《纳西人的母系组织》、普鲁纳尔(G.Prunner)的《纳西象形文所反映的亲属制度》、杰克逊的《人的血统、乱伦和儿子的命名》《洪水、繁殖和享受》、孟彻理的《骨与肉:纳西宗教中的亲属关系和宇宙论》、诹访哲郎的《中国西南纳西族的农耕民性与畜牧民性》,中国学者吴泽霖的《么些人之社会组织与宗教信仰》,和志武、郭大烈的《纳西族史》,赵心愚的《纳西族藏族关系史》、杨福泉的《纳西族与藏族历史关系研究》、施传刚的《追求和谐——摩梭性伙伴关系的家庭结构组织》、蔡华的《一个无父无夫的社会——中国的纳人》,周华山的《无父无夫的国度》等先后问世。此外,赵省华的《纳西族的殉情、宗教仪式和两性社会角色的转变》,苏珊

（Susan）的母系家庭结构功能研究也是此方面的优秀成果。

8. 精神信仰研究

这方面的研究主要集中于对东巴教自然崇拜、灵魂崇拜、巫术崇拜、英雄崇拜、祖先崇拜的分析认知上，并对纳西族的自然观、社会观、人生观、审美观等作价值判断。孟彻理的《纳西族的宇宙哲学和宇宙志》以及日本学者诹访哲郎的《黑白的对立统一》、斋滕达次郎的《纳西族的超度观》，意大利学者阿丽娜关于反映人与自然关系之大型东巴教仪式"祭署"的研究便属其例。但是，其集大成者当推中国学者伍雄武编《纳西族哲学思想史论集》、李国文所著《东巴文化与纳西族哲学》，以及李例芬的《东巴文化中的哲学理念》《纳西族自然史观》《人、心灵、与自然的呼应》等系列文章。

9. 文学艺术

神话、舞蹈、音乐、绘画几个方面的研究最为集中、醒目。如洛克的《开美久命金的爱情故事》《东巴什罗的诞生和来历》《纳西文献中的洪水故事》，杰克逊的《论纳西族的一个民间故事》等，既是翻译、介绍，又是很好的点评、研究。日本学者伊滕清司的《日本神话与中国神话》一书对纳西族神话与中原神话、楚神话、日本神话做了系统研究，且十分深入；君岛久子先生的《纳西族的传说及其资料》、诹访哲郎的《纳西族神话中创世过程的重复性及各创世主题谱系》、斋滕达次郎的《纳西族东巴教神话与蒙古族叙事诗》、村井幸信的《出现于纳西族神话传承中的鸡之作用》《纳西族的龙传说》也别开生面，鲜活灵动。一般讲，中国学者的有关研究大多关注于《创世纪》《黑白战争》《鲁般鲁饶》三大史诗及洪水神话等的母题、主题、人物形象、结构、社会价值及其比较，且以单篇论文居多，李霖灿、孝子贤、林向萧、何密、王震、和钟华、和志武、杨世光等无不如此，只有白庚胜的《东巴神话象征论》《中国云南纳西族的色彩文化》《东巴神话研究》《纳西族象形文史诗〈黑白战争〉研究》属于专著。对东巴舞蹈的研究，聚焦于对东巴经《舞蹈的起源》《东巴舞谱》的全面系统梳理、阐释，乃至复原，《纳西族古代舞蹈与东巴跳神经书》（杨德鋆、和发源）与《纳西族古代舞蹈与舞谱》（杨德鋆、和发源、和云彩）、《东巴神系与东巴舞谱》（戈阿干）、《中国纳西族东巴舞谱研究》（申明淑）便是他（她）们的杰作。东巴音乐研究最早成果为杨德鋆的《东巴音乐述略》，但不久即继英籍美国学者李海伦、加拿大学者卓罗文（Normean S.Track）之后由和云峰后来者居上，完成并出版了《纳西族音乐史》及大量专题论文，成为其重镇。东巴绘画艺术从 20 世纪 80 年代起就引起学界关注，兰伟的《东巴画的种类及其特色》《东巴画与东巴文的关系》与和志武的《祭风仪式及木牌画谱》是其标志性成果。此后，一个以王荣昌、张春和、兰碧英、许正强、赵有恒、赵琦、张云岭、戈阿干等为代表的东巴书画派卓然而立，以徐晴、杨林军为代表的东巴绘画艺术研究团体亦于 21 世纪初亮丽登场并出版了《纳西族东巴画概论》。近来，东巴艺术研究已扩及对古籍装帧艺术等的研究，出版有徐丽华的《东巴古籍艺术》。西方学者伍德沃德（Woodward）则致力于从原始艺术和形象化艺术角度研究纳西象形文字，视之为"形象化语言艺术"。

10. 其他研究

随着纳西学渐成显学，有关东巴经典及其文化的研究领域不断扩大，政治学、生态学、环境学、建筑学、医药学、天文学、民俗学、预测学、人类学、文化遗产学、教育学、影视学等都纷至沓来、成果频出。其学术理念之新颖、视野之开阔、认知方法之多样、技术装备之强大、理论性研究与应用性研究结合之好，都令人振奋。

"'世界记忆遗产'东巴经典传承体系数字化国际共享平台建设研究"课题正是在以上极深厚的文化背景之下立项实施的。它对进一步抢救、保护、传承、利用东巴经典及其纳西族文化具有极其重要的政治、经济、社会、文化价值，尤其具有人文与科技相结合、创造性转化与创新性发展优秀传统文化的探索性、学术性意义。其中的科学采集、释读、编目，当是实现建立东巴经典传承体系数字化国际共享平台课题目标的基础性、基本性工作。没有它，便没有中后期的东巴经典数字化加工、检索与网络传播，东巴经典传承体系数字化国际共享平台的建设运行以及东巴经典数据库与知识库的建库、管理及利用。

二

在百余年东巴经典及其文化乃至纳西学研究的背景下，编著《国内馆藏东巴经典编目举要》一书，大致出于以下这些社会、历史和东巴文化自身的原因：

20世纪上半叶的殖民地瓜分及两次世界大战，使中国及其纳西族地区历经灾难，纳西族东巴文化饱受磨难。在法、英、德、美、意、荷等国对云南的觊觎与争夺中，纳西族地区因其丰富的自然资源与文化资源曾经受到这些帝国主义国家的关注。从而，这些国家对纳西族及其地区的侵略直接表现为军人、科学家、探险家、传教士、学者等的相继涌入及掠夺，使国际纳西学长期带有殖民主义的阴影，以致大量的、优质的东巴经典以及其他文物流失海外或被战火所吞噬，纳西学研究中心也长期在西方。而今天，随着中华民族早已获得独立解放、中国已成为全球第二大经济实体、我国的国际文化影响力正在不断增强，纳西学中心逐渐回到它的祖国，实现包括东巴经典在内的文化主权的回归不仅十分迫切，而且已经初具条件，急需采取有效的学术行动，确保国家文化安全。

20世纪下半叶，由于我国国内最重要、最紧迫者莫过于政治革命、经济建设，而且期间也曾受到一些极"左"思潮的干扰，因而在随着被西方世界的"发现"而发现其价值意义，并已初具收藏、翻译、研究规模之后，东巴经典及其文化也曾饱受创伤。在进入21世纪后，它虽迎来了春天，但商品经济、城市化、全球化的撼动，又使劫后残存的东巴经典纷纷进入市场的血口，熟知经典的老东巴屈指可数，年轻人热衷于进城打工赚钱而使其传承后继乏人，现代生产、生活、教育更令东巴文化面临着从存活状态变成死亡状态的危机。在此情况下，我们必须出于对中国历史负责、对人类文明负责的态度，利用传统与现代相结合、文化与高科技相结合、事业与产业相结合的方式改善东巴文化的存在、传播、利用、共享方式，以强化它的生命力，扩散它的影响力，而不是熟视无睹或无所作为，任其消亡。

直至目前，东巴经典收藏于国内外十余个国家有关机构、部门及个人手中，呈分布离散、互相封闭、保存粗放、内容缺少翻译等状态，严重影响了国际纳西学进展，特别是在训诂学、版本学、文献学、修辞学等方面一直鲜少突破，其丰富内涵、精神实质、多重价值未得到充分揭示。在既困扰于自然阻隔又碍于国际知识产权，无法将之实物回归、全球性共享的条件下，作为东巴经典原产国，我们不能不负起大国责任，另辟蹊径，求助于全新的传播技术，实现东巴经典收藏、传播、利用的国际大联合。

由于均是纸质且年代久远，又受环境污染的影响，东巴经典难以抗拒虫蛀鼠啃、酸风苦雨、辗转倒腾等侵害，极大地影响了它的寿命及真实性、全息性，急需依靠现代信息技术手段，结合声音、图像、实景、实物、现场信息等为东巴经典提供立体、全面的保护，建立起网上博物馆、图书馆、知识库、信息库甚至体验馆，完成东巴经典和东巴文化保护传承的技术革命。

纳西文化尤其是东巴经典及其文化研究虽已取得辉煌成绩，并育成了国际纳西学，建立了国际纳西学学会，然而不可否认的是，纳西学成果交流、信息沟通、人员往来、合作方式仍然比较传统老旧，从而大都速度慢、质量差、效率低、成本高，而且深受国际形势、国家间关系、各国国情，以及个人外语能力、人际关系制约，使纳西学特别是东巴经典及东巴文化研究的整体水平不高、不平衡状况长期存在。只有建立起有关国际共享平台，才能够建立东巴经典及其文化乃至纳西文化研究力量的大汇聚、研究成果的大交流、研究工作的大合作，加快国际纳西学学科建设提速，并扩充国际纳西学的规模，提升国际纳西学的共享水平。

已有不少机构、部门对所收藏的东巴经典做过释读、注解、编目等尝试，但就其整体而言显得颇为散漫、芜杂、混乱、孤立，无从在共同的理念、认知、标准下共享。这既表现在语言、文字上，也表现在东巴经典本体、诵读东巴本身、有关依存背景、翻译编目等方面，使有关资料的能量释放难以最大化，闲置了绝无仅有的文化资源。这也亟待我们按文化人类学和信息技术的基本标准要求，创建一种科学、明晰、全面、统一的东巴经典编目规范。

三

五年来，在徐小力教授的带领及全体成员的支持帮助下，课题组认真执行课题设计报告中所设定的目标、任务、程序、路线图、时间表，在协助处理张旭女士为组长的第一课题组采集的部分东巴经典馆藏数字信息的基础上，对所有前期采集数据进行了审慎、严谨、科学的释读、翻译、编目整理以及通稿、审定，最终编著成《国内馆藏东巴经典编目举要》一书。其工作开展情况大致如此。

（一）题解

本书称《国内馆藏东巴经典编目举要》，是出于以下几个方面的原因：

1. 东巴经典收藏具有国际性，我国有北京、台湾、江苏、云南等馆藏。其中，北京又分国家图书馆、国家博物馆、中央民族大学图书馆收藏，云南又有昆明、丽江、迪庆等多地三级收藏，昆明又有云南省博物馆、云南民族博物馆、云南民族大学图书馆收藏，丽江又有玉龙县图书馆、东巴文化博物馆、东巴文化研究院保存。此次采集编目立足中国、覆盖全球，力求做到一网打尽。

2. 东巴收藏分馆藏与个人收藏两种。馆藏又分政府机构、图书馆、艺术馆、博物馆、文化馆、文化站收藏等多种；个人收藏也分学者专家收藏、一般爱好者收藏。本次采集编目由于时间、资金、版权、人力条件有限，仅以馆藏东巴经典为对象，不敢延伸至个人收藏领地。

3. 广义的东巴教下分纳西族西部方言区有文化经典的东巴教与东部方言区只有口诵经典的达巴教两个部分。本次采集编目仅限于西部方言区东巴教经典，而对达巴教口诵经典暂加搁置。

4. 广义的东巴经典又称东巴古籍、东巴文献，除依附于一定仪式的宗教经典外，还包含有世俗化的书信、对联、契约、账本等。此次采集与编目仅限于依附于一定仪式的狭义东巴经典，尽可能使有关工作纯粹化、对象简单化。

5. 东巴经典编目在国内外早已有之，且各有千秋、形式多样。本书独创一体，对所自采的数据进行释读、编目，以适应信息技术处理与计算机应用、现代传播，而对其他几种方式则只如实列举供学界参考。

（二）程序任务

1. 调研国内所藏东巴经典收藏保存现状，分析其存量与质量；

2. 拟定采集方案，并制作足以与声像影视数字信息相匹配的表格，尽可能精、细、严、全；

3. 对国内馆藏东巴经典采集数据进行统计、分类、释读、翻译，并摄录有关录像、录音；

4. 对已释读、翻译数据进行分类、整理、录入，形成文本初稿；

5. 对已统稿文本从注音到字、词、句、篇作逐一审订、纠错，力求精准及规范，形成鉴定文本初稿；

6. 由权威专家鉴定文本初稿进行统稿，力求信、达、雅，形成正式鉴定文本；

7. 将正式鉴定文本提交课题组主持人审订，并交付第三、四、五组为下游平台建设提供基础数字档案，同时上报国家社会科学基金重大项目主持单位全国哲学社会科学规划办公室。

8. 补充修改后交付出版社出版。

（三）组织

本课题组由国际纳西学学会会长、教授、研究员白庚胜任组长，成员有孙淑玲、杨福泉、和力民、杨正文、李静生、王世英、和继全、李国文、丁春艳等。他们大都有高级职称，通晓纳、汉两种语言文字，有的还精通日语、英语、德语、法语，有的有丰富的田野调查、翻译经验，有的有较高的研究水平，有的有较强的组织协调能力，有的还曾经到国外留学、讲学，或做过国内外有关田野调查、学术研究，对采集、释读、翻译、编目富有经验。

（四）实施

1. 多次赴纳西族香格里拉市和丽江地区，请老东巴进行有关释读、翻译以及全程逐字逐句的音视频记录；

2. 组织有关成员撰写、主编与课题相关的学术著作出版、学术成果发表；

3. 白庚胜等有关成员赴东巴文化保存地，对所释读、翻译遇到的疑难问题进行校对、确认，确保每一音、每一调、每一字、每一词、每一句都准确无误；

4. 指定丁春艳等向国外各东巴经典馆藏机构征集现有编目资料并尽可能加以吸收，以体现全面性、继承性、创新性；

5. 不断监督进度、质量，推进各方面工作，抓好各个环节衔接。在异地成员间建微信平台，同地成员间一月一交流、一季一会议、一年一小结。

四

在进行本课题研究及编著这部《国内馆藏东巴经典编目举要》的过程中，我们吸取众家之长、总结各方教训，确定了以下编目工作原则：

1. 采集地在国内以东巴发祥地云南省迪庆藏族自治州香格里拉市三坝纳西族乡白地村为主，因为这里尚有 300 余部东巴经典未曾做过整理编目；

2. 释读经典者必须是当代最有经验、最负盛名、最有威望、对东巴经典及其文化以及对整个纳西族民间文化都有全面了解的东巴大师，以确保采集数据的真实性、深厚性；

3. 记录、整理、翻译者必须通晓纳西族语言文字尤其是当地方言土语，必须能够熟练运用汉语言文字及国际音标，必须有丰富的相关工作经验、学术成果；

4. 东巴经典数据采集，包括实地采集、网上采集、委托采集、内部

采集。其内容有东巴经典、东巴经典释读录音录像、相关东巴仪式、东巴经典编目文本、东巴经典馆藏情况,并进行表格化登记处理;

5. 全书正文部分区别为全采集、全释读、全翻译、全编目,以及全采集、只提要、只编目,仅列举目录参考三类,并且以第一部分为主干;

6. 表格分三部分:一是相关东巴、东巴经典及其收藏情况信息,二是相关东巴经典内容提要信息,三是相关东巴经典释读、翻译、编目情况信息,因收藏年代及具体负责人员不同,所收编目内容略有不同;

7. 对所收录的内容提要作行文通稿,使之信、达、雅;将注音统一为国际音标,并从音韵到调值作精心校订,对有关神、人、鬼、怪、天文、地理、动物、植物、仪式等专用名词的不同方言、不同教派、不同翻译称谓作注释;

8. 对国家博物馆、云南省博物馆、云南大学图书馆、云南民族大学图书馆中的东巴经典馆藏部分,因种种原因未能编目入书,待来日予以弥补。

当《国内馆藏东巴经典编目举要》即将出版之际,我们要衷心感谢全国哲学社会科学规划办公室对此项目的高度重视,并一再追加经费保证其实施;我们必须衷心感谢徐小力教授的智慧、勇气、爱心。如果没有他的声望、协调力、牺牲精神、精心设计、严格管理,就没有这项工作的动议、立项、实施、圆满完成。同时,我们还要向江苏省委宣传部徐颖缨副部长、中央民族大学图书馆徐丽华馆长、南京博物院刘文涛副院长,以及课题组全体同仁的支持、配合致以谢忱。他们让我们感受到如兄弟姐妹般的亲情,以及对纳西族及其文化的关爱、对祖国文化遗产事业的忠诚;对创造了东巴文化的母族先祖和依然传承着东巴文化薪火的骨肉同胞,对于一切为纳西文化的保存、传扬、创新做出过并正在做贡献的各国学者、专家、艺术家,我们都要一一鞠躬致谢。没有他们,我们这项工作将一事无成。最后,在对李宁、吴国新、王红军、李东先生表达衷心感谢之余,也必须向丁春艳、夏欣雨、耿巧曼三位女士及其团队表示谢忱：她（他）们五年来勤勤恳恳、尽心尽力、事无巨细、任劳任怨，居功至高，我们将永远感念。

2018 年 1 月 20 日

释读、翻译、编目部分 >>>

说明：本部分属 2013 年到 2017 年数字化采集东巴经典并进行田野调研、请老东巴全本释读翻译后完成的编目，涵盖了藏本编号、经书页数、经书撰写者、收藏标签、书写区域、经书特征、经书封面、仪式名称（汉译及国际音标）、经书名称（汉译及国际音标）、内容提要、释读东巴、编目编辑、数据采集等内容。

国内的东巴经典分别收藏于北京、江苏、台湾、云南、四川等地。其中，北京为国家博物馆、国家图书馆、中央民族大学图书馆、中央民族大学博物馆、北京信息科技大学、北京东巴文化艺术发展促进会；江苏为南京博物院；台湾为"故宫博物院"、"中央研究院历史语言研究所"；云南为云南省图书馆、云南省博物馆、云南民族博物馆、云南省少数民族古籍整理出版规划办公室、云南民族大学图书馆、云南大学图书馆，以及丽江市图书馆、丽江市东巴文化研究院、丽江博物院、玉龙纳西族自治县图书馆，迪庆藏族自治州维西傈僳族自治县档案馆与香格里拉市三坝纳西族乡文化站；四川为西南民族大学。另有部分私人收藏。

一、丽江市东巴文化研究院藏东巴经典

丽江市东巴文化研究院的前身是 1981 年成立的云南省社会科学院东巴文化研究室，它于 1991 年改名为东巴文化研究所，2004 年 6 月又更名为丽江市东巴文化研究院，收藏有 658 册东巴经典。此次选用 60 册代表性经典作编目。

丽江市东巴文化研究院东巴经典藏本编目（一）

丽江市东巴文化研究院东巴经典藏书编号	DB1-4	经书页数	38	书写经书东巴署名	无
收藏时间及历史背景	东巴经典于 2003 年被联合国教科文组织列为"世界记忆遗产"				

<table>
<tr><td rowspan="5">收藏标签</td><td rowspan="5">无</td><td colspan="5">书写区域　丽江</td></tr>
<tr><td rowspan="2">经书书写特征</td><td>象形文（封面）</td><td>象形文（内容）</td><td>哥巴文（封面）</td><td>哥巴文（内容）</td></tr>
<tr><td>√</td><td>√</td><td></td><td></td></tr>
<tr><td colspan="4">封面横版，经书正文三格书写</td></tr>
</table>

经书封面	

仪式名称	读音	mɯ³³ py²¹
	汉译	祭天

经书名称	读音	mu³³ ku⁵⁵ hy⁵⁵ ua²¹ me⁵⁵
	汉译	用牛作牺牲许愿

经文内容提要	将牺牲带至祭坛前祭供、除秽，向天神承诺来年以四蹄白净骟牛作祭天牺牲。

备注	ku⁵⁵ hy⁵⁵ 为供奉而站立之意，为来年祭牲许愿。

释读东巴：和士诚	注音标注：李例芬	编辑：夏欣雨　丁春艳
课题名称：国家社会科学基金重大项目（项目批准号：12&ZD234）	校译：和发源 音标录入：夏欣雨	统稿：白庚胜 数据技术处理：吴国新

丽江市东巴文化研究院东巴经典藏本编目（二）

丽江市东巴文化研究院东巴经典藏书编号	DB1-6	经书页数	26	书写经书东巴署名	无
收藏时间及历史背景	东巴经典于 2003 年被联合国教科文组织列为"世界记忆遗产"				

<table>
<tr>
<td rowspan="6">收藏标签</td>
<td rowspan="6">无</td>
<td>书写区域</td>
<td colspan="4">丽江</td>
</tr>
<tr>
<td rowspan="3">经书书写特征</td>
<td>象形文（封面）</td>
<td>象形文（内容）</td>
<td>哥巴文（封面）</td>
<td>哥巴文（内容）</td>
</tr>
<tr>
<td>∨</td>
<td>∨</td>
<td></td>
<td></td>
</tr>
<tr>
<td colspan="4">封面横版，经书正文三格书写</td>
</tr>
</table>

经书封面	

仪式名称	读音	mɯ³³ py²¹
	汉译	祭天

经书名称	读音	ku⁵⁵ ɣɯ³³ be²¹ tshŋ²¹ py²¹
	汉译	为绝嗣人家祭天

经文内容提要	1. 为绝嗣人家献祭天、地、柏之牺牲；
	2. 交代祭祀的原因；
	3. 逐一赞颂天、地、柏，并为之除秽、献祭；
	4. 顶灾、驱赶污秽；
	5. 求福。

备注	该仪式流传于丽江坝区及鲁甸、塔城、新主等地，与祭天仪式相似，但规模小、涉及面窄。家中不顺是因绝嗣人家的天、地、柏（也有天鬼之说）在作祟，故举行该仪式，但不定期。

释读东巴：和云彩	注音标注：李例芬	编辑：夏欣雨　丁春艳
课题名称：国家社会科学基金重大项目（项目批准号：12&ZD234）	校译：和发源 音标录入：夏欣雨	统稿：白庚胜 数据技术处理：吴国新

丽江市东巴文化研究院东巴经典藏本编目（三）

丽江市东巴文化研究院东巴经典藏书编号	DB1-9	经书页数	32	书写经书东巴署名	无
收藏时间及历史背景	东巴经典于2003年被联合国教科文组织列为"世界记忆遗产"				

收藏标签	无	书写区域	丽江			
		经书书写特征	象形文（封面）	象形文（内容）	哥巴文（封面）	哥巴文（内容）
			√	√		
		封面横版，经书正文四格书写				

经书封面	

仪式名称	读音	$dz\eta^{33}\ py^{21}$
	汉译	祭祖

经书名称	读音	$mu^{33}\ dzi^{33}$
	汉译	献牲

经文内容提要	恳请历代祖先（包括非正常死亡的祖先）来享祭，并追忆、赞颂祖先的恩德，抒发对祖先的怀念、感激之情。指出：若不敬奉祖先，家宅就不会宽敞富足，门庭不会兴旺发达；福泽吉祥、富裕强盛均靠祖先给予。

备注	此经在举行祭祖仪式祭献牺牲时诵读。

释读东巴：和士诚	注音标注：李例芬	编辑：夏欣雨　丁春艳
课题名称：国家社会科学基金重大项目（项目批准号：12&ZD234）	校译：和发源	统稿：白庚胜
	音标录入：夏欣雨	数据技术处理：吴国新

丽江市东巴文化研究院东巴经典藏本编目（四）

丽江市东巴文化研究院东巴经典藏书编号	DB2-2	经书页数	22	书写经书东巴署名	无
收藏时间及历史背景	东巴经典于2003年被联合国教科文组织列为"世界记忆遗产"				

收藏标签	无	书写区域	丽江			
		经书书写特征	象形文（封面）	象形文（内容）	哥巴文（封面）	哥巴文（内容）
			√	√		
			封面横版，经书正文三格书写			

经书封面	

仪式名称	读音	sŋ⁵⁵ khv²¹
	汉译	迎家神

经书名称	读音	se³³ do³³ tshŋ⁵⁵ ko⁵⁵ uo⁵⁵ bæ³³ mi³³ tʂŋ⁵⁵
	汉译	竖神石·倒祭粮·燃灯

经文内容提要	1. 交代供奉家神篓的必要性及筐内各物的象征意义； 2. 为各方神灵及家神献祭粮，尤其是用白米献家神； 3. 为各方神灵及家神燃灯，交代其所需圣油的来历：久授神女住在天后边，不会说话只会笑。天上的牲畜柯督拉崩不会叫，只会发出"喔喔"声。久授神女带桶去挤柯督拉崩的奶，三个早晨就挤了九个桶。她将奶用白银勺子、黄金漏勺过滤后放在金桶里抽打，三个早晨后得到了九饼油。

备注	在迎家神仪式祭坛上放置象征居住有家神之竹篓，然后为其供奉祭粮、燃灯、香炷。

释读东巴：和即贵	注音标注：李例芬	编辑：夏欣雨　丁春艳
课题名称：国家社会科学基金重大项目（项目批准号：12&ZD234）	校译：习煜华 音标录入：夏欣雨	统稿：白庚胜 数据技术处理：吴国新

丽江市东巴文化研究院东巴经典藏本编目（五）

丽江市东巴文化研究院东巴经典藏书编号	DB2-6	经书页数	51	书写经书东巴署名	无
收藏时间及历史背景	东巴经典于2003年被联合国教科文组织列为"世界记忆遗产"				

收藏标签	无	书写区域	丽江			
		经书书写特征	象形文（封面）	象形文（内容）	哥巴文（封面）	哥巴文（内容）
			√	√		
			封面竖版，经书正文三格书写			

经书封面	

仪式名称	读音	sŋ⁵⁵ khv²¹ kv³³ dɯ²¹
	汉译	大祭家神

经书名称	读音	sŋ⁵⁵ ha³³ sŋ²¹
	汉译	为家神献饭

经文内容提要	行祭人家为祈求福泽吉祥、富裕强盛、胜利美好、能干敏捷而特别迎请家神，并为其供献美食与天香。

备注	素神即家神。哪里有生命，哪里就有家神。纳西族古老神系中的诸位大神及家神具有强盛的生命力。

释读东巴：和即贵	注音标注：李例芬	编辑：夏欣雨　丁春艳
课题名称：国家社会科学基金重大项目（项目批准号：12&ZD234）	校译：习煜华 音标录入：夏欣雨	统稿：白庚胜 数据技术处理：吴国新

丽江市东巴文化研究院东巴经典藏本编目（六）

丽江市东巴文化研究院东巴经典藏书编号	DB2-10	经书页数	16	书写经书东巴署名	无
收藏时间及历史背景	东巴经典于2003年被联合国教科文组织列为"世界记忆遗产"				

收藏标签	无	书写区域	丽江			
		经书书写特征	象形文（封面）	象形文（内容）	哥巴文（封面）	哥巴文（内容）
			√	√		
			封面竖版，经书正文三格书写			

经书封面	

仪式名称	读音	sๅ⁵⁵ khv²¹
	汉译	迎家神

经书名称	读音	bər³³ thv⁵⁵ khuə⁵⁵ ʂə⁵⁵
	汉译	办喜事说吉利话

经文内容提要	人类还没有婚配以前，太阳和月亮最先被婚配，并由启明星做媒。从此，左边升起的太阳温暖，右边出来的月亮明媚。太阳与月亮缔结连理，夫妻长寿幸福。

备注	在办喜事祭家神仪式中，人们要赞颂婚合之喜。通过列举多对美好婚姻，热情赞颂它给世界带来的生命昌盛。

释读东巴：和云彩	注音标注：李例芬	编辑：夏欣雨　丁春艳
课题名称：国家社会科学基金重大项目（项目批准号：12&ZD234）	校译：王世英 音标录入：夏欣雨	统稿：白庚胜 数据技术处理：吴国新

丽江市东巴文化研究院东巴经典藏本编目（七）

丽江市东巴文化研究院东巴经典藏书编号	DB3-6	经书页数	25	书写经书东巴署名	无
收藏时间及历史背景	东巴经典于2003年被联合国教科文组织列为"世界记忆遗产"				

收藏标签	无	书写区域	丽江			
		经书书写特征	象形文（封面）	象形文（内容）	哥巴文（封面）	哥巴文（内容）
			√	√		
			封面竖版，经书正文三格书写			

经书封面	

仪式名称	读音	dzŋ³³ uo³³ py²¹
	汉译	祭村寨神

经书名称	读音	uə³³ pa⁵⁵ hy⁵⁵ æ²¹ ku⁵⁵ hy⁵⁵
	汉译	用鸡向村寨神许愿

经文内容提要	前半部分讲述竖村寨神标志物的来历和必要性：用虎皮做旗面，用牦牛角做村寨神旗杆尖，把村寨神标志物高高竖起来，把各方祸事镇压下去。后半部分讲述鸡的来历及以之作竖村寨神标志物牺牲来许愿的必要性，恳请神灵保佑。祝愿祭鸡在神前站得好、长得肉肥味美。为此，贤能的东巴将圣油抹在鸡身上。

备注	在祭村寨神，竖村寨神标志物许愿时诵唱。

释读东巴：和即贵	注音标注：李例芬	编辑：夏欣雨　丁春艳
课题名称：国家社会科学基金重大项目（项目批准号：12&ZD234）	校译：习煜华音标录入：夏欣雨	统稿：白庚胜数据技术处理：吴国新

丽江市东巴文化研究院东巴经典藏本编目（八）

丽江市东巴文化研究院东巴经典藏书编号	DB3-11	经书页数	20	书写经书东巴署名	无
收藏时间及历史背景	东巴经典于 2003 年被联合国教科文组织列为"世界记忆遗产"				

收藏标签	无	书写区域	丽江			
		经书书写特征	象形文（封面）	象形文（内容）	哥巴文（封面）	哥巴文（内容）
			√	√		
		封面竖版，经书正文三格书写				

经书封面	

仪式名称	读音	lɯ⁵⁵ py²¹
	汉译	祭猎神
经书名称	读音	lɯ⁵⁵ ʂu⁵⁵
	汉译	拜猎神

经文内容提要	给五方大猎神供奉全年的食粮、整月的供品。猎神是有名的猎手泽固泽本的猎神，是有名的猎人泽本阿戛来的猎神，是与天神一同狩猎、像天神一样敏捷的猎神，是与地神一同狩猎、如地神一样神速的猎神，是与董神一同射箭、似董神一样精准的猎神。
备注	本经典见于丽江坝周围山区，独具特色。它以猎神为中心，讲述了纳西人心目中的猎神形象及其习性。

释读东巴：和士诚	注音标注：李例芬	编辑：夏欣雨　丁春艳
课题名称：国家社会科学基金重大项目（项目批准号：12&ZD234）	校译：习煜华	统稿：白庚胜
	音标录入：夏欣雨	数据技术处理：吴国新

丽江市东巴文化研究院东巴经典藏本编目（九）

丽江市东巴文化研究院东巴经典藏书编号	DB4-4	经书页数	13	书写经书东巴署名	无
收藏时间及历史背景	东巴经典于2003年被联合国教科文组织列为"世界记忆遗产"				

收藏标签	无	书写区域	丽江			
		经书书写特征	象形文（封面）	象形文（内容）	哥巴文（封面）	哥巴文（内容）
			√	√		
			封面竖版，经书正文三格书写			

经书封面	

仪式名称	读音	ga³³ py²¹
	汉译	祭胜利神

经书名称	读音	ga³³ dzæ³³ dzər⁵⁵
	汉译	拉福分

经文内容提要	凡富足、兴盛、强大、繁荣的部族或人家都受到胜利神庇佑。拉福分可以把神灵和他人常胜不衰的福分变为自己的福分。故，祈求胜利神把别人的福分、吉祥转赐予行祭人家，把别人的财富、强盛转化为行祭人家的强盛。

备注	胜利神又称高神。

释读东巴：和即贵	注音标注：李例芬	编辑：夏欣雨　丁春艳
课题名称：国家社会科学基金重大项目（项目批准号：12&ZD234）	校译：习煜华	统稿：白庚胜
	音标录入：夏欣雨	数据技术处理：吴国新

丽江市东巴文化研究院东巴经典藏本编目（十）

丽江市东巴文化研究院东巴经典藏书编号	DB4-11	经书页数	27	书写经书东巴署名	无
收藏时间及历史背景	东巴经典于2003年被联合国教科文组织列为"世界记忆遗产"				

收藏标签	无	书写区域	丽江			
		经书书写特征	象形文（封面）	象形文（内容）	哥巴文（封面）	哥巴文（内容）
			√	√		√
			封面横版，经书正文三格书写			

经书封面	

仪式名称	读音	ze²¹ me⁵⁵
	汉译	求壬

经书名称	读音	ha³³ ʂ̩²¹ tʂhər³³ khɯ⁵⁵ du³³ mu²¹
	汉译	献饭·施药及祭祀规程

经文内容提要	1. 给祭献的饭食除秽，也给顶灾杆除秽，并把东巴口中的不净除去； 　　2. 盛情款待壬、趣、董饮宴：给壬敬上美酒；把最好吃的饭祭献给壬和趣；给壬、董献上饭、白盐、白毛毡、白麻布、白米、甜酒等祭物； 　　3. 挤来母犏牛、母牦牛、母山羊、母绵羊的奶，制成配入银气、金气的药，制成配入松石气、墨玉气的药，制成放进菖蒲、水草花的药，制成配入虎掌参的药，制成配入白海螺粉的治头疼的药，制成配入江边苦楝子果的治眼病的药，配以海贝制成的能治牙疼的药； 　　4. 具体规程为：到构古山顶祭场插好祭木，给卢神、色神除秽、烧天香。

备注	在向壬祭献熟食时诵读。需要一只母鸡、一块绘有八宝的木牌，并杀猪、杀鸡、洒净水，念诵《开坛经》《壬的来历》《献牲》《迎卢神、接受威灵》《杀猛妖》《招魂》《献饭》《送壬》等经书。

释读东巴：和开祥	注音标注：李例芬	编辑：夏欣雨　丁春艳
课题名称：国家社会科学基金重大项目（项目批准号：12&ZD234）	校译：习煜华 音标录入：夏欣雨	统稿：白庚胜 数据技术处理：吴国新

丽江市东巴文化研究院东巴经典藏本编目（十一）

丽江市东巴文化研究院东巴经典藏书编号	DB5-2	经书页数	28	书写经书东巴署名	无
收藏时间及历史背景	东巴经典于2003年被联合国教科文组织列为"世界记忆遗产"				

收藏标签	无	书写区域	丽江		
		经书书写特征	象形文（封面）	象形文（内容）	哥巴文（封面）	哥巴文（内容）
			√	√		
			封面横版，经书正文三格书写			

经书封面

仪式名称	读音	ʂu²¹ gv²¹
	汉译	祭署

经书名称	读音	zɿ²¹ tu²¹ py²¹ dzɿ²¹ ka⁵⁵ o⁵⁵ mæ⁵⁵ tʂu⁵⁵ ua²¹ me⁵⁵
	汉译	设神坛撒神粮·卷尾

经文内容提要	由能干的东巴来建盘神、禅神、吾神、恒神、高神、沃神的神屋，并设置铺有白羊毛毡的神坛，用通常只献给盘神、禅神的神粮祭献诸神，用美酒、香茶行祭，祈愿射箭中的，得福得子。

备注	讲述所铺设神的坛毡子、神石和神粮的出处。

释读东巴：和即贵	注音标注：李静生	编辑：夏欣雨　丁春艳
课题名称：国家社会科学基金重大项目（项目批准号：12&ZD234）	校译：王世英 音标录入：夏欣雨	统稿：白庚胜 数据技术处理：吴国新

丽江市东巴文化研究院东巴经典藏本编目（十二）

丽江市东巴文化研究院东巴经典藏书编号	DB5-7	经书页数	56	书写经书东巴署名	无
收藏时间及历史背景	东巴经典于2003年被联合国教科文组织列为"世界记忆遗产"				

收藏标签	【ʂ∨ɪᵍ∨ɹ】248	书写区域	丽江		
		经书书写特征	象形文（封面）	象形文（内容）	哥巴文（封面）	哥巴文（内容）
			√	√		
			封面横版，经书正文三格书写			

经书封面	

仪式名称	读音	ʂu²¹ gv²¹
	汉译	祭署

经书名称	读音	ʂu²¹ du²¹ khv²¹ ʂu²¹ sa⁵⁵
	汉译	迎请署酋降临

经文内容提要	行祭人家请来尤聂季恭东巴铺设好神坛，做好署寨，请东、南、西、北、东北、东南、西北、西南各方署酋降临到署寨，接受主人偿还淘金、取银、伐木、挖石时所欠的债，偿还猎杀鹿、野牛、熊和野猪所欠的债，偿还建村寨、挖山川、取木石的债，给署酋满眼的财物，请所有的署酋降临，赐行祭人家以长寿、幸福、平安。

备注	署，又译作自然神。

释读东巴：和云彩	注音标注：李静生	编辑：夏欣雨　丁春艳
课题名称：国家社会科学基金重大项目（项目批准号：12&ZD234）	校译：王世英 音标录入：夏欣雨	统稿：白庚胜 数据技术处理：吴国新

丽江市东巴文化研究院东巴经典藏本编目（十三）

丽江市东巴文化研究院东巴经典藏书编号	DB5-10	经书页数	17	书写经书东巴署名	无			
收藏时间及历史背景	东巴经典于2003年被联合国教科文组织列为"世界记忆遗产"							

收藏标签		书写区域	丽江				
		经书书写特征	象形文（封面）	象形文（内容）	哥巴文（封面）	哥巴文（内容）
			√	√		
			封面横版，经书正文四格书写，残破			

经书封面	

仪式名称	读音	ṣu²¹ gv²¹
	汉译	祭署

经书名称	读音	so³³ to³³ kv³³ tṣu⁵⁵ mæ⁵⁵ tṣu⁵⁵ ua²¹
	汉译	烧天香（上、下卷）

经文内容提要	内容全系咒语，不得其解。

备注	

释读东巴：和开祥	注音标注：李静生	编辑：夏欣雨　丁春艳
课题名称：国家社会科学基金重大项目（项目批准号：12&ZD234）	校译：王世英 音标录入：夏欣雨	统稿：白庚胜 数据技术处理：吴国新

丽江市东巴文化研究院东巴经典藏本编目（十四）

丽江市东巴文化研究院东巴经典藏书编号	DB6-3	经书页数	25	书写经书东巴署名	无
收藏时间及历史背景	东巴经典于2003年被联合国教科文组织列为"世界记忆遗产"					

收藏标签		书写区域	丽江			
		经书书写特征	象形文（封面）	象形文（内容）	哥巴文（封面）	哥巴文（内容）
			√	√		
		封面横版，经书正文四格书写					

经书封面	

仪式名称	读音	ʂu²¹ gv²¹
	汉译	祭署

经书名称	读音	khu³³ tɕhi³³ phi⁵⁵ the³³ ɣu³³ ua²¹ me⁵⁵
	汉译	送署酋守卫经书

经文内容提要	行祭人家向东方、南方、西方、北方的署酋祈求福泽和子嗣、好年和长寿。在遭到四方署酋守卫的挑拨是非后，行祭人家只好请东巴举行仪式，给四方守卫署很多财物，将他们送走，以达到祈求福泽与子嗣、不患疾病、流水满塘之目的。
备注	

释读东巴：和云彩	注音标注：李静生	编辑：夏欣雨　丁春艳
课题名称：国家社会科学基金重大项目（项目批准号：12&ZD234）	校译：王世英　音标录入：夏欣雨	统稿：白庚胜　数据技术处理：吴国新

丽江市东巴文化研究院东巴经典藏本编目（十五）

丽江市东巴文化研究院东巴经典藏书编号	DB7-2	经书页数	15	书写经书东巴署名	无
收藏时间及历史背景	东巴经典于2003年被联合国教科文组织列为"世界记忆遗产"				

收藏标签		书写区域	丽江			
		经书书写特征	象形文（封面）	象形文（内容）	哥巴文（封面）	哥巴文（内容）
			√	√		
		封面横版，经书正文四格书写				

经书封面	

仪式名称	读音	ṣu²¹ gv²¹
	汉译	祭署

经书名称	读音	tṣhər²¹ ty³³ sɿ²¹ zɿ³³ tṣər⁵⁵ dzo²¹ ua²¹ me⁵⁵
	汉译	蚩堆斯汝的故事

经文内容提要	一日，蚩堆斯汝去打猎，见到一只白鹇鸟就去射，但没有射中；又一日，他去打猎，见到一只红猴就去射，但没有射中；再一日，他又去打猎，见到一只青角岩羊就去射，还是没有射中。那只岩羊跑到海里与蛇兵、鱼兵打斗，害得蚩堆斯汝得病。蚩堆斯汝只好去占卜并请东巴行祭还债，病才见好。如今，蚩堆斯汝的后裔请东巴行祭，还署的债，并给署施药，以求平安与福泽。
备注	

释读东巴：和开祥	注音标注：李静生	编辑：夏欣雨　丁春艳
课题名称：国家社会科学基金重大项目（项目批准号：12&ZD234）	校译：王世英　音标录入：夏欣雨	统稿：白庚胜　数据技术处理：吴国新

丽江市东巴文化研究院东巴经典藏本编目（十六）

丽江市东巴文化研究院东巴经典藏书编号	DB7-6	经书页数	26	书写经书东巴署名	无
收藏时间及历史背景	东巴经典于 2003 年被联合国教科文组织列为"世界记忆遗产"				

收藏标签		书写区域	丽江		
		经书书写特征	象形文（封面）	象形文（内容）	哥巴文（封面）	哥巴文（内容）
			√	√		
			封面横版，经书正文三格书写			

经书封面	

仪式名称	读音	ʂu²¹ gv²¹
	汉译	祭署

经书名称	读音	æ²¹ thv³³ æ²¹ pɯ⁵⁵
	汉译	鸡的来历

经文内容提要	先讲述鸡的来历。由能干的东巴给鸡除秽，用鸡作生者的替身向各方署首求福泽、子嗣、富强；再讲述木牌的出处。将木牌头做成蛙头形，木牌尾做成蛇尾形，在木牌上画五种宝物，并将各种木牌作为礼物，求署赐予福泽和子嗣。

备注	

释读东巴：和开祥	注音标注：李静生	编辑：夏欣雨　丁春艳
课题名称：国家社会科学基金重大项目（项目批准号：12&ZD234）	校译：王世英　音标录入：夏欣雨	统稿：白庚胜　数据技术处理：吴国新

丽江市东巴文化研究院东巴经典藏本编目（十七）

丽江市东巴文化研究院东巴经典藏书编号	DB8-1	经书页数	17	书写经书东巴署名	无
收藏时间及历史背景	东巴经典于2003年被联合国教科文组织列为"世界记忆遗产"				

收藏标签	无	书写区域	丽江		
		经书书写特征	象形文（封面）	象形文（内容）	哥巴文（封面）	哥巴文（内容）
			√	√		
			封面横版，经书正文三格书写			

经书封面	

仪式名称	读音	ṣu²¹ gv²¹
	汉译	祭署

经书名称	读音	tsho²¹ ze³³ lɯ⁵⁵ ɣɯ³³ tse²¹ zo³³ miə³³ çy²¹ tʂər⁵⁵ dzo²¹ ua²¹ me⁵⁵
	汉译	崇仁利恩·红眼仄若的故事

经文内容提要	远古时，人类与署类是同父异母的兄弟。后来，兄弟分家，人类分得肥田、牲畜、村寨，署类分得高原、大山、野兽、森林、泉水等。崇仁利恩去捕树上的白鹇鸟，去署家的松林中放羊子，犁地时误伤了署的头。署便给崇仁利恩施放疾病，让他白天筋骨痛、晚上肌肉疼。后来，崇仁利恩请玖补土蛊东巴祭署，病见好。于是，他的后裔便会在未得病之前请东巴祭署，以免除灾难。 　　在红眼仄若的时代，他安分守己，每日做活、放牧、挤奶，过着富裕的生活。一日，红眼仄若去挖渠理水，不料挖断了美蛇的绿颈，挖伤了青蛙的嘴皮。与署发生了争斗后，红眼仄若病倒了。他只好派行动敏捷的年轻人，请来尤聂季恭东巴为他行祭治病。从此，红眼仄若的后裔便会在未得病之前请东巴祭署，以免灾难。
备注	

释读东巴：和开祥	注音标注：李静生	编辑：夏欣雨　丁春艳
课题名称：国家社会科学基金重大项目（项目批准号：12&ZD234）	校译：王世英 音标录入：夏欣雨	统稿：白庚胜 数据技术处理：吴国新

丽江市东巴文化研究院东巴经典藏本编目（十八）

丽江市东巴文化研究院东巴经典藏书编号	DB8-6	经书页数	31	书写经书东巴署名	无
收藏时间及历史背景	东巴经典于2003年被联合国教科文组织列为"世界记忆遗产"				

收藏标签	无	书写区域	丽江			
		经书书写特征	象形文（封面）	象形文（内容）	哥巴文（封面）	哥巴文（内容）
			√	√		
			封面横版，经书正文三格书写			

经书封面	

仪式名称	读音	ṣu²¹ gv²¹
	汉译	祭署

经书名称	读音	ṣu²¹ tha⁵⁵ tshŋ⁵⁵ ua²¹ me⁵⁵
	汉译	建署塔经

经文内容提要	远古时，东巴用柏木建署塔，用九种十样的树枝作塔骨，用九种土作塔肉，九种水作塔血，用风作塔气，用金、银、绿松石、墨玉石、珊瑚五种宝物作塔心，还供以牦牛、羊、酒、饭、肥肉、瘦肉、柏、酥油，并烧上天香。东方的格衬称补东巴、南方的胜日明恭东巴、西方的纳生初卢东巴、北方的古胜抠巴东巴、天地中央的梭余晋古东巴。他们亦各建各的署塔，将各方鬼压在下。后来，人们在所建的翠柏白塔上拴四束五色布条，以求福泽子嗣。如今，行祭人家请东巴建翠柏塔祭署，以祈求福泽与子嗣。

备注	

释读东巴：和开祥	注音标注：李静生	编辑：夏欣雨　丁春艳
课题名称：国家社会科学基金重大项目（项目批准号：12&ZD234）	校译：王世英	统稿：白庚胜
	音标录入：夏欣雨	数据技术处理：吴国新

丽江市东巴文化研究院东巴经典藏本编目（十九）

丽江市东巴文化研究院东巴经典藏书编号	DB8-10	经书页数	8	书写经书东巴署名	无
收藏时间及历史背景	东巴经典于 2003 年被联合国教科文组织列为"世界记忆遗产"				

收藏标签	无	书写区域	丽江			
		经书书写特征	象形文（封面）	象形文（内容）	哥巴文（封面）	哥巴文（内容）
			√	√		
		封面横版，经书正文三格书写				

经书封面	

仪式名称	读音	şu²¹ gv²¹
	汉译	祭署

经书名称	读音	dzə²¹ bv³³ lu⁵⁵ kv³³ ka³³ tɕhi³³ şv²¹ khu³³ phu³³ ua²¹ me⁵⁵
	汉译	四尊久补神卖力·开署门经

经文内容提要	请住在若罗神山上司天门的东方大神久补斥补尤可梭、南方大神久补斥补帕金补、西方大神久补斥补生米若、北方大神久补斥补诺妥生，右手持利刀、左手持塔，用钥匙打开四方署门、龙门，赐予主人家福禄、寿命、福泽、子嗣。

备注	

释读东巴：和开祥	注音标注：李静生	编辑：夏欣雨　丁春艳
课题名称：国家社会科学基金重大项目（项目批准号：12&ZD234）	校译：王世英 音标录入：夏欣雨	统稿：白庚胜 数据技术处理：吴国新

丽江市东巴文化研究院东巴经典藏本编目（二十）

丽江市东巴文化研究院东巴经典藏书编号	DB9-2	经书页数	20	书写经书东巴署名	无
收藏时间及历史背景	东巴经典于2003年被联合国教科文组织列为"世界记忆遗产"				

收藏标签		书写区域	丽江		
		经书书写特征	象形文（封面）	象形文（内容）	哥巴文（封面）	哥巴文（内容）
			√	√		
			封面横版，经书正文三格书写			

经书封面	

仪式名称	读音	şu²¹ gv²¹
	汉译	祭署

经书名称	读音	o²¹ he³³ şər⁵⁵ the³³ ɣu³³ ua²¹ me⁵⁵
	汉译	招魂经

经文内容提要	行祭人家让快脚年轻人去请尤聂季恭东巴，并在白羊毛毡子铺设的神坛上放置金、银、绿松石、墨玉石作供物，供以牦牛、羊、酒、饭、肥肉和瘦肉、柏和酥油，给盘神、禅神、高神、俄神、沃神、恒神、署与龙烧天香，让署善待行祭人家，并为行祭人家驱除所有不利的东西。东巴给主人招魂，用一千头白牦牛、一万头黑牦牛、一千匹枣红马、一万匹灰黄马、七百块白木牌、五百块黑木牌、九丛竹子、九片白杨林、九片开贝林与药碗上招魂，不让人魂压在署下，让所有争斗者重归于好，让署与行祭人家和好。

备注	

释读东巴：和云彩	注音标注：李静生	编辑：夏欣雨　丁春艳
课题名称：国家社会科学基金重大项目（项目批准号：12&ZD234）	校译：王世英 音标录入：夏欣雨	统稿：白庚胜 数据技术处理：吴国新

丽江市东巴文化研究院东巴经典藏本编目（二十一）

丽江市东巴文化研究院东巴经典藏书编号	DB9-7	经书页数	20	书写经书东巴署名	无
收藏时间及历史背景	东巴经典于 2003 年被联合国教科文组织列为"世界记忆遗产"				

收藏标签	无	书写区域	丽江		
		经书书写特征	象形文（封面）	象形文（内容）	哥巴文（封面）	哥巴文（内容）
			√	√		
		封面横版，经书正文三格书写				

经书封面

仪式名称	读音	ʂu²¹ gv²¹
	汉译	祭署

经书名称	读音	tse²¹ ku⁵⁵ çy⁵⁵ za²¹ ku⁵⁵ çy⁵⁵
	汉译	向仄许愿·向饶许愿

经文内容提要　东巴什罗拿华神的酥油擦在鸡翅、鸡尾、鸡爪上，让它们像铜爪、铁爪。给饶施药还债，并栽一棵"饶巴"树，插一块好木牌，让它去拦病灾，不让人魂留在仄与饶之下。行祭人家给仄与饶烧香，祈愿不病不痛、不受寒冷、不心悸，心安神宁、流水满塘、延年益寿。

备注　第一部分叙述从先祖起就开始祀奉仄，给仄烧天香、用鸡许愿。第二部分叙述饶的来历。

释读东巴：和开祥	注音标注：李静生	编辑：夏欣雨　丁春艳
课题名称：国家社会科学基金重大项目（项目批准号：12&ZD234）	校译：王世英	统稿：白庚胜
	音标录入：夏欣雨	数据技术处理：吴国新

丽江市东巴文化研究院东巴经典藏本编目（二十二）

丽江市东巴文化研究院东巴经典藏书编号	DB10-2	经书页数	22	书写经书东巴署名	无
收藏时间及历史背景	东巴经典于2003年被联合国教科文组织列为"世界记忆遗产"				

收藏标签	无	书写区域	丽江			
		经书书写特征	象形文（封面）	象形文（内容）	哥巴文（封面）	哥巴文（内容）
			√	√		
			封面横版，经书正文三格书写			

经书封面	

仪式名称	读音	ga³³ la²¹ zɿ³³ tʂu⁵⁵ py²¹
	汉译	向神求寿
经书名称	读音	dzi³³ sa⁵⁵ tsɿ³³ ua²¹ me⁵⁵
	汉译	迎净水

经文内容提要	东巴什罗从十八层天上率领盘神、禅神、高神、俄神、沃神、恒神的兵将降临大地。他头戴五宝帽，身穿白海螺般漂亮的衣服，脚穿踩鬼、压鬼的黑靴，左手的巨弓弓背宽似大木板，右手的利箭箭镞大如铁犁尖。他把神箭射向毒鬼的黑山上，拔出的箭眼淌出白药水，从此天下有了七条大江与大河。神和人喝了此水便延年益寿。在吉祥的日子里，行祭人家遵照先祖创下的古规，向各名山大川、各神灵献上供品，以祈求延年益寿、人丁兴旺、富裕强盛。于是，人们耳听佳音心神宁，水常流淌池塘满，无病无灾。
备注	叙述人祖子劳阿普等为求人丁兴旺、富裕强盛、延年益寿，供养众神，供养神山、神石、神海、神树。那时候，辽阔大地上游荡着各种鬼。

释读东巴：和云彩	注音标注：王世英	编辑：夏欣雨　丁春艳
课题名称：国家社会科学基金重大项目（项目批准号：12&ZD234）	校译：李静生	统稿：白庚胜
	音标录入：夏欣雨	数据技术处理：吴国新

丽江市东巴文化研究院东巴经典藏本编目（二十三）

丽江市东巴文化研究院东巴经典藏书编号	DB10-4	经书页数	32	书写经书东巴署名	无
收藏时间及历史背景	东巴经典于2003年被联合国教科文组织列为"世界记忆遗产"				

收藏标签	无	书写区域	丽江			
		经书书写特征	象形文（封面）	象形文（内容）	哥巴文（封面）	哥巴文（内容）
			√	√		
			封面横版，经书正文三格书写			

经书封面	

仪式名称	读音	zŋ³³ tʂu⁵⁵ py²¹
	汉译	求寿

经书名称	读音	y²¹ tsŋ³³ le²¹ tʂhə⁵⁵ tshŋ²¹ zər²¹ ua²¹ me⁵⁵
	汉译	压勒凑鬼·迎祖·招魂

经文内容提要	行祭人家在吉日里迎请各种神灵、历代祖先、战神，以求后辈人丁兴旺、富裕强盛、延年益寿、五谷丰登、六畜兴旺。祖先、战神降临赐福庇佑行祭人家时，各种鬼怪会来挡道，因此请来东巴镇压鬼怪。高明的东巴把毒鬼和仄鬼送回它们各自的地方，再把历代祖先、战神接到行祭人家接受供养，让他们庇佑后辈子孙。
备注	

释读东巴：和云彩	注音标注：王世英	编辑：夏欣雨　丁春艳
课题名称：国家社会科学基金重大项目（项目批准号：12&ZD234）	校译：李静生 音标录入：夏欣雨	统稿：白庚胜 数据技术处理：吴国新

丽江市东巴文化研究院东巴经典藏本编目（二十四）

丽江市东巴文化研究院东巴经典藏书编号	DB11-4	经书页数	12	书写经书东巴署名	无
收藏时间及历史背景	东巴经典于 2003 年被联合国教科文组织列为"世界记忆遗产"				

收藏标签	无	书写区域	丽江			
		经书书写特征	象形文（封面）	象形文（内容）	哥巴文（封面）	哥巴文（内容）
			√	√		
			封面横版，经书正文四格书写			

经书封面	

仪式名称	读音	ga^{33} la^{21} zɿ^{33} tʂu^{55} py^{21}
	汉译	向神求寿

经书名称	读音	nɯ^{21} kho^{55} dʑi^{33} phər^{21} dʑi^{33} na^{21} hua^{55}
	汉译	杀绵羊，诵白水黑水咒

经文内容提要	举行求寿仪式时，要杀绵羊作牺牲，供养各种神灵。杀绵羊之前，要用水给绵羊除秽。因水中会有不净之物，故要先诵黑水白水咒加以净化。

备注	此经都是咒语，不知其义。

释读东巴：和云彩	注音标注：王世英	编辑：夏欣雨　丁春艳
课题名称：国家社会科学基金重大项目（项目批准号：12&ZD234）	校译：李静生　音标录入：夏欣雨	统稿：白庚胜　数据技术处理：吴国新

丽江市东巴文化研究院东巴经典藏本编目（二十五）

丽江市东巴文化研究院东巴经典藏书编号	DB11-6	经书页数	21	书写经书东巴署名	无
收藏时间及历史背景	东巴经典于2003年被联合国教科文组织列为"世界记忆遗产"				

<table>
<tr><td rowspan="4">收藏标签</td><td rowspan="4">无</td><td>书写区域</td><td colspan="4">丽江</td></tr>
<tr><td rowspan="3">经书书写特征</td><td>象形文（封面）</td><td>象形文（内容）</td><td>哥巴文（封面）</td><td>哥巴文（内容）</td></tr>
<tr><td>√</td><td>√</td><td></td><td></td></tr>
<tr><td colspan="4">封面横版，经书正文四格书写</td></tr>
</table>

经书封面	

仪式名称	读音	ga^{33} la^{21} zı^{33} tşu^{55} py^{21}
	汉译	向神求寿

经书名称	读音	y^{21} phər^{21} phæ^{33} ər^{21} çə^{55} ua^{21}
	汉译	占拴白羊绳经

经文内容提要	为用作生献牺牲的绵羊洗秽气并占卜。根据拴羊绳之长短、羊之举动进退、羊角全缺与否、羊是否颤抖及其颤抖次数、羊是否屙屎屙尿、羊朝何方叫唤等来占卜。

备注	这本经主要记录用羊占卜的全过程。

释读东巴：和云彩	注音标注：王世英	编辑：夏欣雨　丁春艳
课题名称：国家社会科学基金重大项目（项目批准号：12&ZD234）	校译：李静生	统稿：白庚胜
	音标录入：夏欣雨	数据技术处理：吴国新

丽江市东巴文化研究院东巴经典藏本编目（二十六）

丽江市东巴文化研究院东巴经典藏书编号	DB12-4	经书页数	40	书写经书东巴署名	无
收藏时间及历史背景	东巴经典于 2003 年被联合国教科文组织列为"世界记忆遗产"					

收藏标签	无	书写区域	丽江			
		经书书写特征	象形文（封面）	象形文（内容）	哥巴文（封面）	哥巴文（内容）
			√	√		
			封面横版，经书正文三格书写			

经书封面	

仪式名称	读音	zๅ³³ tʂu⁵⁵ py²¹
	汉译	求寿

经书名称	读音	hua²¹ lv³³ gv³³ lv⁵⁵ thv³³ kv³³ puɯ⁵⁵ kv³³
	汉译	九块华石的出处

经文内容提要	讲述九块华石、九根华树枝、九饼华油、九条华河的来历及其所具有的神力。人类历代祖先向华神求得此石、此树枝、此圣油和此水，才养育了九个常胜的儿子和九个常胜的女儿，使得其后辈子孙像星星般繁衍、像地上的青草般兴旺。人们之所以向华神求寿岁，是因为远古时神灵给万物分寿岁，人因贪睡只分到三岁的寿岁，只好向获得亿岁、万岁、千岁的石头、树木、河水等相求。后来，后辈子孙遵照古规，给神灵献神石、神树枝、神水和圣油，以祈求延年益寿、有儿有女、人丁兴旺、五谷丰登。
备注	华神又被译作欢乐神。

释读东巴：和云彩	注音标注：王世英	编辑：夏欣雨　丁春艳
课题名称：国家社会科学基金重大项目（项目批准号：12&ZD234）	校译：李静生 音标录入：夏欣雨	统稿：白庚胜 数据技术处理：吴国新

丽江市东巴文化研究院东巴经典藏本编目（二十七）

丽江市东巴文化研究院东巴经典藏书编号	DB13-2	经书页数	23	书写经书东巴署名	无
收藏时间及历史背景	东巴经典于2003年被联合国教科文组织列为"世界记忆遗产"				

收藏标签	无	书写区域	丽江			
		经书书写特征	象形文（封面）	象形文（内容）	哥巴文（封面）	哥巴文（内容）
			√	√		
			封面横版，经书正文三格书写			

经书封面	

仪式名称	读音	ga³³ la²¹ zɿ³³ tʂu⁵⁵ py²¹
	汉译	向神求寿

经书名称	读音	y²¹ ga³³ la³³ ha³³ ʂɿ²¹ tʂhu⁵⁵ pa³³ be³³
	汉译	向祖先与战神献饭·除秽

经文内容提要	远古的时候，人类始祖崇仁利恩和衬红褒白用宽叶杜鹃、大栗树、冷杉、绿柳等九种树枝扎成梭刷除秽火把，禳除秽气。他们用白绵羊作牺牲，祭献神灵，但白绵羊身上沾有秽物，就舀来江水为白绵羊洗秽，使之变干净、纯洁。人们用各种牺牲祭献神灵，请巴乌尤玛战神为宰杀后的牺牲除秽，用纯净的供品供养各位大神和各种战神，供养行祭人家的始祖和历代祖先，让行祭人家得以人丁兴旺、长寿安康、富裕强盛、祖孙同堂。
备注	

释读东巴：和云彩	注音标注：王世英	编辑：夏欣雨　丁春艳
课题名称：国家社会科学基金重大项目（项目批准号：12&ZD234）	校译：李静生	统稿：白庚胜
	音标录入：夏欣雨	数据技术处理：吴国新

丽江市东巴文化研究院东巴经典藏本编目（二十八）

丽江市东巴文化研究院东巴经典藏书编号	DB13-6	经书页数	16	书写经书东巴署名	无
收藏时间及历史背景	东巴经典于 2003 年被联合国教科文组织列为"世界记忆遗产"					

收藏标签	无	书写区域	丽江		
		经书书写特征	象形文（封面）	象形文（内容）	哥巴文（封面）	哥巴文（内容）
			√	√		
			封面横版，经书正文三格书写			

经书封面

仪式名称	读音	ga^{33} la^{33} zৃ^{33} tṣu^{55} py^{21}
	汉译	向神求寿

经书名称	读音	çy^{55} hər^{21} le^{33} dʑi^{21} pa^{55} thʋ^{55}
	汉译	砍翠柏制神梯台阶

经文内容提要	讲述具有神力的翠柏天梯的来历：远古时，人类在始祖米利董主的白山白岩上找到一棵吉祥的翠柏。它冬雪压不折、夏雨淋不烂、秋风劲吹不落叶。人们将这棵柏树砍下来，并请诸神各砍一刀制造神梯，使之具有各种神力。

备注	翠柏梯子是求寿仪式的重要象征物。传说人类曾用丰盛的供品供养各种神灵，把九种吉祥宝物系于翠柏天梯上，让毒鬼和仄鬼不敢看。故，行祭人家要用白牦牛和白绵羊供养翠柏天梯，向大神和战神求长寿及生儿育女的福分。

释读东巴：和云彩	注音标注：王世英	编辑：夏欣雨　丁春艳
课题名称：国家社会科学基金重大项目（项目批准号：12&ZD234）	校译：李静生	统稿：白庚胜
	音标录入：夏欣雨	数据技术处理：吴国新

丽江市东巴文化研究院东巴经典藏本编目（二十九）

丽江市东巴文化研究院东巴经典藏书编号	DB14-1	经书页数	24	书写经书东巴署名	无
收藏时间及历史背景	东巴经典于2003年被联合国教科文组织列为"世界记忆遗产"				

收藏标签	无	书写区域	丽江			
		经书书写特征	象形文（封面）	象形文（内容）	哥巴文（封面）	哥巴文（内容）
			√	√		
			封面横版，经书正文三格书写			

经书封面	

仪式名称	读音	$ga^{33}\ la^{33}\ z\eta^{33}\ t\text{ş}u^{55}\ py^{21}$
	汉译	向神求寿

经书名称	读音	$\eta v^{21}\ dzo^{21}\ hæ^{21}\ dzo^{21}\ tso^{55}\ yo^{21}\ z\eta^{33}\ t\text{ş}hu^{21}\ z\eta^{33}\ thv^{55}\ ua^{21}\ me^{55}$
	汉译	架银桥和金桥·开松石路和墨玉路

经文内容提要	在开天辟地之初，天晃荡、地动摇，人们就在东、南、西、北、中竖立白海螺柱、绿松石柱、墨玉柱、黄金柱和白铁柱撑天，建造了居那若罗神山以顶天镇地，使高天不再晃荡，大地不再摇动。经历洪水之灾后，唯一存活的崇仁利恩到天上去娶天女衬红褒白，并在归途历尽千辛万苦、排除各种艰险，最后从银桥金桥、松石路墨玉路回到人间养儿育女、繁衍人类。于是，崇仁利恩的后裔祭天、祭地、祭各种神灵，得以人丁兴旺、富裕强盛、延年益寿。

备注	

释读东巴：和云彩	注音标注：王世英	编辑：夏欣雨　丁春艳
课题名称：国家社会科学基金重大项目（项目批准号：12&ZD234）	校译：李静生 音标录入：夏欣雨	统稿：白庚胜 数据技术处理：吴国新

丽江市东巴文化研究院东巴经典藏本编目（三十）

丽江市东巴文化研究院东巴经典藏书编号	DB14–5	经书页数	24	书写经书东巴署名	无
收藏时间及历史背景	东巴经典于 2003 年被联合国教科文组织列为"世界记忆遗产"				

收藏标签	无	书写区域	丽江			
		经书书写特征	象形文（封面）	象形文（内容）	哥巴文（封面）	哥巴文（内容）
			√	√		√
		封面横版，经书正文三格书写				

经书封面	

仪式名称	读音	ga³³ la³³ zɿ³³ tʂu⁵⁵ py²¹
	汉译	向神求寿

经书名称	读音	sɿ⁵⁵dzæ³³ dzər⁵⁵ dʑə²¹ bv³³ ka³³ tɕhə³³ gu²¹ khu³³ sa³³
	汉译	招请家神·玖补高秋锁柜门

经文内容提要	许多富裕人家用犁拌白米，用槽引醇酒，用耙翻红肉，用麻布铺羊路，用羊毛垫鸡窝。不算麦柜，谷柜就有上千；不算白银，黄金就有七百七十锭，能在大江上架金桥。这都是因为这些人家有一尊使他们富裕的好家神。因此，要把家神招到自家来，使自己也变富裕。为了不让自家人丁兴旺、富裕强盛、常胜、漂亮、长寿安康等福泽逃走，要请来五方玖补大神，用牦牛、绵羊、醇酒、米饭、肥肉、瘦肉、翠柏、酥油供养尤柯梭大神。尤柯梭大神有白海螺那样的身躯，发着白海螺那样的光芒，弹着白海螺琵琶，行祭人家请他拿白海螺钥匙将五方之门锁上，把六畜和诺神、俄神和五谷、人、华守护得紧紧的。

备注	

释读东巴：和云彩	注音标注：王世英	编辑：夏欣雨　丁春艳
课题名称：国家社会科学基金重大项目（项目批准号：12&ZD234）	校译：李静生 音标录入：夏欣雨	统稿：白庚胜 数据技术处理：吴国新

丽江市东巴文化研究院东巴经典藏本编目（三十一）

丽江市东巴文化研究院东巴经典藏书编号	DB14-9	经书页数	18	书写经书东巴署名	无
收藏时间及历史背景	东巴经典于 2003 年被联合国教科文组织列为"世界记忆遗产"				

收藏标签	无	书写区域	丽江			
		经书书写特征	象形文（封面）	象形文（内容）	哥巴文（封面）	哥巴文（内容）
			√	√		
		封面横版，经书正文三格书写				

经书封面	

仪式名称	读音	ga³³ la²¹ zɿ³³ tʂu⁵⁵ py²¹
	汉译	向神求寿

经书名称	读音	tʂhər³³ ɣɯ³³ thv³³ ga³³ la²¹ sɿ²¹ ɕi³³ tʂhua⁵⁵ tshər²¹ kv⁵⁵ ko⁵⁵ tʂhər³³ ɣɯ³³ khɯ⁵⁵
	汉译	药物出处·向 360 尊战神献药

经文内容提要	米利董主设计杀死术子安生米委并获取圣药。孔雀最先尝药，因而它的头上开药花、其尾有剧毒。圣药点在太阳、月亮上，太阳便光芒四射，月亮便皎洁明亮。米利董主把圣药献给众神，众神就长寿。于是，历代人祖把圣药献给众神及 360 尊战神，众神及 360 个战神亦庇佑历代人祖。高明的东巴将龙嘴吐出的圣药施给行祭人家：施在男人的左臂上，男人就具有盘神的大神威；施在女人的右臂上，女子就具有诺神的大神威；把药滴于头则长寿，滴于眼则眼锐，滴于耳则耳聪，滴于心则心灵，滴于嘴则言善，滴于手则射准，滴于脚则行捷。于是，人类能开天辟地、生儿育女、富裕强盛、长寿安康。

备注	

释读东巴：和云章	注音标注：王世英	编辑：夏欣雨　丁春艳
课题名称：国家社会科学基金重大项目（项目批准号：12&ZD234）	校译：李静生	统稿：白庚胜
	音标录入：夏欣雨	数据技术处理：吴国新

丽江市东巴文化研究院东巴经典藏本编目（三十二）

丽江市东巴文化研究院东巴经典藏书编号	DB15-3	经书页数	26	书写经书东巴署名	无
收藏时间及历史背景	东巴经典于 2003 年被联合国教科文组织列为"世界记忆遗产"				

收藏标签	无	书写区域	丽江			
		经书书写特征	象形文（封面）	象形文（内容）	哥巴文（封面）	哥巴文（内容）
			√	√		
		封面横版，经书正文四格书写				

经书封面	

仪式名称	读音	zη³³ tşu⁵⁵ py²¹
	汉译	求寿

经书名称	读音	lv²¹ pv⁵⁵ ua²¹ me⁵⁵
	汉译	送龙经

经文内容提要	请高明的东巴用佳气佳声、黄金板铃声、绿松石法鼓声、白海螺号角声、白铜锣之声、黄金敲击声，用牦牛、绵羊、醇酒、米饭、肥肉、瘦肉、翠柏、酥油供养神灵，并从圣药上、烧供品的烟子上、煮供品的热气上、九种家畜肉上、十种野兽肉上把神灵送回上方，从而求寿岁得寿岁、求子女得子女、求富强得富强。

备注	前半部分以汉话送龙，但读音与汉语差别太大，有的能译，有的无法译。后半部分讲述法仪。仪式完毕后，应把神灵送回各自的神地，否则一旦被秽气所污染，神灵就不会显灵。

释读东巴：和云彩	注音标注：王世英	编辑：夏欣雨　丁春艳
课题名称：国家社会科学基金重大项目（项目批准号：12&ZD234）	校译：李静生音标录入：夏欣雨	统稿：白庚胜数据技术处理：吴国新

丽江市东巴文化研究院东巴经典藏本编目（三十三）

丽江市东巴文化研究院东巴经典藏书编号	DB15-6	经书页数	29	书写经书东巴署名	无
收藏时间及历史背景	东巴经典于2003年被联合国教科文组织列为"世界记忆遗产"				

收藏标签	无	书写区域	丽江			
		经书书写特征	象形文（封面）	象形文（内容）	哥巴文（封面）	哥巴文（内容）
			√	√		
		封面横版，经书正文三格书写				

经书封面	

仪式名称	读音	ga³³ la²¹ zɿ³³ tʂu⁵⁵ py²¹
	汉译	向神求寿

经书名称	读音	khv⁵⁵ py²¹ zɿ³³ py²¹ hua²¹ lv³³ hua²¹ dzi²¹ ʂu⁵⁵
	汉译	求寿求岁·祭华石华水

经文内容提要	自远古起，历代祖先及其后裔都请高明的东巴用白羊毛毡子铺设神坛，供上白银和黄金、松石和墨玉给神灵作酬礼，用牦牛、绵羊、醇酒、米饭、肥肉、瘦肉、翠柏、酥油供养各种神灵，以求保佑，不让仇敌偷走寿岁。把仇敌压下去后，神灵把居那若罗神山的长寿、含依巴达神树的长寿、米利达吉神海的长寿、赠增含鲁美神石的长寿分给历代祖先，使之延年益寿，四世同堂，六畜、俄神和诺神得兴旺，五谷都增长。后辈子孙亦遵古规举行祭仪，供养神灵，以求寿岁和庇佑。祈愿人人延年益寿，人丁兴旺，五谷都增长，耳传佳音心神宁，水流塘满。

备注	

释读东巴：和云章	注音标注：王世英	编辑：夏欣雨　丁春艳
课题名称：国家社会科学基金重大项目（项目批准号：12&ZD234）	校译：李静生	统稿：白庚胜
	音标录入：夏欣雨	数据技术处理：吴国新

丽江市东巴文化研究院东巴经典藏本编目（三十四）

丽江市东巴文化研究院东巴经典藏书编号	DB15–9	经书页数	14	书写经书东巴署名	无
收藏时间及历史背景	东巴经典于 2003 年被联合国教科文组织列为"世界记忆遗产"				

收藏标签	无	书写区域	丽江			
		经书书写特征	象形文（封面）	象形文（内容）	哥巴文（封面）	哥巴文（内容）
			√	√		
			封面横版，经书正文四格书写			

经书封面	

仪式名称	读音	zʅ³³ tʂu⁵⁵ py²¹
	汉译	求寿

经书名称	读音	du³³ mu²¹ mu³³ lu⁵⁵ lu²¹ khu³³ ua²¹
	汉译	规程·为米利卢之门

经文内容提要	指出第一天要进行小除秽，第二天进行大除秽，第三天要将秽鬼驱赶出家、祭瓦鬼，第四天要迎请五方战神、净水、拉姆女神，并为拉姆女神除秽。

备注	这是求寿仪式的总纲。简述仪式所需的各种牺牲、祭品，如酒、麻布、净水壶、纸扎物、旗子、油灯、各种香，以及在各个阶段要诵读的经书等。

释读东巴：和开祥	注音标注：王世英	编辑：夏欣雨　丁春艳
课题名称：国家社会科学基金重大项目（项目批准号：12&ZD234）	校译：李静生 音标录入：夏欣雨	统稿：白庚胜 数据技术处理：吴国新

丽江市东巴文化研究院东巴经典藏本编目（三十五）

丽江市东巴文化研究院东巴经典藏书编号	DB16-5	经书页数	14	书写经书东巴署名	无
收藏时间及历史背景		东巴经典于2003年被联合国教科文组织列为"世界记忆遗产"			

收藏标签		书写区域	丽江		
		经书书写特征	象形文（封面）	象形文（内容）	哥巴文（封面）	哥巴文（内容）
			√	√		
			封面横版，经书正文三格书写			

经书封面	

仪式名称	读音	hər³³ py²¹
	汉译	祭风
经书名称	读音	py²¹ khu³³ tsʅ⁵⁵ ua²¹ me⁵⁵
	汉译	安祭门

经文内容提要	讲述该仪式献牲和施食的对象并非各方位神灵、署、龙等，而是各方位的各种鬼怪，请它们来享用所供奉的牺牲和食物。还讲述了各种牺牲的来历、给各种鬼怪献牲、施食的情况以及东巴如何推脱罪责等内容。
备注	逐一将所要祭祀的鬼怪请到祭祀场上。

释读东巴：杨树兴	注音标注：和宝林	编辑：夏欣雨　丁春艳
课题名称：国家社会科学基金重大项目（项目批准号：12&ZD234）	校译：习煜华 音标录入：夏欣雨	统稿：白庚胜 数据技术处理：吴国新

丽江市东巴文化研究院东巴经典藏本编目（三十六）

丽江市东巴文化研究院东巴经典藏书编号	DB17-7	经书页数	29	书写经书东巴署名	无
收藏时间及历史背景	东巴经典于2003年被联合国教科文组织列为"世界记忆遗产"				

收藏标签	无	书写区域	丽江		
		经书书写特征	象形文（封面）	象形文（内容）	哥巴文（封面）	哥巴文（内容）
			√	√		
		封面横版，经书正文三格书写				

经书封面	

仪式名称	读音	tɕi²¹ ne²¹ hər³³ be³³
	汉译	祭风祭云

经书名称	读音	ha³³ ʂ̩²¹ the³³ ɣu³³ ua²¹ me⁵⁵
	汉译	施食经

经文内容提要	用五色绸布条代表精威，表明人从精威出，也从精威离。因而，死者灵魂将回祖地时，人们也做五色璎珞放在其身边，给他和索食鬼施食。还陈述了食物及各种鬼的来历，要将各种鬼送回其住地。送不走的，则要想法镇压，不让它们再返回索食。

备注	

释读东巴：和云章	注音标注：和宝林	编辑：夏欣雨　丁春艳
课题名称：国家社会科学基金重大项目（项目批准号：12&ZD234）	校译：习煜华 音标录入：夏欣雨	统稿：白庚胜 数据技术处理：吴国新

丽江市东巴文化研究院东巴经典藏本编目（三十七）

丽江市东巴文化研究院东巴经典藏书编号	DB18-4	经书页数	23	书写经书东巴署名	无
收藏时间及历史背景	东巴经典于2003年被联合国教科文组织列为"世界记忆遗产"				

<table>
<tr><td rowspan="4">收藏标签</td><td rowspan="4">无</td><td>书写区域</td><td colspan="4">丽江</td></tr>
<tr><td rowspan="2">经书书写特征</td><td>象形文（封面）</td><td>象形文（内容）</td><td>哥巴文（封面）</td><td>哥巴文（内容）</td></tr>
<tr><td>√</td><td>√</td><td></td><td></td></tr>
<tr><td colspan="4">封面横版，经书正文三格书写</td></tr>
</table>

经书封面	

仪式名称	读音	hər^{33} be^{33}
	汉译	祭风

经书名称	读音	kha^{33} zər^{33} sa^{55} phv^{33} la^{21} za^{21} ua^{21}
	汉译	迎请卡冉与众神降临

经文内容提要	由于大地上出现了千千万万楚、尤等鬼怪，人类便派拉吾拉刹到天上去请卡冉纽究战神；讲述了卡冉纽究的身世、相貌，以及迎请卡冉纽究及东、南、西、北、中五方东巴的过程；讲述了五方东巴帮助利古东巴镇压各种鬼怪，并与各神灵一起赐福、保佑人类的故事。
备注	

释读东巴：和云章	注音标注：和宝林	编辑：夏欣雨　丁春艳
课题名称：国家社会科学基金重大项目（项目批准号：12&ZD234）	校译：习煜华	统稿：白庚胜
	音标录入：夏欣雨	数据技术处理：吴国新

丽江市东巴文化研究院东巴经典藏本编目（三十八）

<table>
<tr><td colspan="2">丽江市东巴文化研究院东巴经典藏书编号</td><td>DB19–7</td><td>经书页数</td><td colspan="2">39</td><td>书写经书东巴署名</td><td>无</td></tr>
<tr><td colspan="2">收藏时间及历史背景</td><td colspan="6">东巴经典于 2003 年被联合国教科文组织列为“世界记忆遗产”</td></tr>
<tr><td rowspan="4">收藏标签</td><td rowspan="4" colspan="2">无</td><td>书写区域</td><td colspan="4">丽江</td></tr>
<tr><td rowspan="3">经书书写特征</td><td>象形文（封面）</td><td>象形文（内容）</td><td>哥巴文（封面）</td><td>哥巴文（内容）</td></tr>
<tr><td>√</td><td>√</td><td></td><td>√</td></tr>
<tr><td colspan="4">封面横版，经书正文三格书写</td></tr>
<tr><td>经书封面</td><td colspan="7"></td></tr>
<tr><td rowspan="2">仪式名称</td><td>读音</td><td colspan="6">tv^{55} py^{21}</td></tr>
<tr><td>汉译</td><td colspan="6">顶灾</td></tr>
<tr><td rowspan="2">经书名称</td><td>读音</td><td colspan="6">dər^{21} dzu̢^{33} py^{21} ua^{21} me^{55}</td></tr>
<tr><td>汉译</td><td colspan="6">祭端鬼经</td></tr>
<tr><td>经文内容提要</td><td colspan="7">崇仁利恩从天上将衬红褒白娶来后，受到情敌可兴可乐的报复：从天上放下端鬼、疟鬼、孔鬼和支鬼，使大地上瘟疫横行。崇仁利恩知其缘由后，请来祭师行祭。还讲述了巴乌瑳巴到别家去做客，回家后发现父母已死，却无钱祭奠。西方鬼王楞启斯普知此后，让他到鬼地做狗肉生意，从而引发瘟疫肆虐，产生端鬼、疟鬼、孔鬼和支鬼。后来，巴乌瑳巴行祭抵御天灾，转危为安。</td></tr>
<tr><td>备注</td><td colspan="7"></td></tr>
<tr><td colspan="3">释读东巴：和开祥</td><td colspan="3">注音标注：和宝林</td><td colspan="2">编辑：夏欣雨　丁春艳</td></tr>
<tr><td colspan="3">课题名称：国家社会科学基金重大项目（项目批准号：12&ZD234）</td><td colspan="3">校译：习煜华
音标录入：夏欣雨</td><td colspan="2">统稿：白庚胜
数据技术处理：吴国新</td></tr>
</table>

丽江市东巴文化研究院东巴经典藏本编目（三十九）

丽江市东巴文化研究院东巴经典藏书编号	DB20-4	经书页数	15	书写经书东巴署名	无
收藏时间及历史背景	东巴经典于 2003 年被联合国教科文组织列为"世界记忆遗产"				

收藏标签	无	书写区域	丽江		
		经书书写特征	象形文（封面）	象形文（内容）	哥巴文（封面）	哥巴文（内容）
			√	√		
		封面横版，经书正文三格书写				

经书封面	

仪式名称	读音	he²¹ ʂu⁵⁵ ua²¹ hər³³ gə³³
	汉译	祭风

经书名称	读音	a⁵⁵ khu³³ tɕi⁵⁵ ʂu⁵⁵ the³³ ɣɯ³³ ua²¹
	汉译	祭风神娘娘经

经文内容提要	讲述风神达勒乌萨命的故事及祭祀她的原因、作用。

备注	本经书多处内容为白族语所记，内容不知其义。

释读东巴：和开祥	注音标注：和宝林	编辑：夏欣雨　丁春艳
课题名称：国家社会科学基金重大项目（项目批准号：12&ZD234）	校译：习煜华　音标录入：夏欣雨	统稿：白庚胜　数据技术处理：吴国新

丽江市东巴文化研究院东巴经典藏本编目（四十）

丽江市东巴文化研究院东巴经典藏书编号	DB21-2	经书页数	13	书写经书东巴署名	无
收藏时间及历史背景	东巴经典于 2003 年被联合国教科文组织列为"世界记忆遗产"				

收藏标签	无	书写区域	丽江			
		经书书写特征	象形文（封面）	象形文（内容）	哥巴文（封面）	哥巴文（内容）
			√	√		
		封面横版，经书正文三格书写				

经书封面	

仪式名称	读音	hər³³ py²¹
	汉译	祭风

经书名称	读音	tər²¹ ua²¹ he³³ ʂər⁵⁵ ua²¹
	汉译	招端鬼灵魂

经文内容提要	董族和术族间发生争战，米利术主带领千千万万术族兵马把董子阿路杀了，使董子阿路变成了端鬼。米利董主不会为董子阿路招魂超度，因而闹得家人患病、生活困苦。于是，米利董主请来东巴行祭。余世佐补东巴用白色毛毡设神座、白铁犁尖作卢神石、白米作神粮，用金、银、墨玉、松石作神的酬金，招回阿路的魂后，米利董主家里又恢复了一派吉祥景象。另外，高勒趣因得罪署，被泥石埋在九层黄土之下，他的四个儿子只好到处寻找。结果，父魂变成一只金黄色的蜜蜂停在供酒供饭上。靠蜜蜂引路，孩子们终于找到父亲的尸体及其亡魂。此后，只有从各地招回凶死亲人的亡魂，家中才会安宁幸福。

备注	这是一本祭风仪式中用来招凶死者亡魂的经书。

释读东巴：和即贵	注音标注：和宝林	编辑：夏欣雨　丁春艳
课题名称：国家社会科学基金重大项目（项目批准号：12&ZD234）	校译：习煜华 音标录入：夏欣雨	统稿：白庚胜 数据技术处理：吴国新

丽江市东巴文化研究院东巴经典藏本编目（四十一）

丽江市东巴文化研究院东巴经典藏书编号	DB21-6	经书页数	37	书写经书东巴署名	无
收藏时间及历史背景	东巴经典于 2003 年被联合国教科文组织列为"世界记忆遗产"				

收藏标签	无	书写区域	丽江			
		经书书写特征	象形文（封面）	象形文（内容）	哥巴文（封面）	哥巴文（内容）
			√	√		
			封面竖版，经书正文三格书写			

经书封面	

仪式名称	读音	hər³³ la³³ lɯ²¹ khɯ⁵⁵
	汉译	祭风

经书名称	读音	si³³ dzɿ³³ hu²¹ dzɿ³³ mi⁵⁵ mu³³ me⁵⁵
	汉译	说难道易

经文内容提要	人成楚鬼、尤鬼后，要到楚鬼、尤鬼居住的地方去，但他们留恋人间的生活、家中的财物等。做了楚鬼、尤鬼，就脱离了生活艰辛，要让他们高高兴兴地离去，不再留恋曾经历过的生活。行祭东巴给楚鬼、尤鬼及其他各种鬼献上乘骑，送他们上路，同时把人魂从鬼群中拦回，并用竹子制作大大小小的鬼巢，用黄线、绿线在祭风树间连一条绳。绳上挂以大大小小的木牌，用千千万万的白牦牛、黑牦牛、褐色马和灰马偿还千千万万楚鬼和尤鬼索取的债，让死者把福泽赐给活人。
备注	家中有人因殉情或其他原因而死，就会变成楚鬼、尤鬼。

释读东巴：和士诚	注音标注：和宝林	编辑：夏欣雨　丁春艳
课题名称：国家社会科学基金重大项目（项目批准号：12&ZD234）	校译：习煜华	统稿：白庚胜
	音标录入：夏欣雨	数据技术处理：吴国新

丽江市东巴文化研究院东巴经典藏本编目（四十二）

丽江市东巴文化研究院东巴经典藏书编号	DB23-1	经书页数	31	书写经书东巴署名	无
收藏时间及历史背景	东巴经典于 2003 年被联合国教科文组织列为"世界记忆遗产"				

收藏标签	无	书写区域	丽江			
		经书书写特征	象形文（封面）	象形文（内容）	哥巴文（封面）	哥巴文（内容）
			√	√		√
			封面横版，经书正文三格书写			

经书封面	

仪式名称	读音	to⁵⁵ na²¹ khɯ⁵⁵
	汉译	大禳灾

仪式名称	读音	$to^{55}\ na^{21}\ khɯ^{55}$
	汉译	大禳灾

经书名称	读音	$khɯ^{55}\ dzo^{21}\ ua^{21}\ mu^{33}\ me^{55}$
	汉译	为禳除经过

经文内容提要	1. 在十二属相与五行相配的厄年里，遭遇厄运时，会放出垛鬼铎鬼； 2. 在厄月里、遇到生病和死亡灾祸时，会放出垛鬼铎鬼； 3. 在厄日里、遇到生病和死亡灾祸时，会放出垛鬼铎鬼； 4. 值二十八宿凶星时，值七颗白饶星凶星时，值八方巴格相克一方时，值九位火位凶位时，值五个葛欣凶位时，值五颗怒美凶位时，值四个凯忍、八方鉴罗、六十玻潼、三十吕毕凶厄时，做噩梦时，会放出垛鬼铎鬼； 5. 五方五行鬼及其他地方的人会施巫术放出垛鬼铎鬼，五方五种人的信徒会施巫术放出垛鬼铎鬼。

备注	

释读东巴：和士诚	注音标注：和力民	编辑：夏欣雨　丁春艳
课题名称：国家社会科学基金重大项目（项目批准号：12&ZD234）	校译：和发源 音标录入：夏欣雨	统稿：白庚胜 数据技术处理：吴国新

丽江市东巴文化研究院东巴经典藏本编目（四十三）

丽江市东巴文化研究院东巴经典藏书编号	DB31-3	经书页数	23	书写经书东巴署名	无
收藏时间及历史背景	东巴经典于 2003 年被联合国教科文组织列为"世界记忆遗产"				

收藏标签	无	书写区域	丽江		
		经书书写特征	象形文（封面）	象形文（内容）	哥巴文（封面）	哥巴文（内容）
			√	√		
			封面横版，经书正文三格书写			

经书封面

仪式名称	读音	to^{55} khɯ^{55}
	汉译	禳灾

经书名称	读音	sŋ^{55} mi^{33} ku^{55} ua^{21} me^{55}
	汉译	小祭素神

经文内容提要

　　1. 主人家的牲畜和畜神、粮食和粮食神、家人和华神的魂受惊吓后会与垛鬼和铎鬼为伴。所以，要在家中还没有出现病痛时就禳灾，以招回主人家的家神、牲畜、粮食、家人、祖先的魂；

　　2. 将主人家的家神从居那若罗神山一站站往下招到行祭者家里；

　　3. 将主人家的家神从南方铎鬼所在地招到行祭者家里；

　　4. 备上东方的白海螺色桦皮树木，备上南方的绿松石色野檀香木，备上西方黑宝石色的野檀香木，备上北方金黄色的柏木，备上银白色的松木，备上金黄色的栗木，备上九种树木，备上上等的药物，给诸大神和祖先的家神作供养；

　　5. 讲完酥油和神药的来历后，献药、抹酥油。

备注

释读东巴：和士诚	注音标注：和力民	编辑：夏欣雨　丁春艳
课题名称：国家社会科学基金重大项目（项目批准号：12&ZD234）	校译：和发源　音标录入：夏欣雨	统稿：白庚胜　数据技术处理：吴国新

丽江市东巴文化研究院东巴经典藏本编目（四十四）

丽江市东巴文化研究院东巴经典藏书编号	DB31-5	经书页数	60	书写经书东巴署名	无
收藏时间及历史背景	东巴经典于 2003 年被联合国教科文组织列为"世界记忆遗产"				

收藏标签	无	书写区域	丽江			
		经书书写特征	象形文（封面）	象形文（内容）	哥巴文（封面）	哥巴文（内容）
			√	√		
		封面横版，经书正文三格书写				

经书封面	

仪式名称	读音	zɔr³³ tʂu⁵⁵ tʂʅ²¹ tʂʅ³³ py²¹ua²¹ me⁵⁵
	汉译	河谷地区祭恶鬼

经书名称	读音	mu³³ thv³³ dy²¹ khu³³ the³³ ɣu³³ ua²¹ me³³
	汉译	开天辟地经

经文内容提要	1. 开天辟地时，九对蛋孵化出众神和人类，又下一对蛋，孵化出一头野牛。卢神和色神杀野牛祭祀天地万物并除秽； 2. 人类与众神建造居那若罗神山撑天镇地； 3. 空中有九个太阳和十个月亮，因而花木凋谢、泉水干涸。白天，人们热得不能生活；夜晚，人们冷得不能入睡。米利术主派六个术人去脚踩太阳，蹬月亮，于是太阳和月亮躲起来。没有日月，世间昼夜不明，人们只好去请日月。卢神用白土捏出三个白狗请来太阳；色神用黑土捏出三只黑鸡请来月亮。从此，世间又有了昼夜； 4. 水的来历； 5. 铁器的来历。具体叙述打铁过程，以及铁器产生后出现的各种灾祸； 6. 崇仁利恩从洪水中幸存下来，但世间没有女子。米利董阿普就派了横眼、竖眼两个天女下凡。崇仁利恩与竖眼美女结合成一家，生下蛇、蛙、猪、熊、猴、鸟、松树、栗树。后来，他与天女衬红褒白相爱。经过多次考验后，天父同意他们的婚事。于是，二人带着粮食和畜种从天上迁徙到人间生儿育女； 7. 崇仁利恩的儿女病了，便请布精如大神举行驱鬼祭仪病人痊愈； 8. 行祭人家请祭师设神座供神灵，请布精如大神偿还鬼债，驱赶鬼怪。
备注	

释读东巴：和士诚	注音标注：和力民	编辑：夏欣雨　丁春艳
课题名称：国家社会科学基金重大项目（项目批准号：12&ZD234）	校译：和发源 音标录入：夏欣雨	统稿：白庚胜 数据技术处理：吴国新

丽江市东巴文化研究院东巴经典藏本编目（四十五）

丽江市东巴文化研究院东巴经典藏书编号	DB32-1	经书页数	14	书写经书东巴署名	无
收藏时间及历史背景	东巴经典于2003年被联合国教科文组织列为"世界记忆遗产"				

收藏标签	无	书写区域	丽江			
		经书书写特征	象形文（封面）	象形文（内容）	哥巴文（封面）	哥巴文（内容）
			√	√		
			封面横版，经书正文三格书写			

经书封面	

仪式名称	读音	to⁵⁵ khɯ⁵⁵
	汉译	禳灾

经书名称	读音	du²¹ tṣər⁵⁵ sl²¹ tṣər⁵⁵，ga³³ pa²¹ la⁵⁵
	汉译	董与术的故事，打嘎巴

经文内容提要：

1. 最初，董神和术鬼都分别居住在居那若罗神山的左右，但米利术主心里总想坏主意，派了儿子到米利董主的住地去吵闹、争斗，因而结仇结恨；

2. 米利董主派黑头白脚的嘎巴到术鬼住地去侦查。嘎巴与术鬼派出的铎鬼在路上相遇，二者先争吵，后又和好；

3. 董神在与进犯董地的术兵交战中取胜，他请来祭师余世补左禳灾，并施放替身，偿还鬼债；

4. 行祭人家通过占卜，请来祭师作祭，施放替身，还鬼债，以驱赶和诅咒垛鬼铎鬼，祈愿出现无病无痛的好景象；

5. 举行禳灾仪式时，先铺设祭坛神座，并在神座上立好神树、神门，迎请神灵，为神献祭粮，给卢神和沈神除秽，烧天香。

备注：

释读东巴：和开祥	注音标注：和力民	编辑：夏欣雨　丁春艳
课题名称：国家社会科学基金重大项目（项目批准号：12&ZD234）	校译：和发源　音标录入：夏欣雨	统稿：白庚胜　数据技术处理：吴国新

丽江市东巴文化研究院东巴经典藏本编目（四十六）

丽江市东巴文化研究院东巴经典藏书编号	DB32-4	经书页数	24	书写经书东巴署名	无
收藏时间及历史背景	东巴经典于2003年被联合国教科文组织列为"世界记忆遗产"				

收藏标签	无	书写区域	丽江			
		经书书写特征	象形文（封面）	象形文（内容）	哥巴文（封面）	哥巴文（内容）
			√	√		√
			封面横版，经书正文三格书写			

经书封面	

仪式名称	读音	to⁵⁵ na²¹ khur⁵⁵
	汉译	大禳灾
经书名称	读音	ku³³ gu³³ ko²¹ kæ³³ be³³ phi⁵⁵ gə³³ the³³ ɣu³³ ua²¹
	汉译	把枕头当作替身扔出去之经

经文内容提要	1. 为争夺食物，十二属相间有了争斗； 2. 属鼠的米利董主在十三岁那年遇到厄年，米利术主从天上放下属马的鬼作祟。米利董主禳灾后出现好景象。行祭人家也这样做，希望出现好景象； 3. 属虎的余劳丁端在二十五岁时遇上厄年，他的仇家从天上放下属猴的鬼作祟。余劳丁端禳灾后出现好景象。行祭人家也这样做，希望出现好景象； 4. 属马的崇仁利恩在三十三岁时遇上厄年，他的仇家从天上放下与之属相相克的鬼作祟。崇仁利恩行占禳灾后出现好景象。行祭人家也这样做，希望出现好景象； 5. 属羊的余世恒氏在四十九岁那年遇到厄年，他的仇家从天上放下属牛的鬼作祟。余世恒氏行占禳灾后，出现好景象。行祭人家也这样做，希望出现好景象； 6. 属猴的东巴什罗在六十一岁时遇上厄年，他的仇家从天上放下属虎的鬼。东巴什罗行占禳灾后出现好景象。行祭人家也这样做，希望出现好景象； 7. 属狗的高勒趣在七十三岁时遇到厄年，他的仇家从天上放下属龙的鬼作祟。高勒趣行占禳灾后出现好景象。行祭人家也这么做，希望出现好景象。
备注	

释读东巴：和开祥	注音标注：和力民	编辑：夏欣雨　丁春艳
课题名称：国家社会科学基金重大项目（项目批准号：12&ZD234）	校译：和发源 音标录入：夏欣雨	统稿：白庚胜 数据技术处理：吴国新

丽江市东巴文化研究院东巴经典藏本编目（四十七）

丽江市东巴文化研究院东巴经典藏书编号	DB32–5	经书页数	15	书写经书东巴署名	无
收藏时间及历史背景	东巴经典于 2003 年被联合国教科文组织列为"世界记忆遗产"				

收藏标签	无	书写区域	丽江			
		经书书写特征	象形文（封面）	象形文（内容）	哥巴文（封面）	哥巴文（内容）
			√	√		√
			封面横版，经书正文三格书写			

经书封面	

仪式名称	读音	to⁵⁵ khɯ⁵⁵
	汉译	禳灾

经书名称	读音	lv⁵⁵ khɯ²¹ phər²¹ phi⁵⁵
	汉译	解绳结并抛弃之

经文内容提要	天地开辟，日月升起，星宿出现，出现了米利董主和茨爪吉姆的东巴余世补佐。米利术主杀死米利董主的儿子后，米利董主请来余世补佐镇压垛鬼铎鬼。余世补佐请来猴子、狗獾和蝙蝠，并让它们带走是非和过失，不让它们干扰祭师的吟诵。东巴分离出沾在板铃上、附于大鼓上的过失，将它们转移到猴子、狗獾和蝙蝠身上，再将它们扔到仇人居住地。

备注	用面制猴头、狗獾头、蝙蝠头，放在一个碗里，称卡里。

释读东巴：和学智	注音标注：习煜华	编辑：夏欣雨 丁春艳
课题名称：国家社会科学基金重大项目（项目批准号：12&ZD234）	校译：和宝林 音标录入：夏欣雨	统稿：白庚胜 数据技术处理：吴国新

丽江市东巴文化研究院东巴经典藏本编目（四十八）

丽江市东巴文化研究院东巴经典藏书编号	DB32-6	经书页数	20	书写经书东巴署名	无
收藏时间及历史背景	东巴经典于 2003 年被联合国教科文组织列为"世界记忆遗产"				

收藏标签	无	书写区域	丽江		
		经书书写特征	象形文（封面）	象形文（内容）	哥巴文（封面）	哥巴文（内容）
			√	√		
			封面横版，经书正文三格书写			

经书封面	

仪式名称	读音	to^{55} khuɯ^{55}
	汉译	禳灾

经书名称	读音	y^{21} bv^{33} la^{21} ṣər^{21} pv^{55} ua^{21}
	汉译	送长臂猴

经文内容提要	敬日增布请猴子当他的替身，以便摆脱自己所遇的苦难。他给猴子充足的粮食、不灭的火把。行祭东巴让猴子骑着红马替敬日增布越死坡、过死地、趟死河。猴子一路上遇到讨债鬼，但它用各种粮食、财物给鬼还债，通过了九个死地，使所有的灾难随之远离敬日增布。从此，敬日增布不再病痛、冷热，得到了幸福吉祥。

备注	

释读东巴：和学智	注音标注：习煜华	编辑：夏欣雨　丁春艳
课题名称：国家社会科学基金重大项目（项目批准号：12&ZD234）	校译：和宝林音标录入：夏欣雨	统稿：白庚胜数据技术处理：吴国新

丽江市东巴文化研究院东巴经典藏本编目（四十九）

丽江市东巴文化研究院东巴经典藏书编号	DB38-4	经书页数	41	书写经书东巴署名	无
收藏时间及历史背景	东巴经典于 2003 年被联合国教科文组织列为"世界记忆遗产"				

收藏标签	无	书写区域	丽江			
		经书书写特征	象形文（封面）	象形文（内容）	哥巴文（封面）	哥巴文（内容）
			√	√		
			封面横版，经书正文三格书写			

经书封面	

仪式名称	读音	ua³³ tshɿ²¹ py²¹
	汉译	退是非灾祸

经书名称	读音	ʂər⁵⁵ lər³³ sa⁵⁵
	汉译	迎请什罗

经文内容提要	首先记载了东巴什罗降世，以及他在十八层天炼成神的经过。东巴什罗在天界修炼期间，得到盘神、禅神赠与的驱鬼压邪的大本领。接着，记载了人间出了个叫固思麻的女魔，其手段十分险恶。人们饱受其苦，处于水深火热之中。人间使者白蝙蝠奋力飞上十八层天，请来法力高强的东巴什罗与女魔展开了一系列斗智斗勇的战斗。最终，东巴什罗率领 360 个格巴弟子，挥刀把女魔固思麻杀死，并把女魔的九把利刀、九条魔绳抛到八耳铜锅中去煮，使人们重获幸福宁静的生活。

备注	

释读东巴：和云章	注音标注：和品正	编辑：夏欣雨　丁春艳
课题名称：国家社会科学基金重大项目（项目批准号：12&ZD234）	校译：和宝林	统稿：白庚胜
	音标录入：夏欣雨	数据技术处理：吴国新

丽江市东巴文化研究院东巴经典藏本编目（五十）

丽江市东巴文化研究院东巴经典藏书编号	DB39-1	经书页数	30	书写经书东巴署名	无
收藏时间及历史背景	东巴经典于 2003 年被联合国教科文组织列为"世界记忆遗产"				

收藏标签	无	书写区域	丽江			
		经书书写特征	象形文（封面）	象形文（内容）	哥巴文（封面）	哥巴文（内容）
			√	√		
		封面横版，经书正文四格书写				

经书封面	

仪式名称	读音	tṣhə⁵⁵ gv²¹
	汉译	除秽

经书名称	读音	tṣhu⁵⁵ pa³³ dzi⁵⁵
	汉译	烧天香

经文内容提要	歌颂众神功德并给诸位大神烧天香，祈求延年增寿。求所有的神灵保佑人们再不受高山阻挡，无深谷阻断。为此，天香不够又添上，火焰灭了又接上，愿年年富足、月月有余。

备注	在仪式开始时吟诵。

释读东巴：和云彩	注音标注：李英	编辑：夏欣雨　丁春艳
课题名称：国家社会科学基金重大项目（项目批准号：12&ZD234）	校译：李静生	统稿：白庚胜
	音标录入：夏欣雨	数据技术处理：吴国新

丽江市东巴文化研究院东巴经典藏本编目（五十一）

丽江市东巴文化研究院东巴经典藏书编号	DB42-9	经书页数	22	书写经书东巴署名	无
收藏时间及历史背景	东巴经典于 2003 年被联合国教科文组织列为"世界记忆遗产"				

收藏标签	无	书写区域	丽江		
		经书书写特征	象形文（封面）	象形文（内容）	哥巴文（封面）	哥巴文（内容）
			√	√		
		封面横版，经书正文四格书写				

经书封面	

仪式名称	读音	tʂhə⁵⁵ gv²¹
	汉译	除秽

经书名称	读音	tho³³ kə⁵⁵ kv⁵⁵ zɻ³³ tʂhə⁵⁵ ʂu⁵⁵ pa³³ u³³ tsho²¹ ba³³ tʂər⁵⁵ dzo²¹
	汉译	为妥构固汝除秽·巴乌瑳巴的故事

经文内容提要	妥构固汝和妥麻固汝分别居住在居那若罗神山的左右两边。他们黑白分明，不相来往，鸟儿也不飞过界。一天，妥构的长子出去遛马，与海什高余男欢女爱，所出现的秽气污染了自然及人类。妥构固汝只好请拉补妥构来除秽。 　　巴乌瑳巴出门打猎三天，回到家中见父母已双亡。他为给父母超度，杀尽了所有牲口，煮完了所有粮食。之后，巴乌瑳巴在楞启斯普的引诱下用骡子驮着狗肉去贩卖。因在卖完狗肉驮着金银回家。途中骡子不听使唤，巴乌瑳巴一气之下将它宰了，从而出现了秽气。巴乌瑳巴只好请来凑硕敬班大东巴解除秽气。从此，他家人丁兴旺、生活富足、流水满塘。

备注	

释读东巴：和云彩	注音标注：李英	编辑：夏欣雨　丁春艳
课题名称：国家社会科学基金重大项目（项目批准号：12&ZD234）	校译：李静生 音标录入：夏欣雨	统稿：白庚胜 数据技术处理：吴国新

丽江市东巴文化研究院东巴经典藏本编目（五十二）

丽江市东巴文化研究院东巴经典藏书编号	DB43-2	经书页数	28	书写经书东巴署名	无
收藏时间及历史背景	东巴经典于 2003 年被联合国教科文组织列为"世界记忆遗产"				

收藏标签	无	书写区域	丽江			
		经书书写特征	象形文（封面）	象形文（内容）	哥巴文（封面）	哥巴文（内容）
			∨	∨		
			封面竖版，经书正文三格书写			

经书封面	

仪式名称	读音	tʂhə⁵⁵ gv²¹
	汉译	除秽

经书名称	读音	pa²¹ ŋa³³ lər²¹ so³³ tʂhə⁵⁵ ʂu⁵⁵ kv³³ tʂu⁵⁵ ua²¹ me⁵⁵
	汉译	用犏牛、黄牛、羊除秽经·上卷

经文内容提要	远古时代，秽鬼作祟，秽气污染自然和生灵，使得灾害肆虐、人类不能生存繁衍。人们只好请来东巴设神坛，用犏牛、黄牛、山羊镇压秽鬼。

备注	

释读东巴：和云彩	注音标注：李英	编辑：夏欣雨　丁春艳
课题名称：国家社会科学基金重大项目（项目批准号：12&ZD234）	校译：李静生	统稿：白庚胜
	音标录入：夏欣雨	数据技术处理：吴国新

丽江市东巴文化研究院东巴经典藏本编目（五十三）

丽江市东巴文化研究院东巴经典藏书编号	DB43-5	经书页数	18	书写经书东巴署名	无
收藏时间及历史背景	东巴经典于2003年被联合国教科文组织列为"世界记忆遗产"				

收藏标签	无	书写区域	丽江		
		经书书写特征	象形文（封面）	象形文（内容）	哥巴文（封面）	哥巴文（内容）
			√	√		
			封面横版，经书正文三格书写			

经书封面

仪式名称	读音	tʂhə⁵⁵ gv²¹
	汉译	除秽

经书名称	读音	ha³³ to²¹ gu³³ ȵi³³ lv⁵⁵ phər²¹mæ⁵⁵ tʂu⁵⁵ tʂhə⁵⁵ tshʅ²¹ pv⁵⁵
	汉译	退送灾祸·解开秽结·送秽鬼

经文内容提要	各种秽鬼纠集在一起作祟人间，贤能的主人请大东巴设置神坛镇压秽鬼。他们做面偶、切红肉、揉饭团，偿还所欠秽鬼的债，禳除灾祸。在阳光明媚、月光融融的一天，贤能的东巴砍断了秽结、解开了秽结，偿还鬼债，然后把秽鬼送回秽鬼地，并点燃除秽的梭刷火把，用洁净的水除秽。

备注	

释读东巴：和云彩	注音标注：李英	编辑：夏欣雨　丁春艳
课题名称：国家社会科学基金重大项目（项目批准号：12&ZD234）	校译：李静生	统稿：白庚胜
	音标录入：夏欣雨	数据技术处理：吴国新

丽江市东巴文化研究院东巴经典藏本编目（五十四）

丽江市东巴文化研究院东巴经典藏书编号	DB43-8	经书页数	17	书写经书东巴署名	无
收藏时间及历史背景	东巴经典于 2003 年被联合国教科文组织列为"世界记忆遗产"					

收藏标签	无	书写区域	丽江			
		经书书写特征	象形文（封面）	象形文（内容）	哥巴文（封面）	哥巴文（内容）
			√	√		
			封面横版，经书正文四格书写				

经书封面	

仪式名称	读音	tʂʰə⁵⁵ gv²¹
	汉译	除秽

经书名称	读音	so³³ ʂua³³ phər²¹ thv³³ ua²¹ me⁵⁵
	汉译	白梭刷火把 go dl 经

经文内容提要	在米利董主与茨爪金姆、岛宙欧吾与操饶曲姆、尤拉丁端与含爪普姆、崇仁利恩与衬红褒白、高勒高趣与金命金兹时代，由于秽鬼作祟，人们白天骨头痛，夜晚肌肉酸，只好请来东巴设神坛，扎起白梭刷火把除秽。之后，子孙重获兴旺、生活富足。

备注	

释读东巴：和云章	注音标注：李英	编辑：夏欣雨　丁春艳
课题名称：国家社会科学基金重大项目（项目批准号：12&ZD234）	校译：李静生	统稿：白庚胜
	音标录入：夏欣雨	数据技术处理：吴国新

丽江市东巴文化研究院东巴经典藏本编目（五十五）

丽江市东巴文化研究院东巴经典藏书编号	DB45-1	经书页数	33	书写经书东巴署名	无
收藏时间及历史背景	东巴经典于 2003 年被联合国教科文组织列为"世界记忆遗产"				

收藏标签	无	书写区域	丽江			
		经书书写特征	象形文（封面）	象形文（内容）	哥巴文（封面）	哥巴文（内容）
			√	√		
			封面竖版，经书正文三格书写			

经书封面	

仪式名称	读音	tər²¹ zər²¹
	汉译	压端鬼

经书名称	读音	py²¹ ly³³ khu³³
	汉译	开坛经

经文内容提要	最初，人间没有战争，是董和术早先发动战争。术子安生米委被董杀死后没有得到超度，他的尸体因此变出了 360 种端鬼。由于这些端鬼作祟，行祭人家只好请来中央东巴设神坛，迎请盘神和禅神、高神和吾神、沃神和恒神、360 个本丹神，在黑白相接的地方把 360 个端鬼杀死。东巴杀了黑山羊、黑鸡和黑猪，制作山一样大的面偶来偿还端鬼的债，并把主人的灵魂招回，不让主人的灵魂滞留在端鬼处。

备注	

释读东巴：和士诚	注音标注：和庆元	编辑：夏欣雨　丁春艳
课题名称：国家社会科学基金重大项目（项目批准号：12&ZD234）	校译：王世英	统稿：白庚胜
	音标录入：夏欣雨	数据技术处理：吴国新

丽江市东巴文化研究院东巴经典藏本编目（五十六）

<table>
<tr><td>丽江市东巴文化研究院东巴经典藏书编号</td><td colspan="2">DB46-1</td><td>经书页数</td><td>30</td><td>书写经书东巴署名</td><td colspan="2">无</td></tr>
<tr><td colspan="2">收藏时间及历史背景</td><td colspan="6">东巴经典于 2003 年被联合国教科文组织列为“世界记忆遗产”</td></tr>
<tr><td rowspan="4">收藏标签</td><td rowspan="4" colspan="2">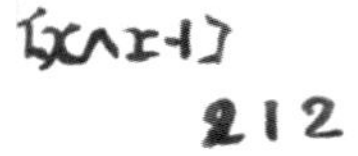</td><td>书写区域</td><td colspan="4">丽江</td></tr>
<tr><td rowspan="3">经书书写特征</td><td>象形文（封面）</td><td>象形文（内容）</td><td>哥巴文（封面）</td><td>哥巴文（内容）</td></tr>
<tr><td>√</td><td>√</td><td></td><td></td></tr>
<tr><td colspan="4">封面横版，经书正文三格书写</td></tr>
<tr><td>经书封面</td><td colspan="7"></td></tr>
<tr><td rowspan="2">仪式名称</td><td>读音</td><td colspan="6">tər^{21} tshʅ^{21} thv^{55}</td></tr>
<tr><td>汉译</td><td colspan="6">镇端鬼</td></tr>
<tr><td rowspan="2">经书名称</td><td>读音</td><td colspan="6">yə^{33} ma^{21} sa^{55}</td></tr>
<tr><td>汉译</td><td colspan="6">请尤玛神</td></tr>
<tr><td>经文内容提要</td><td colspan="7">天气晴朗之日，行祭人家请快脚小伙子去请贤能的东巴。东巴用白羊毛毡设神坛，用白青稞和白米作神粮撒在神坛，并献上金、银、绿松石、墨玉、牦牛、绵羊、酒、饭、肥肉、瘦肉、柏树、酥油给盘神和禅神，高神和吾神，俄神和恒神，给千千万万的神烧天香，给 360 个端格神和尤玛神烧天香，并请神下凡压端鬼。于是，千万尤玛神下到仇鬼的九个地方、九个寨子，把千万端鬼杀死在下面。五方东巴用白色石头垒成堆，再插上柏树枝建那砟，把端鬼压在下，把东、南、西、北、天与地中间的端鬼压在那砟下。压完端鬼，行祭人家便平安了。</td></tr>
<tr><td>备注</td><td colspan="7"></td></tr>
<tr><td colspan="3">释读东巴：和云章</td><td colspan="2">注音标注：和庆元</td><td colspan="3">编辑：夏欣雨　丁春艳</td></tr>
<tr><td colspan="3">课题名称：国家社会科学基金重大项目（项目批准号：12&ZD234）</td><td colspan="2">校译：王世英
音标录入：夏欣雨</td><td colspan="3">统稿：白庚胜
数据技术处理：吴国新</td></tr>
</table>

丽江市东巴文化研究院东巴经典藏本编目（五十七）

丽江市东巴文化研究院东巴经典藏书编号	DB46-6	经书页数	19	书写经书东巴署名	无
收藏时间及历史背景	东巴经典于 2003 年被联合国教科文组织列为"世界记忆遗产"				

收藏标签	无	书写区域	丽江			
		经书书写特征	象形文（封面）	象形文（内容）	哥巴文（封面）	哥巴文（内容）
			√	√		
			封面横版，经书正文三格书写			

经书封面	

仪式名称	读音	tər²¹ py²¹
	汉译	祭端鬼

经书名称	读音	mu³³ o²¹ ʂər⁵⁵
	汉译	把死者的灵魂从猛鬼处招回

经文内容提要	在居那若罗神山的左面，丙罗崇铺和鲁美姆恩变出九个猛鬼。猛禾固汝若从九座山上放下猛鬼，六个猛鬼姐妹从六个高原上放下猛鬼。于是，祖先要走的路被猛鬼挡住，祖先要过的桥被猛鬼占据。因猛鬼会像高山上的强盗、深沟里的豹子一样把祖先所背的酒、饭、牺牲和冥马抢去，行祭人家就让孝子请来贤能的东巴迎盘神、禅神、高神、吾神、360 位端格神和尤玛神、360 位本丹战神，把猛鬼杀死在下面，把固鬼和鲁鬼压在下面，并用六只鸡来偿还猛鬼的债，用狗和鸡、酒和饭把死者的亡魂从猛鬼处招回，然后把死者的亡魂送到祖父祖母那里去。这样，上面的祖先高兴了，活着的人也会得到吉祥和福泽。
备注	

释读东巴：杨树兴	注音标注：和庆元	编辑：夏欣雨　丁春艳
课题名称：国家社会科学基金重大项目（项目批准号：12&ZD234）	校译：王世英	统稿：白庚胜
	音标录入：夏欣雨	数据技术处理：吴国新

丽江市东巴文化研究院东巴经典藏本编目（五十八）

丽江市东巴文化研究院东巴经典藏书编号	DB46-8	经书页数	21	书写经书东巴署名	无
收藏时间及历史背景	东巴经典于2003年被联合国教科文组织列为"世界记忆遗产"				

收藏标签	无	书写区域	丽江			
		经书书写特征	象形文（封面）	象形文（内容）	哥巴文（封面）	哥巴文（内容）
			√	√		√
			封面横版，经书正文三格书写			

经书封面	

仪式名称	读音	tər²¹ py²¹
	汉译	祭端鬼

经书名称	读音	be³³ dæ²¹ gə²¹ sɿ³³
	汉译	领回本丹神

经文内容提要	迎来东巴什罗，请盘神、禅神、高神、吾神、俄神、恒神及其身后的千万本丹战神，捣毁端鬼的九个鬼寨，摧毁端鬼的九个鬼地，把垛鬼和铎鬼、端鬼和拉鬼，以及千万鬼怪杀死在下面。然后，把所有的盘神、禅神、高神、吾神、沃神、恒神及本丹神送回神地，不让他们滞留在端鬼和拉鬼、垛鬼和铎鬼所居的十三界。

备注	

释读东巴：和云彩	注音标注：和庆元	编辑：夏欣雨　丁春艳
课题名称：国家社会科学基金重大项目（项目批准号：12&ZD234）	校译：王世英 音标录入：夏欣雨	统稿：白庚胜 数据技术处理：吴国新

丽江市东巴文化研究院东巴经典藏本编目（五十九）

丽江市东巴文化研究院东巴经典藏书编号	DB47-8	经书页数	31	书写经书东巴署名	无
收藏时间及历史背景	东巴经典于2003年被联合国教科文组织列为"世界记忆遗产"				

收藏标签	无	书写区域	丽江			
		经书书写特征	象形文（封面）	象形文（内容）	哥巴文（封面）	哥巴文（内容）
			∨	∨		
		封面横版，经书正文三格书写				

经书封面	

仪式名称	读音	tər²¹ py²¹
	汉译	祭端鬼

经书名称	读音	thv⁵⁵ dzo²¹ kv³³ tʂu⁵⁵
	汉译	驱端鬼·上卷

经文内容提要	最初，米麻塞登变出端鬼。米利董主的儿子董若阿路在术鬼生活的地方捕杀了一匹黑山驴。结果，黑山驴的灵魂变出各种各样的端鬼。这些端鬼来到行祭人家作祟，行祭人家只好用牦牛、绵羊、酒、饭、肥肉、瘦肉行祭，并为诸神烧天香，请能战胜端鬼的盘神、禅神、端格神、尤玛神、九位白色战神、四位天上的战神、三位金头猴战神、360位妥构战神临，把端鬼压下去。又把端鬼名写在九种木头上，压在九条路交叉处的地下面，压在干狗头和干猪头下面。用长着牙的降魔杵把端鬼的灵魂压下去，把神房四面的端鬼压下去，把白塔四边的端鬼压下去，把端鬼赶到术鬼的地方，关上门，使行祭人家免于病痛。
备注	

释读东巴：和开祥	注音标注：和庆元	编辑：夏欣雨　丁春艳
课题名称：国家社会科学基金重大项目（项目批准号：12&ZD234）	校译：王世英 音标录入：夏欣雨	统稿：白庚胜 数据技术处理：吴国新

丽江市东巴文化研究院东巴经典藏本编目（六十）

丽江市东巴文化研究院东巴经典藏书编号	DB100-6	经书页数	43	书写经书东巴署名	无
收藏时间及历史背景	东巴经典于 2003 年被联合国教科文组织列为"世界记忆遗产"				

收藏标签	无	书写区域	丽江			
		经书书写特征	象形文（封面）	象形文（内容）	哥巴文（封面）	哥巴文（内容）
			√	√		√
			封面横版，经书正文三格或六格书写			

经书封面	

仪式名称	读音	ʂər⁵⁵ lər³³ ŋv⁵⁵
	汉译	超度什罗

经书名称	读音	ʂə⁵⁵ pɯ²¹ ʂə⁵⁵ lɯ³³
	汉译	言说之出处

经文内容提要	1. 开头与末尾为东巴文与哥巴文相对照之符号； 2. 在天和地还未开辟的时代，从上面出现了佳声，从下面出现了佳气，它们连连变出种种事物； 3. 从白蛋中产生所有神灵、人种，从黑蛋中产生所有鬼怪； 4. 人世间出现祸事及仇杀事件； 5. 讲精威五行及开丧时孝子拶獐皮口袋的来历； 6. 各种神灵及纳西先祖的寿岁； 7. 介绍九个能干东巴的本领。

备注	

释读东巴：和开祥	注音标注：和发源	编辑：耿巧曼　丁春艳
课题名称：国家社会科学基金重大项目（项目批准号：12&ZD234）	校译：和力民 音标录入：耿巧曼	统稿：白庚胜 数据技术处理：吴国新

二、三坝纳西族乡文化站藏东巴经典

三坝纳西族乡文化站位于云南省迪庆藏族自治州香格里拉市东南部，于20世纪80年代收集收藏有650册东巴经书。此次选用50册东巴经典作编目。

三坝纳西族乡文化站东巴经典藏本编目（一）

<table>
<tr><td colspan="2">三坝纳西族乡文化站藏本编号</td><td>A010</td><td colspan="2">经书页数</td><td colspan="3">不详</td></tr>
<tr><td colspan="2">收藏历史背景</td><td colspan="6">20世纪80年代由三坝纳西族乡文化站收集</td></tr>
<tr><td rowspan="3">收藏标签</td><td rowspan="3" colspan="2">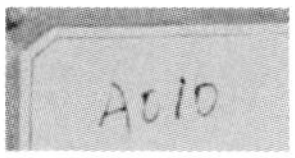</td><td>书写区域</td><td colspan="4">白地</td></tr>
<tr><td rowspan="2">经书书写特征</td><td>象形文（封面）</td><td>象形文（内容）</td><td>哥巴文（封面）</td><td>哥巴文（内容）</td></tr>
<tr><td></td><td>√</td><td></td><td></td></tr>
<tr><td></td><td colspan="2"></td><td></td><td colspan="4">经书横板，经文四格书写，无原书封面</td></tr>
<tr><td>经书封面</td><td colspan="7"></td></tr>
<tr><td rowspan="2">仪式名称</td><td>读音</td><td colspan="6">to^{55} na^{21} khɯ^{55}</td></tr>
<tr><td>汉译</td><td colspan="6">大禳灾</td></tr>
<tr><td rowspan="2">经书名称</td><td>读音</td><td colspan="6">to^{33} ma^{33} no^{55}</td></tr>
<tr><td>汉译</td><td colspan="6">请多玛神压仇敌</td></tr>
<tr><td>经文内容提要</td><td colspan="7">多玛诺，意为做面偶，也叫沙拉多玛、尤码多玛、晓露多玛。行祭时，一次只能做一个，并由东巴占卦选定。
消灾仪式快结束时，东巴在屋内吟诵这本经书后，把面偶请到院落里。众东巴则围着他跳东巴舞。舞毕，东巴叫人把面偶师抬到村外的大树上，其目的是用“多玛”面偶师的威灵压住仇敌。</td></tr>
<tr><td>备注</td><td colspan="7">此经书用在大禳仪式里，但不是所有仪式都用此经书。行祭人家根据需要，请求“多玛诺”东巴吟诵这本经书。</td></tr>
<tr><td colspan="3">释读东巴：习尚洪</td><td colspan="2">记录整理：和尚礼</td><td colspan="3">编辑：夏欣雨　丁春艳</td></tr>
<tr><td colspan="3">课题名称：国家社会科学基金重大项目（项目批准号：12&ZD234）</td><td colspan="2">注音：白庚胜
音标录入：夏欣雨　耿巧曼</td><td colspan="3">统稿：白庚胜
数据技术处理：吴国新</td></tr>
</table>

三坝纳西族乡文化站东巴经典藏本编目（二）

三坝纳西族乡文化站藏本编号	A011	经书页数		不详	
收藏历史背景	20 世纪 80 年代由三坝纳西族乡文化站收集				

收藏标签	A011	书写区域	白地			
		经书书写特征	象形文（封面）	象形文（内容）	哥巴文（封面）	哥巴文（内容）
				∨		
			经书横板，经文四格书写，无原书封面			

经书封面	

仪式名称	读音	to⁵⁵ na²¹ khuɯ⁵⁵
	汉译	大禳灾

经书名称	读音	zʅ²¹ zər²¹
	汉译	压仇敌

经文内容提要	仇敌欲展翅远飞就砍掉其双翅，欲跳跃就砍掉其双脚，欲远远偷看就挖掉其双眼，欲挑是非就割掉其舌。

备注	

释读东巴：习尚洪	记录整理：和尚礼	编辑：夏欣雨　丁春艳
课题名称：国家社会科学基金重大项目（项目批准号：12&ZD234）	注音：白庚胜 音标录入：夏欣雨　耿巧曼	统稿：白庚胜 数据技术处理：吴国新

三坝纳西族乡文化站东巴经典藏本编目（三）

三坝纳西族乡文化站藏本编号	A015	经书页数		不详
收藏历史背景	20 世纪 80 年代由三坝纳西族乡文化站收集			

收藏标签	A015	书写区域	白地			
		经书书写特征	象形文（封面）	象形文（内容）	哥巴文（封面）	哥巴文（内容）
				√		
			经书横板三格书写，无原书封面			

经书封面	

仪式名称	读音	çi³³ khæ³³
	汉译	丧葬

经书名称	读音	ʂʅ³³ ʂʅ²¹ go³³ go²¹
	汉译	生死离别

经文内容提要	逝者遗体从正屋内抬到院落时，在神坛上烧柏香，并由东巴吟诵这本经书。葬礼快结束时，把遗体抬往火葬场再诵此经作生离死别。

备注	

释读东巴：习尚洪	记录整理：和尚礼	编辑：夏欣雨　丁春艳
课题名称：国家社会科学基金重大项目（项目批准号：12&ZD234）	注音：白庚胜　音标录入：夏欣雨　耿巧曼	统稿：白庚胜　数据技术处理：吴国新

三坝纳西族乡文化站东巴经典藏本编目（四）

三坝纳西族乡文化站藏本编号	A016	经书页数		不详
收藏历史背景	20 世纪 80 年代由三坝纳西族乡文化站收集			

收藏标签	A016	书写区域	白地			
		经书书写特征	象形文（封面）	象形文（内容）	哥巴文（封面）	哥巴文（内容）
				√		
			经书横板三格书写，无原书封面			

经书封面	

仪式名称	读音	to⁵⁵ na²¹ khɯ⁵⁵
	汉译	大禳灾
经书名称	读音	ʂv²¹ dzɿ³³ zua²¹
	汉译	还署债

经文内容提要	黑白之战在纳西语中称董埃术埃，称白战胜黑，即董战胜术。人类（白）为了防止术（黑）给人类带来瘟疫病灾，特给战败方术还债。

备注	

释读东巴：习尚洪	记录整理：和尚礼	编辑：夏欣雨　丁春艳
课题名称：国家社会科学基金重大项目（项目批准号：12&ZD234）	注音：白庚胜 音标录入：夏欣雨　耿巧曼	统稿：白庚胜 数据技术处理：吴国新

三坝纳西族乡文化站东巴经典藏本编目（五）

三坝纳西族乡文化站藏本编号	A019	经书页数	不详
收藏历史背景	20世纪80年代由三坝纳西族乡文化站收集		

<table>
<tr><td rowspan="5">收藏标签</td><td rowspan="5">A019</td><td>书写区域</td><td colspan="3">白地</td></tr>
<tr><td rowspan="2">经书书写特征</td><td>象形文（封面）</td><td>象形文（内容）</td><td>哥巴文（封面）</td><td>哥巴文（内容）</td></tr>
<tr><td>√</td><td>√</td><td></td><td></td></tr>
<tr><td colspan="4">经书横板，经文四格书写</td></tr>
</table>

经书封面	

仪式名称	读音	to⁵⁵ na²¹ khɯ⁵⁵

$$to^{55}\ na^{21}\ khɯ^{55}$$

仪式名称	读音	$to^{55}\ na^{21}\ khɯ^{55}$
	汉译	大禳灾

经书名称	读音	$to^{55}\ na^{21}\ khɯ^{55}\ tʂər^{55}\ dzo^{21}$
	汉译	大禳灾程序

经文内容提要	这个仪式要费时三天一夜，诵一百多部东巴经卷，用一只羊、一头牛、一头猪、一只鸡为牺牲。

备注	此经书是举行禳灾仪式的总规程。

释读东巴：习尚洪	记录整理：和尚礼	编辑：夏欣雨　丁春艳
课题名称：国家社会科学基金重大项目（项目批准号：12&ZD234）	注音：白庚胜 音标录入：夏欣雨　耿巧曼	统稿：白庚胜 数据技术处理：吴国新

三坝纳西族乡文化站东巴经典藏本编目（六）

三坝纳西族乡文化站藏本编号	A020	经书页数			不详	
收藏历史背景	20 世纪 80 年代由三坝纳西族乡文化站收集					

收藏标签		书写区域	白地			
		经书书写特征	象形文（封面）	象形文（内容）	哥巴文（封面）	哥巴文（内容）
			√	√		
			经书横板，经文四格书写			

经书封面	

仪式名称	读音	ṣər⁵⁵ lər³³ ŋv⁵⁵
	汉译	超度什罗
经书名称	读音	ṣər⁵⁵ lər³³ dæ²¹ ŋv⁵⁵
	汉译	超度什罗威力

经文内容提要	东巴什罗在米韦恒纳鬼海里被淹没身亡。为此，人们为他进行超度，请东方神扣册层崩、南方神色月没贵、西方神纳生冲鲁、北方神古色肯奔、中央神索尤争古镇住五方鬼，确保东巴什罗顺利回到天界。
备注	

释读东巴：习尚洪	记录整理：和尚礼	编辑：夏欣雨　丁春艳
课题名称：国家社会科学基金重大项目（项目批准号：12&ZD234）	注音：白庚胜 音标录入：夏欣雨　耿巧曼	统稿：白庚胜 数据技术处理：吴国新

三坝纳西族乡文化站东巴经典藏本编目（七）

三坝纳西族乡文化站藏本编号	A023	经书页数			不详
收藏历史背景	20 世纪 80 年代由三坝纳西族乡文化站收集				

收藏标签	A023	书写区域	白地			
		经书书写特征	象形文（封面）	象形文（内容）	哥巴文（封面）	哥巴文（内容）
			√	√		
			经书横板，经文四格书写			

经书封面	

仪式名称	读音	sʅ⁵⁵ khv²¹
	汉译	迎家神

经书名称	读音	khæ³³ sa⁵⁵
	汉译	寻太极妙药

经文内容提要	讲述药物的来历。人类始祖崇仁利恩与衬红褒白从天界下凡到人间时未带药物，故只好再度到天界找寻，并最终把灵丹妙药带到人间。

备注	

释读东巴：习尚洪	记录整理：和尚礼	编辑：夏欣雨　丁春艳
课题名称：国家社会科学基金重大项目（项目批准号：12&ZD234）	注音：白庚胜 音标录入：夏欣雨　耿巧曼	统稿：白庚胜 数据技术处理：吴国新

三坝纳西族乡文化站东巴经典藏本编目（八）

三坝纳西族乡文化站藏本编号	A024	经书页数	不详
收藏历史背景	20 世纪 80 年代由三坝纳西族乡文化站收集		

收藏标签	A024	书写区域	白地			
		经书书写特征	象形文（封面）	象形文（内容）	哥巴文（封面）	哥巴文（内容）
			√	√		
			经书横板，经文四格书写			

经书封面	

仪式名称	读音	sɿ⁵⁵ khv²¹
	汉译	迎家神

经书名称	读音	tʂhər³³ɣɯ³³ so³³
	汉译	尝药

经文内容提要	讲述药的出处、药效的强大及药力的无边：自然万物若尝到药，则力量无边；神灵若尝到药，则威力无边；人类若尝到药，则人丁兴旺、健康、长寿、幸福。

备注	

释读东巴：习尚洪	记录整理：和尚礼	编辑：夏欣雨　丁春艳
课题名称：国家社会科学基金重大项目（项目批准号：12&ZD234）	注音：白庚胜 音标录入：夏欣雨　耿巧曼	统稿：白庚胜 数据技术处理：吴国新

三坝纳西族乡文化站东巴经典藏本编目（九）

三坝纳西族乡文化站藏本编号	A028	经书页数		不详	
收藏历史背景	20 世纪 80 年代由三坝纳西族乡文化站收集				

<table>
<tr><td rowspan="4">收藏标签</td><td rowspan="4">A028</td><td>书写区域</td><td colspan="4">白地</td></tr>
<tr><td rowspan="2">经书书写特征</td><td>象形文（封面）</td><td>象形文（内容）</td><td>哥巴文（封面）</td><td>哥巴文（内容）</td></tr>
<tr><td>√</td><td>√</td><td></td><td></td></tr>
<tr><td colspan="4">经书横板，经文四格书写</td></tr>
</table>

经书封面	

仪式名称	读音	çi^{33} khæ^{33}
	汉译	丧葬

经书名称	读音	dæ^{21} qi^{33} le^{21} tshə^{55} zər^{21}
	汉译	祭能人·压罪鬼

经文内容提要	指祭颂能人。能人在世时为了生存，常捕获猎物、抢夺财物、杀死他人，犯下很多罪过。因而，他们死后回祖地时，会被众鬼拦路抢魂。故，东巴为了让便他们的灵魂能顺利、平安回到祖地吟诵这本经书压鬼。

备注	

释读东巴：习尚洪	记录整理：和尚礼	编辑：夏欣雨　丁春艳
课题名称：国家社会科学基金重大项目（项目批准号：12&ZD234）	注音：白庚胜　音标录入：夏欣雨　耿巧曼	统稿：白庚胜　数据技术处理：吴国新

三坝纳西族乡文化站东巴经典藏本编目（十）

三坝纳西族乡文化站藏本编号	A030	经书页数	不详

收藏历史背景	20 世纪 80 年代由三坝纳西族乡文化站收集

收藏标签	A030	书写区域	白地			
		经书书写特征	象形文（封面）	象形文（内容）	哥巴文（封面）	哥巴文（内容）
				√		
		经书横板，经文四格书写，无原书封面				

经书封面	A030

仪式名称	读音	bæ²¹ mæ³³ to⁵⁵
	汉译	占卜

经书名称	读音	pa³³ kə²¹ zər²¹
	汉译	占方位

经文内容提要	讲八个方位、十二属相、母亲年龄，确定男婴、女婴在何时何处出世为好，并提醒注意事项。

备注	

释读东巴：习尚洪	记录整理：和尚礼	编辑：夏欣雨　丁春艳
课题名称：国家社会科学基金重大项目（项目批准号：12&ZD234）	注音：白庚胜 音标录入：夏欣雨　耿巧曼	统稿：白庚胜 数据技术处理：吴国新

三坝纳西族乡文化站东巴经典藏本编目（十一）

三坝纳西族乡文化站藏本编号	A034	经书页数	不详
收藏历史背景	20 世纪 80 年代由三坝纳西族乡文化站收集		

收藏标签	A034	书写区域	白地			
		经书书写特征	象形文（封面）	象形文（内容）	哥巴文（封面）	哥巴文（内容）
			√	√		
			经书横板，经文四格书写，无原书封面			

经书封面	

仪式名称	读音	bæ²¹ mæ³³ to⁵⁵
	汉译	占卜
经书名称	读音	ʂɿ³³ tsi³³
	汉译	占土地神

经文内容提要	伐木、动土前，要看此卦。相传，土地神每天食一物。如遇其食有血生命之期，则不能去伐木、动土，以防发生流血事故。

备注	

释读东巴：习尚洪	记录整理：和尚礼	编辑：夏欣雨　丁春艳
课题名称：国家社会科学基金重大项目（项目批准号：12&ZD234）	注音：白庚胜 音标录入：夏欣雨　耿巧曼	统稿：白庚胜 数据技术处理：吴国新

三坝纳西族乡文化站东巴经典藏本编目（十二）

三坝纳西族乡文化站藏本编号	A035	经书页数		不详	
收藏历史背景	20 世纪 80 年代由三坝纳西族乡文化站收集				

收藏标签	A035	书写区域	白地			
		经书书写特征	象形文（封面）	象形文（内容）	哥巴文（封面）	哥巴文（内容）
			√	√		
			经书横板，经文四格书写			

经书封面	

仪式名称	读音	şər⁵⁵ lər³³ ŋv⁵⁵
	汉译	超度什罗
经书名称	读音	bə³³ jæ²¹ çi³³ so⁵⁵ sa⁵⁵
	汉译	迎请三尊护法神

经文内容提要	奇趣神、龙神、狮神为东巴什罗护法神。要迎请他们，来压住米韦恒纳海边的鬼鸟、督鬼红麂子、朵鬼黑狗。
备注	

释读东巴：习尚洪	记录整理：和尚礼	编辑：夏欣雨　丁春艳
课题名称：国家社会科学基金重大项目（项目批准号：12&ZD234）	注音：白庚胜 音标录入：夏欣雨　耿巧曼	统稿：白庚胜 数据技术处理：吴国新

三坝纳西族乡文化站东巴经典藏本编目（十三）

<table>
<tr><td colspan="2">三坝纳西族乡文化站藏本编号</td><td>A036</td><td colspan="2">经书页数</td><td colspan="4">不详</td></tr>
<tr><td colspan="2">收藏历史背景</td><td colspan="7">20 世纪 80 年代由三坝纳西族乡文化站收集</td></tr>
<tr><td rowspan="4">收藏标签</td><td rowspan="4" colspan="2">A036</td><td>书写区域</td><td colspan="5">白地</td></tr>
<tr><td rowspan="3">经书书写特征</td><td colspan="2">象形文（封面）</td><td>象形文（内容）</td><td>哥巴文（封面）</td><td>哥巴文（内容）</td></tr>
<tr><td colspan="2"></td><td>√</td><td></td><td></td></tr>
<tr><td colspan="5">经书横板，经文四格书写，无原书封面</td></tr>
<tr><td>经书封面</td><td colspan="8"></td></tr>
<tr><td rowspan="2">仪式名称</td><td>读音</td><td colspan="7">$\mathrm{tv}^{55}\ \mathrm{py}^{21}$</td></tr>
<tr><td>汉译</td><td colspan="7">抵灾</td></tr>
<tr><td rowspan="2">经书名称</td><td>读音</td><td colspan="7">tshɿ^{21} tər^{21} zər^{21}</td></tr>
<tr><td>汉译</td><td colspan="7">驱瘟疫鬼</td></tr>
<tr><td>经文内容提要</td><td colspan="8">讲述天界衬红褒白与美孜可洛两家产生婚姻矛盾的原因，以及人间产生瘟疫病灾的来历。为震慑施冰雹、大风、暴雨等天灾时出现的鬼魂，驱赶人畜所受的瘟疫病灾，农作物所受的病虫灾，人们要举行抵灾仪式。</td></tr>
<tr><td>备注</td><td colspan="8"></td></tr>
<tr><td colspan="3">释读东巴：习尚洪</td><td colspan="3">记录整理：和尚礼</td><td colspan="3">编辑：夏欣雨　丁春艳</td></tr>
<tr><td colspan="3">课题名称：国家社会科学基金重大项目（项目批准号：12&ZD234）</td><td colspan="3">注音：白庚胜
音标录入：夏欣雨　耿巧曼</td><td colspan="3">统稿：白庚胜
数据技术处理：吴国新</td></tr>
</table>

三坝纳西族乡文化站东巴经典藏本编目（十四）

三坝纳西族乡文化站 藏本编号	A037	经书页数		不详	
收藏历史背景	20世纪80年代由三坝纳西族乡文化站收集				

收藏 标签	A037	书写 区域	白地			
		经书 书写 特征	象形文 （封面）	象形文 （内容）	哥巴文 （封面）	哥巴文 （内容）
			√	√		
			经书横板，经文四格书写			

经书 封面	

仪式 名称	读音	çi³³ khæ³³
	汉译	开丧

经书 名称	读音	mu³³ ɣɯ²¹ sy⁵⁵
	汉译	杀猛鬼恩鬼

经文 内容 提要	一户人家有九个兄弟、一个妹妹。九兄弟每天都去上山狩猎。有一年，每天有一匹马、一个人有去无回，家里只剩下妹妹独自上山去寻找九个哥哥。她在途中遇到猛鬼猛增色科实后，就假装与之相爱，一起住在洞穴里。在洞里，她看到了哥哥们的九个头、九把长剑、九床披毡。她便与猛增色科实相互斗法，最后杀死猛增色科实，为九兄弟报了仇。
备注	

释读东巴：习尚洪	记录整理：和尚礼	编辑：夏欣雨　丁春艳
课题名称：国家社会科学基金重大项目（项目批准号：12&ZD234）	注音：白庚胜 音标录入：夏欣雨　耿巧曼	统稿：白庚胜 数据技术处理：吴国新

三坝纳西族乡文化站东巴经典藏本编目（十五）

三坝纳西族乡文化站藏本编号	A038	经书页数		不详	
收藏历史背景	20 世纪 80 年代由三坝纳西族乡文化站收集				

收藏标签	A038	书写区域	白地			
		经书书写特征	象形文（封面）	象形文（内容）	哥巴文（封面）	哥巴文（内容）
			√	√		
			经书横板，经文四格书写			

经书封面	

仪式名称	读音	mu³³ ɣɯ²¹ pv²¹
	汉译	祭猛鬼恩鬼
经书名称	读音	mu³³ ɣɯ²¹ pv⁵⁵ the³³ ɣɯ³³
	汉译	祭猛恩鬼经

经文内容提要	猛恩鬼父名叫毕实设次，鬼母名叫龙美猛恩。他们生下五方五色猛恩鬼，五方猛恩鬼又变出众多猛恩鬼。野生动物死亡后，其亡魂亦被猛恩鬼抢走，变成猛恩鬼。人死后，猛恩鬼会来抢其亡魂。但猛恩鬼抢不走正常死亡者的灵魂，只有野死者的灵魂容易被其抢走。人们举行祭祀猛恩鬼的仪式，就是要让非正常死亡者的灵魂能平安回到祖先故地。
备注	

释读东巴：习尚洪	记录整理：和尚礼	编辑：夏欣雨　丁春艳
课题名称：国家社会科学基金重大项目（项目批准号：12&ZD234）	注音：白庚胜 音标录入：夏欣雨　耿巧曼	统稿：白庚胜 数据技术处理：吴国新

三坝纳西族乡文化站东巴经典藏本编目（十六）

三坝纳西族乡文化站 藏本编号	A039	经书页数		不详	
收藏历史背景	20 世纪 80 年代由三坝纳西族乡文化站收集				

收藏 标签		书写 区域	白地			
		经书 书写 特征	象形文 （封面）	象形文 （内容）	哥巴文 （封面）	哥巴文 （内容）
			√	√		
			经书横板，经文四格书写			

经书 封面	

仪式 名称	读音	to⁵⁵ na²¹ khɯ⁵⁵
	汉译	大禳灾
经书 名称	读音	la²¹ tʂu⁵⁵ phər²¹
	汉译	解阴阳结

经文 内容 提要	古时，一户人家中有九个兄弟到天界、地界的四面八方去寻找走失的父亲，但始终找不到。他们便在村旁举行劳仲盘仪式，与父亲死别。只见已故父亲变作一只蜜蜂来到祭坛，尽情享受酒饭。从此，人们找不到死者尸首，便会举行这个仪式。

备注	

释读东巴：习尚洪	记录整理：和尚礼	编辑：夏欣雨　丁春艳
课题名称：国家社会科学基金重大项目（项目批准号：12&ZD234）	注音：白庚胜 音标录入：夏欣雨　耿巧曼	统稿：白庚胜 数据技术处理：吴国新

三坝纳西族乡文化站东巴经典藏本编目（十七）

三坝纳西族乡文化站藏本编号	A040	经书页数		不详	
收藏历史背景	20世纪80年代由三坝纳西族乡文化站收集				
收藏标签	A040	书写区域	白地		
		经书书写特征	象形文（封面）	象形文（内容）	哥巴文（封面）	哥巴文（内容）
			√	√		
		经书横板，经文四格书写			

经书封面	

仪式名称	读音	di²¹ pv⁵⁵
	汉译	送恶鬼
经书名称	读音	di²¹ pv⁵⁵
	汉译	送恶鬼

经文内容提要	人们在某方位犯忌伐木建新房，恶鬼就会找上门来问罪。故要善待恶鬼，让其吃饱喝足后远离主人家，不再惹事生非。
备注	

释读东巴：习尚洪	记录整理：和尚礼	编辑：夏欣雨　丁春艳
课题名称：国家社会科学基金重大项目（项目批准号：12&ZD234）	注音：白庚胜 音标录入：夏欣雨　耿巧曼	统稿：白庚胜 数据技术处理：吴国新

三坝纳西族乡文化站东巴经典藏本编目（十八）

三坝纳西族乡文化站藏本编号	A041	经书页数		不详	
收藏历史背景	20世纪80年代由三坝纳西族乡文化站收集				

收藏标签	A041	书写区域	白地			
		经书书写特征	象形文（封面）	象形文（内容）	哥巴文（封面）	哥巴文（内容）
			√	√		
			经书横板，经文四格书写			

经书封面	

仪式名称	读音	to⁵⁵ na²¹ khɯ⁵⁵
	汉译	大禳灾

经书名称	读音	mə²¹ pv⁵⁵ dzi³³ zɿ³³ sa⁵⁵
	汉译	迎请没布精如神

经文内容提要	人间被口舌鬼、秽鬼、穷鬼闹得不得安宁，人们只好去请住在天界甘楼村的威旦大神没布精如来神镇压它们。从此，人们又过上了安静的生活。

备注	

释读东巴：习尚洪	记录整理：和尚礼	编辑：夏欣雨　丁春艳
课题名称：国家社会科学基金重大项目（项目批准号：12&ZD234）	注音：白庚胜 音标录入：夏欣雨　耿巧曼	统稿：白庚胜 数据技术处理：吴国新

三坝纳西族乡文化站东巴经典藏本编目（十九）

三坝纳西族乡文化站藏本编号	A044	经书页数		不详	
收藏历史背景	20 世纪 80 年代由三坝纳西族乡文化站收集				

收藏标签		书写区域	白地			
		经书书写特征	象形文（封面）	象形文（内容）	哥巴文（封面）	哥巴文（内容）
			√	√		
		经书横板，经文四格书写				

经书封面	

仪式名称	读音	zʅ²¹ duɯ²¹ ka³³ ko³³
	汉译	设祭坛

经书名称	读音	phv³³ la²¹ zʅ²¹ dʑi²¹
	汉译	神祇祭坛

经文内容提要	从天界的神祇到地界的人类，都要设神坛行祭，方能万物吉祥、万事顺利。

备注	

释读东巴：习尚洪	记录整理：和尚礼	编辑：夏欣雨　丁春艳
课题名称：国家社会科学基金重大项目（项目批准号：12&ZD234）	注音：白庚胜 音标录入：夏欣雨　耿巧曼	统稿：白庚胜 数据技术处理：吴国新

三坝纳西族乡文化站东巴经典藏本编目（二十）

三坝纳西族乡文化站藏本编号	A045	经书页数			不详
收藏历史背景	20世纪80年代由三坝纳西族乡文化站收集				

收藏标签	A045	书写区域	白地			
		经书书写特征	象形文（封面）	象形文（内容）	哥巴文（封面）	哥巴文（内容）
			√	√		
			经书横板，经文四格书写			

经书封面	

仪式名称	读音	hər³³ be³³
	汉译	祭风
经书名称	读音	dʑi²¹ pv⁵⁵
	汉译	送毒鬼仄鬼

经文内容提要	讲述人类在毒鬼仄鬼居住地过度地放火烧山、捕猎、打鱼等，从而引发毒鬼仄鬼向人类讨债。于是，人类只好用鸡、法木、大麦粒（鬼食）还债，把毒鬼仄鬼送回它们居住的地方。
备注	

释读东巴：习尚洪	记录整理：和尚礼	编辑：夏欣雨 丁春艳
课题名称：国家社会科学基金重大项目（项目批准号：12&ZD234）	注音：白庚胜 音标录入：夏欣雨 耿巧曼	统稿：白庚胜 数据技术处理：吴国新

三坝纳西族乡文化站东巴经典藏本编目（二十一）

三坝纳西族乡文化站藏本编号	A046	经书页数		不详		
收藏历史背景	20 世纪 80 年代由三坝纳西族乡文化站收集					
收藏标签	A046	书写区域	白地			
		经书书写特征	象形文（封面）	象形文（内容）	哥巴文（封面）	哥巴文（内容）
			∨	∨		
			经书横板，经文四格书写			
经书封面						
仪式名称	读音	hər³³ be³³				
	汉译	祭风				
经书名称	读音	tshŋ²¹ ʂɿ³³ yə²¹ ʂɿ³³				
	汉译	次鬼尤鬼的来历				
经文内容提要	尤孜阿祖为次鬼尤鬼之母，更实粗宽为次鬼尤鬼之父。他俩作变化，生下次若见实（次男脖长）、尤命肯细（尤头脚细），继而又变出一个牛头人身的小孩。这个小孩生下一天就可以吃掉两斤酥油，第二天可以吃掉一只鸡，第三天可以吃掉一头猪，第四天可以吃掉一只山羊，第五天可以吃掉一只绵羊，第六天可以吃掉一头牛，第七天可以吃掉一匹马，第八天可以吃掉一头犏牛，第九天可以吃掉一头牦牛。人们认为这个小孩不能养，而应把他埋在十字路口。由此，产生了无数的次鬼尤鬼，也有了讲述次鬼尤鬼来历之经书。					
备注						
释读东巴：习尚洪	记录整理：和尚礼		编辑：夏欣雨　丁春艳			
课题名称：国家社会科学基金重大项目（项目批准号：12&ZD234）	注音：白庚胜 音标录入：夏欣雨　耿巧曼		统稿：白庚胜 数据技术处理：吴国新			

三坝纳西族乡文化站东巴经典藏本编目（二十二）

三坝纳西族乡文化站藏本编号	A048	经书页数			不详
收藏历史背景	20 世纪 80 年代由三坝纳西族乡文化站收集				

收藏标签	A048	书写区域	白地			
		经书书写特征	象形文（封面）	象形文（内容）	哥巴文（封面）	哥巴文（内容）
			√	√		
			经书横板，经文四格书写			

经书封面	

仪式名称	读音	hər³³ be³³
	汉译	祭风

经书名称	读音	dʑi³³ ʂu⁵⁵ ʂu³³ di²¹ tɕi²¹ chua⁵⁵ tɕi²¹
	汉译	祭吉奔神，让马鹿驮走不吉物

经文内容提要	主要讲述天神过朵布孜吉、地神拉丽屯孜奔及不吉物迪金、川金、马鹿的出处。先请天神地神保佑，再用柳条编一只马鹿驮走代表不吉物之法木，令行祭人家从此万事顺畅、天天如意。

备注	

释读东巴：习尚洪	记录整理：和尚礼	编辑：夏欣雨　丁春艳
课题名称：国家社会科学基金重大项目（项目批准号：12&ZD234）	注音：白庚胜 音标录入：夏欣雨　耿巧曼	统稿：白庚胜 数据技术处理：吴国新

三坝纳西族乡文化站东巴经典藏本编目（二十三）

三坝纳西族乡文化站藏本编号	A050	经书页数		不详	
收藏历史背景	20世纪80年代由三坝纳西族乡文化站收集				

收藏标签	A050	书写区域	白地			
		经书书写特征	象形文（封面）	象形文（内容）	哥巴文（封面）	哥巴文（内容）
			√	√		
			经书横板，经文四格书写			

经书封面	

仪式名称	读音	çi³³ ʂ̩³³
	汉译	开丧

经书名称	读音	he³³ dy²¹ gə²¹ le²¹ thv³³
	汉译	将亡魂送到神界

经文内容提要	东巴去世后，要把其亡魂送到神界。要按从大到小的顺序，从东到北祭神。

备注	

释读东巴：习尚洪	记录整理：和尚礼	编辑：夏欣雨　丁春艳
课题名称：国家社会科学基金重大项目（项目批准号：12&ZD234）	注音：白庚胜 音标录入：夏欣雨　耿巧曼	统稿：白庚胜 数据技术处理：吴国新

三坝纳西族乡文化站东巴经典藏本编目（二十四）

三坝纳西族乡文化站藏本编号	A051	经书页数		不详	
收藏历史背景	20世纪80年代由三坝纳西族乡文化站收集				

收藏标签	A051	书写区域	白地			
		经书书写特征	象形文（封面）	象形文（内容）	哥巴文（封面）	哥巴文（内容）
			√	√		
		经书横板，经文四格书写				

经书封面	

仪式名称	读音	to³³ ba²¹ ʂər⁵⁵ lər³³ ʂu³³
	汉译	祭什罗

经书名称	读音	ʂer⁵⁵ lər³³ çi⁵⁵ bæ⁵⁵ mi³³ tʂɿ⁵⁵
	汉译	什罗遗体安睡·点油灯

经文内容提要	东巴什罗去世后，首先把他的亡魂送往祖地。接着，为他洗尸体、穿寿衣、搭麻布天桥、跳东巴舞，最后举行东巴什罗遗体安睡仪式并点油灯。

备注	

释读东巴：习尚洪	记录整理：和尚礼	编辑：夏欣雨　丁春艳
课题名称：国家社会科学基金重大项目（项目批准号：12&ZD234）	注音：白庚胜 音标录入：夏欣雨　耿巧曼	统稿：白庚胜 数据技术处理：吴国新

三坝纳西族乡文化站东巴经典藏本编目（二十五）

三坝纳西族乡文化站藏本编号	A052	经书页数			不详

		书写区域	白地			
收藏标签	A052	经书书写特征	象形文（封面）	象形文（内容）	哥巴文（封面）	哥巴文（内容）
			√	√		
			经书横板，经文四格书写			

经书封面	

仪式名称	读音	ɕi³³ ŋv⁵⁵
	汉译	超度

经书名称	读音	na²¹ sa⁵⁵ ue³³ kv³³ pv⁵⁵ ha⁵⁵ ʂɿ²¹
	汉译	向那萨伟古布供饭

经文内容提要	主要讲述东巴服装、东巴法器、东巴威力的来历，整个超度仪式的程序、需准备的食物与牺牲，以及请东巴到行祭人家举行有关超度仪式等内容。

备注	

释读东巴：习尚洪	记录整理：和尚礼	编辑：夏欣雨　丁春艳
课题名称：国家社会科学基金重大项目（项目批准号：12&ZD234）	注音：白庚胜 音标录入：夏欣雨　耿巧曼	统稿：白庚胜 数据技术处理：吴国新

三坝纳西族乡文化站东巴经典藏本编目（二十六）

三坝纳西族乡文化站 藏本编号	A054	经书页数		不详	
收藏历史背景	20 世纪 80 年代由三坝纳西族乡文化站收集				

收藏 标签	A054	书写 区域	白地			
		经书 书写 特征	象形文 （封面）	象形文 （内容）	哥巴文 （封面）	哥巴文 （内容）
			√	√		
			经书横板，经文四格书写			

经书 封面	

仪式 名称	读音	ʂər⁵⁵ lər³³ ŋv⁵⁵
	汉译	超度什罗

经书 名称	读音	ʂər⁵⁵ lər³³ mi²¹ kæ³³
	汉译	什罗换名

经文 内容 提要	东巴什罗去世后，要把其亡魂送到天界，并举行剃度仪式换名，使他变为天界神灵，永驻天堂。

备注	

释读东巴：习尚洪	记录整理：和尚礼	编辑：夏欣雨　丁春艳
课题名称：国家社会科学基金重大项目（项目批准号：12&ZD234）	注音：白庚胜 音标录入：夏欣雨　耿巧曼	统稿：白庚胜 数据技术处理：吴国新

三坝纳西族乡文化站东巴经典藏本编目（二十七）

三坝纳西族乡文化站藏本编号	A058	经书页数		不详	
收藏历史背景	20 世纪 80 年代由三坝纳西族乡文化站收集				

收藏标签	A058	书写区域	白地			
		经书书写特征	象形文（封面）	象形文（内容）	哥巴文（封面）	哥巴文（内容）
			√	√		
		经书横板，经文四格书写				

经书封面	

仪式名称	读音	tʂhə⁵⁵ na²¹ ʂu⁵⁵
	汉译	大除秽
经书名称	读音	qi²¹ ʂ̩²¹ qi²¹ puɯ⁵⁵
	汉译	青的出处

经文内容提要	青的父亲名叫姆命珠格，青的母亲名叫珠格玉送。不是东巴不会祭青，不是青帮不了东巴，不是青杀不了仇敌与妖魔鬼怪、豺狼虎豹。
备注	

释读东巴：习尚洪	记录整理：和尚礼	编辑：夏欣雨　丁春艳
课题名称：国家社会科学基金重大项目（项目批准号：12&ZD234）	注音：白庚胜　音标录入：夏欣雨　耿巧曼	统稿：白庚胜　数据技术处理：吴国新

三坝纳西族乡文化站东巴经典藏本编目（二十八）

三坝纳西族乡文化站藏本编号	A059	经书页数		不详	
收藏历史背景	20世纪80年代由三坝纳西族乡文化站收集				

收藏标签	A059	书写区域	白地			
		经书书写特征	象形文（封面）	象形文（内容）	哥巴文（封面）	哥巴文（内容）
			√	√		
		经书横板，经文四格书写				

经书封面	

仪式名称	读音	pv⁵⁵ pv³³
	汉译	退口舌

经书名称	读音	mi³³ khə²¹ tʂhu³³ tʂhu³³ tv⁵⁵ pv⁵⁵
	汉译	驱赶米克鬼

经文内容提要	米克指罪过，譬如称物重量不足、不劳而获、无功受禄或在帮人分割财产、分田分地等过程中不公而产生的罪过。诵此经，就能驱赶米克鬼。

备注	

释读东巴：习尚洪	记录整理：和尚礼	编辑：夏欣雨　丁春艳
课题名称：国家社会科学基金重大项目（项目批准号：12&ZD234）	注音：白庚胜 音标录入：夏欣雨　耿巧曼	统稿：白庚胜 数据技术处理：吴国新

三坝纳西族乡文化站东巴经典藏本编目（二十九）

三坝纳西族乡文化站藏本编号	A060	经书页数			不详
收藏历史背景	20 世纪 80 年代由三坝纳西族乡文化站收集				

收藏标签		书写区域	白地			
		经书书写特征	象形文（封面）	象形文（内容）	哥巴文（封面）	哥巴文（内容）
			√	√		
		经书横板，经文四格书写，无原书封面				

经书封面	

仪式名称	读音	to⁵⁵ na²¹ khui⁵⁵
	汉译	大禳灾
经书名称	读音	khə⁵⁵ kv³³ tʂʅ²¹ sʅ³³
	汉译	扣古鬼出处

经文内容提要	扣古鬼属于五方五行鬼。另外，还有天上的母米银什扣古鬼，地上的屯米拉来直迪扣古鬼，皆为危害人类的女鬼怪。

备注	

释读东巴：习尚洪	记录整理：和尚礼	编辑：夏欣雨　丁春艳
课题名称：国家社会科学基金重大项目（项目批准号：12&ZD234）	注音：白庚胜 音标录入：夏欣雨　耿巧曼	统稿：白庚胜 数据技术处理：吴国新

三坝纳西族乡文化站东巴经典藏本编目（三十）

三坝纳西族乡文化站 藏本编号	A062	经书页数		不详	
收藏历史背景	20世纪80年代由三坝纳西族乡文化站收集				

收藏 标签	A062	书写 区域	白地			
		经书 书写 特征	象形文 （封面）	象形文 （内容）	哥巴文 （封面）	哥巴文 （内容）
			√	√		
			经书横板，经文四格书写			

经书 封面	

仪式 名称	读音	to⁵⁵ na²¹ khɯ⁵⁵
	汉译	大禳灾

经书 名称	读音	mə²¹ pv⁵⁵ dzi³³ ʐ̩³³ sa⁵⁵
	汉译	迎请没布精如神

经文 内容 提要	讲述人间产生很多凶鬼、恶鬼，致人类不得安宁，人们只好请天神没布精如前来降伏。没布精如神是五尊威旦神中威力、法力最大的一位。

备注	

释读东巴：习尚洪	记录整理：和尚礼	编辑：夏欣雨　丁春艳
课题名称：国家社会科学基金重大项目（项目批准号：12&ZD234）	注音：白庚胜 音标录入：夏欣雨　耿巧曼	统稿：白庚胜 数据技术处理：吴国新

三坝纳西族乡文化站东巴经典藏本编目（三十一）

三坝纳西族乡文化站藏本编号	A063	经书页数		不详
收藏历史背景	20世纪80年代由三坝纳西族乡文化站收集			

收藏标签	A063	书写区域	白地			
		经书书写特征	象形文（封面）	象形文（内容）	哥巴文（封面）	哥巴文（内容）
			√	√		
		经书横板，经文四格书写				

经书封面	

仪式名称	读音	ʂər⁵⁵ lər³³ ŋv⁵⁵
	汉译	超度什罗

经书名称	读音	gv³³ bu²¹ phv²¹
	汉译	捣毁九坡

经文内容提要	东巴什罗在世时，为驱魔压鬼及做仪式，杀了很多牛、羊、猪、鸡，犯下杀生之过。他去世后，其灵魂回天界时必有众恶鬼会拦在坡头，不让其顺利返回。因此，要吟诵此经，帮其冲破重重难关。
备注	

释读东巴：习尚洪	记录整理：和尚礼	编辑：夏欣雨　丁春艳
课题名称：国家社会科学基金重大项目（项目批准号：12&ZD234）	注音：白庚胜 音标录入：夏欣雨　耿巧曼	统稿：白庚胜 数据技术处理：吴国新

三坝纳西族乡文化站东巴经典藏本编目（三十二）

三坝纳西族乡文化站藏本编号	A064	经书页数			不详
收藏历史背景	20 世纪 80 年代由三坝纳西族乡文化站收集				

收藏标签	A064	书写区域	白地			
		经书书写特征	象形文（封面）	象形文（内容）	哥巴文（封面）	哥巴文（内容）
			√	√		
			经书横板，经文四格书写			

经书封面	

仪式名称	读音	zำ³³ tʂu⁵⁵ py²¹
	汉译	求寿
经书名称	读音	la³³ mu³³ hua⁵⁵ ly³³
	汉译	拉姆女神咒语

经文内容提要	为防止东方、东南方、南方、西南方、西方、西北方、北方、东北方、中央的木给鬼来抢夺人的寿命，人类请九方九位拉姆女神作保护，并用咒语镇住九方木给鬼。

备注	

释读东巴：习尚洪	记录整理：和尚礼	编辑：夏欣雨　丁春艳
课题名称：国家社会科学基金重大项目（项目批准号：12&ZD234）	注音：白庚胜音标录入：夏欣雨　耿巧曼	统稿：白庚胜数据技术处理：吴国新

三坝纳西族乡文化站东巴经典藏本编目（三十三）

三坝纳西族乡文化站 藏本编号	A065	经书页数			不详	
收藏历史背景	20 世纪 80 年代由三坝纳西族乡文化站收集					
收藏 标签	A065	书写 区域	白地			
		经书 书写 特征	象形文 （封面）	象形文 （内容）	哥巴文 （封面）	哥巴文 （内容）
			∨	∨		
			经书横板，经文四格书写			
经书 封面						
仪式 名称	读音	pv^{55} pv^{33}				
	汉译	退口舌				
经书 名称	读音	$tsŋ^{33}$ $ŋ^{21}$				
	汉译	驱是非鬼				
经文 内容 提要	天地及东、南、西、北、中五方出现无事生非鬼，给人类带来极大的灾难，人们便加以驱赶。					
备注						
释读东巴：习尚洪		记录整理：和尚礼			编辑：夏欣雨　丁春艳	
课题名称：国家社会科学 基金重大项目（项目批准 号：12&ZD234）		注音：白庚胜 音标录入：夏欣雨　耿巧曼			统稿：白庚胜 数据技术处理：吴国新	

三坝纳西族乡文化站东巴经典藏本编目（三十四）

三坝纳西族乡文化站 藏本编号	A066	经书页数			不详

收藏历史背景	20 世纪 80 年代由三坝纳西族乡文化站收集				

收藏 标签	A066	书写 区域	白地			
		经书 书写 特征	象形文 （封面）	象形文 （内容）	哥巴文 （封面）	哥巴文 （内容）
			√	√		
			经书横板，经文四格书写			

经书 封面	

仪式 名称	读音	to^{55} na^{21} khuɯ^{55}
	汉译	大禳灾

经书 名称	读音	su^{21} do^{21} dʐu^{33} ʐua^{21}
	汉译	还署垛债

经文 内容 提要	署垛给人类带来灾害、病痛等，人类要举行偿还署垛仪式加以制止。

备注	

释读东巴：习尚洪	记录整理：和尚礼	编辑：夏欣雨　丁春艳
课题名称：国家社会科学 基金重大项目（项目批准 号：12&ZD234）	注音：白庚胜 音标录入：夏欣雨　耿巧曼	统稿：白庚胜 数据技术处理：吴国新

三坝纳西族乡文化站东巴经典藏本编目（三十五）

三坝纳西族乡文化站藏本编号	A067	经书页数			不详	
收藏历史背景	20世纪80年代由三坝纳西族乡文化站收集					

收藏标签	A067	书写区域	白地			
		经书书写特征	象形文（封面）	象形文（内容）	哥巴文（封面）	哥巴文（内容）
			√	√		
			经书横板，经文四格书写			

经书封面	

仪式名称	读音	ṣər⁵⁵ lər³³ ŋv⁵⁵
	汉译	超度什罗

经书名称	读音	ṣər⁵⁵ lər³³ ɣo²¹ he³³ phi²¹
	汉译	为什罗送魂

经文内容提要	讲述东巴什罗的亡魂到达什么地方时会有什么样的鬼拦路，应请什么样的神念咒语开路，以助其亡魂冲破一个又一个关口回到天界。

备注	

释读东巴：习尚洪	记录整理：和尚礼	编辑：夏欣雨　丁春艳
课题名称：国家社会科学基金重大项目（项目批准号：12&ZD234）	注音：白庚胜 音标录入：夏欣雨　耿巧曼	统稿：白庚胜 数据技术处理：吴国新

三坝纳西族乡文化站东巴经典藏本编目（三十六）

三坝纳西族乡文化站藏本编号	A069	经书页数	不详
收藏历史背景	20 世纪 80 年代由三坝纳西族乡文化站收集		

收藏标签		书写区域	白地			
		经书书写特征	象形文（封面）	象形文（内容）	哥巴文（封面）	哥巴文（内容）
				√		
			经书横板，经文四格书写，无原书封面			

经书封面	

仪式名称	读音	a²¹ pv⁵⁵
	汉译	送阿鬼
经书名称	读音	a²¹ pv⁵⁵
	汉译	送阿鬼

经文内容提要	记录先祖米利董家族与米利术家族争斗的历史。米利董家族被阿鬼闹得不得安宁。行祭人家的先辈为与他人争夺天地、日月、资源、财宝，与他人产生矛盾，并引来阿鬼入室，产生是非口舌，故请东巴举行祭阿鬼仪式加以驱赶。
备注	阿鬼之父叫阿盘满垛，其母叫阿美牛木。

释读东巴：习尚洪	记录整理：和尚礼	编辑：夏欣雨　丁春艳
课题名称：国家社会科学基金重大项目（项目批准号：12&ZD234）	注音：白庚胜 音标录入：夏欣雨　耿巧曼	统稿：白庚胜 数据技术处理：吴国新

三坝纳西族乡文化站东巴经典藏本编目（三十七）

三坝纳西族乡文化站藏本编号	A070	经书页数			不详	
收藏历史背景	20 世纪 80 年代由三坝纳西族乡文化站收集					
收藏标签	A070	书写区域	白地			
		经书书写特征	象形文（封面）	象形文（内容）	哥巴文（封面）	哥巴文（内容）
			√	√		
			经书横板，经文四格书写			
经书封面						
仪式名称	读音	ʂu²¹ ŋv⁵⁵				
	汉译	超度署				
经书名称	读音	phv³³ tʂhŋ³³ uo³³ lu⁵⁵ ʂv²¹ me³³ na²¹ pv⁵⁵				
	汉译	普赤乌路与署美纳布				
经文内容提要	讲述普赤乌路与署美纳布的故事。普赤乌路代表人类，署美纳布代表署类。					
备注						
释读东巴：习尚洪	记录整理：和尚礼		编辑：夏欣雨　丁春艳			
课题名称：国家社会科学基金重大项目（项目批准号：12&ZD234）	注音：白庚胜音标录入：夏欣雨　耿巧曼		统稿：白庚胜数据技术处理：吴国新			

117

三坝纳西族乡文化站东巴经典藏本编目（三十八）

三坝纳西族乡文化站藏本编号	A072	经书页数		不详	
收藏历史背景	20世纪80年代由三坝纳西族乡文化站收集				

收藏标签	A072	书写区域	白地			
		经书书写特征	象形文（封面）	象形文（内容）	哥巴文（封面）	哥巴文（内容）
			√	√		
			经书横板，经文四格书写			

经书封面	

仪式名称	读音	tshɿ²¹ ŋv⁵⁵
	汉译	超度鬼怪

经书名称	读音	ɣo³³ kv⁵⁵ se²¹ sa⁵⁵ dzər²¹
	汉译	以大碗酒请神

经文内容提要	举行超度鬼怪仪式前，主人要向东巴敬大碗酒、烧天香、诵散直经，请天界所有神灵保佑主人家，祝愿仪式顺利举行，不发生自然灾害、是非口舌。

备注	

释读东巴：习尚洪	记录整理：和尚礼	编辑：夏欣雨　丁春艳
课题名称：国家社会科学基金重大项目（项目批准号：12&ZD234）	注音：白庚胜 音标录入：夏欣雨　耿巧曼	统稿：白庚胜 数据技术处理：吴国新

三坝纳西族乡文化站东巴经典藏本编目（三十九）

三坝纳西族乡文化站藏本编号	A073	经书页数			不详	
收藏历史背景	20 世纪 80 年代由三坝纳西族乡文化站收集					

收藏标签	A073	书写区域	白地			
		经书书写特征	象形文（封面）	象形文（内容）	哥巴文（封面）	哥巴文（内容）
			√	√		
		经书横板，经文四格书写				

经书封面	

仪式名称	读音	to⁵⁵ na²¹ khɯ⁵⁵
	汉译	大禳灾

经书名称	读音	ȡi²¹ zər²¹
	汉译	压恶鬼

经文内容提要	压恶鬼仪式要用马鹿角、红杉树枝，以求东巴法力巨大，让鬼永远不能抬头。这是因为马鹿角与红杉树不易腐烂。

备注	

释读东巴：习尚洪	记录整理：和尚礼	编辑：夏欣雨　丁春艳
课题名称：国家社会科学基金重大项目（项目批准号：12&ZD234）	注音：白庚胜 音标录入：夏欣雨　耿巧曼	统稿：白庚胜 数据技术处理：吴国新

三坝纳西族乡文化站东巴经典藏本编目（四十）

三坝纳西族乡文化站藏本编号	A076	经书页数	不详
收藏历史背景	20 世纪 80 年代由三坝纳西族乡文化站收集		

收藏标签	A076	书写区域	白地			
		经书书写特征	象形文（封面）	象形文（内容）	哥巴文（封面）	哥巴文（内容）
			√	√		
		经书横板，经文四格书写				

经书封面	

仪式名称	读音	dʑɿ³³ py²¹
	汉译	祭祖
经书名称	读音	dʑɿ³³ py²¹
	汉译	祭祖

经文内容提要	以"我们去年不旱、今年不晚地呼唤祖先，祈愿祖先背着金银财宝，带着五谷，赶着成群的牛羊，顺着人类迁徙的路线一站一站走下来"开启仪式，然后吟诵"我们用最真诚的心，用最丰盛的食物迎请祖先"，请祖先带上装满丰盛礼物的行囊回到祖地，祝其一路顺风、万事吉祥。
备注	

释读东巴：习尚洪	记录整理：和尚礼	编辑：夏欣雨　丁春艳
课题名称：国家社会科学基金重大项目（项目批准号：12&ZD234）	注音：白庚胜 音标录入：夏欣雨　耿巧曼	统稿：白庚胜 数据技术处理：吴国新

三坝纳西族乡文化站东巴经典藏本编目（四十一）

三坝纳西族乡文化站 藏本编号	A082	经书页数	不详
收藏历史背景	20 世纪 80 年代由三坝纳西族乡文化站收集		

收藏 标签	A082	书写 区域	白地			
		经书 书写 特征	象形文 （封面）	象形文 （内容）	哥巴文 （封面）	哥巴文 （内容）
			√	√		
			经书横板，经文四格书写			

经书 封面	

仪式 名称	读音	pv⁵⁵ pv³³
	汉译	退口舌
经书 名称	读音	pv⁵⁵ pv³³ pu²¹
	汉译	口舌鬼出处

经文 内容 提要	口舌鬼的父亲叫巴布空空，他的母亲叫巴吉阿尤。他们变出一个人头蛙身的口舌鬼。它的眼珠比星星还亮，说话比流水还快。大英雄哪怕佩戴长枪短枪也会惹口舌是非，美女哪怕穿着最美丽的衣裳也会招口舌是非，所以必须解除。
备注	

释读东巴：习尚洪	记录整理：和尚礼	编辑：夏欣雨　丁春艳
课题名称：国家社会科学 基金重大项目（项目批准 号：12&ZD234）	注音：白庚胜 音标录入：夏欣雨　耿巧曼	统稿：白庚胜 数据技术处理：吴国新

121

三坝纳西族乡文化站东巴经典藏本编目（四十二）

三坝纳西族乡文化站藏本编号	A089	经书页数		不详	
收藏历史背景	20 世纪 80 年代由三坝纳西族乡文化站收集				

收藏标签		书写区域	白地			
		经书书写特征	象形文（封面）	象形文（内容）	哥巴文（封面）	哥巴文（内容）
			√	√		
			经书横板，经文四格书写			

经书封面	

仪式名称	读音	kɯ²¹ tsha⁵⁵ hu³³ tsha⁵⁵
	汉译	祭星宿

经书名称	读音	sʅ⁵⁵ kɯ²¹ ha³³ kɯ²¹ py²¹
	汉译	祭素星哈星

经文内容提要	凡有小孩人家都要举行这个仪式，多病者更要多做一两次。仪式上插一棵连根拔起的松树，意指到北方卜师处占卦。

备注	

释读东巴：习尚洪	记录整理：和尚礼	编辑：夏欣雨　丁春艳
课题名称：国家社会科学基金重大项目（项目批准号：12&ZD234）	注音：白庚胜 音标录入：夏欣雨　耿巧曼	统稿：白庚胜 数据技术处理：吴国新

三坝纳西族乡文化站东巴经典藏本编目（四十三）

三坝纳西族乡文化站藏本编号	A102	经书页数	不详
收藏历史背景	20 世纪 80 年代由三坝纳西族乡文化站收集		

收藏标签	A102	书写区域	白地			

经书书写特征		象形文（封面）	象形文（内容）	哥巴文（封面）	哥巴文（内容）
		√	√		
		经书横板，经文四格书写			

仪式名称	读音	thv³³ dzɿ²¹ ʂu⁵⁵
	汉译	祭土地神
经书名称	读音	thv³³dzɿ²¹ ʂu⁵⁵ tʂər⁵⁵ dzo²¹
	汉译	祭土地神程序

经文内容提要	讲述土地神的出处。地下九层的耕牛、雄鸡、骏马给人类带来诸多的病灾，所以东巴通过祭祀土地神为人类消除灾难。
备注	在正屋火塘下方清扫场地，将一面簸箕置于下方，里面撒一层灰并画上一尊署、一条龙，正前方置一小罐、一条小泥鳅，以表示土地神的耕牛和座位；另一面簸箕置于上方，内置九个饭团、九块肉、九个鸡蛋，烧一炉香，待鸡鸣三声、牛叫三声、马叫三声后，诵此经。

释读东巴：习尚洪	记录整理：和尚礼	编辑：夏欣雨　丁春艳
课题名称：国家社会科学基金重大项目（项目批准号：12&ZD234）	注音：白庚胜 音标录入：夏欣雨　耿巧曼	统稿：白庚胜 数据技术处理：吴国新

三坝纳西族乡文化站东巴经典藏本编目（四十四）

三坝纳西族乡文化站 藏本编号	A113	经书页数			不详
收藏历史背景	20世纪80年代由三坝纳西族乡文化站收集				

收藏 标签	A113	书写 区域	白地			
		经书 书写 特征	象形文 （封面）	象形文 （内容）	哥巴文 （封面）	哥巴文 （内容）
			√	√		
			经书横板，经文四格书写			

经书 封面	

仪式 名称	读音	to⁵⁵ na²¹ khu⁵⁵
	汉译	大禳灾

经书 名称	读音	da²¹ tʂɿ³³ he³³ yin²¹ tsho²¹ ze³³ lɯ⁵⁵ ɣɯ³³a²¹ ze³³ ka³³ la²¹ tshy⁵⁵
	汉译	达支亨银等三家人的故事

经文 内容 提要	讲述天界神灵达支亨银、人类祖先崇仁利恩、人类祖先阿忍高勒趣之间的故事。

备注	

释读东巴：习尚洪	记录整理：和尚礼	编辑：夏欣雨　丁春艳
课题名称：国家社会科学 基金重大项目（项目批准 号：12&ZD234）	注音：白庚胜 音标录入：夏欣雨　耿巧曼	统稿：白庚胜 数据技术处理：吴国新

三坝纳西族乡文化站东巴经典藏本编目（四十五）

三坝纳西族乡文化站藏本编号	A114	经书页数			不详	
收藏历史背景	20 世纪 80 年代由三坝纳西族乡文化站收集					
收藏标签	A114	书写区域	白地			
		经书书写特征	象形文（封面）	象形文（内容）	哥巴文（封面）	哥巴文（内容）
			√	√		
			经书横板，经文四格书写			
经书封面						
仪式名称	读音	to⁵⁵ na²¹ khu⁵⁵				
	汉译	大禳灾				
经书名称	读音	tʂa³³ tv²¹ khu⁵⁵				
	汉译	送消灾筐				
经文内容提要	从讲智散嘎土与忍格第韦的故事开始，把象征消灾物的东西盛在一个筐中送出。					
备注						

释读东巴：习尚洪	记录整理：和尚礼	编辑：夏欣雨　丁春艳
课题名称：国家社会科学基金重大项目（项目批准号：12&ZD234）	注音：白庚胜 音标录入：夏欣雨　耿巧曼	统稿：白庚胜 数据技术处理：吴国新

三坝纳西族乡文化站东巴经典藏本编目（四十六）

三坝纳西族乡文化站藏本编号	A120	经书页数		不详	
收藏历史背景	20世纪80年代由三坝纳西族乡文化站收集				
收藏标签	A120	书写区域	白地		
		经书书写特征	象形文（封面）	象形文（内容）	哥巴文（封面）	哥巴文（内容）
			√	√		
		经书横板，经文四格书写				

经书封面	

仪式名称	读音	to⁵⁵ na²¹ khɯ⁵⁵
	汉译	大禳灾
经书名称	读音	la³³ pa³³ ta²¹ ko³³ sa⁵⁵
	汉译	迎请拉巴塔哥神

经文内容提要	拉日敬久、拉巴塔哥、塔尤塔巴是威旦三兄弟。有三本与他们相关的经书。这本是迎请拉巴塔哥神镇压迪鬼（山鬼，恶鬼）的经书。
备注	

释读东巴：习尚洪	记录整理：和尚礼	编辑：夏欣雨　丁春艳
课题名称：国家社会科学基金重大项目（项目批准号：12&ZD234）	注音：白庚胜 音标录入：夏欣雨　耿巧曼	统稿：白庚胜 数据技术处理：吴国新

三坝纳西族乡文化站东巴经典藏本编目（四十七）

三坝纳西族乡文化站藏本编号	A125	经书页数	不详
收藏历史背景	20 世纪 80 年代由三坝纳西族乡文化站收集		

收藏标签	A125	书写区域	白地			
		经书书写特征	象形文（封面）	象形文（内容）	哥巴文（封面）	哥巴文（内容）
			√	√		
			经书横板，经文四格书写			

经书封面	

仪式名称	读音	to⁵⁵ na²¹ khɯ⁵⁵
	汉译	大禳灾
经书名称	读音	phv³³ so³³ mə³³ so³³ kɯ³³
	汉译	属相相克

经文内容提要	五行会相克，一年十二月会相克，一月三十日会相克，二十八星宿会相克。在父母属相相克时要举行这个仪式，吟诵这本经书。父有灾，用九团面偶送走；母有灾，用七团面偶送走，最终关上死门。

备注	

释读东巴：习尚洪	记录整理：和尚礼	编辑：夏欣雨　丁春艳
课题名称：国家社会科学基金重大项目（项目批准号：12&ZD234）	注音：白庚胜 音标录入：夏欣雨　耿巧曼	统稿：白庚胜 数据技术处理：吴国新

三坝纳西族乡文化站东巴经典藏本编目（四十八）

三坝纳西族乡文化站藏本编号	A134	经书页数	不详
收藏历史背景	20 世纪 80 年代由三坝纳西族乡文化站收集			

收藏标签	A134	书写区域	白地			
		经书书写特征	象形文（封面）	象形文（内容）	哥巴文（封面）	哥巴文（内容）
			√	√		
			经书横板，经文四格书写				

经书封面	

仪式名称	读音	to⁵⁵ na²¹ khɯ⁵⁵
	汉译	大禳灾

经书名称	读音	to⁵⁵ pher²¹ khɯ⁵⁵ the³³ ɣɯ³³
	汉译	消灾经

经文内容提要	消除突迪灾鬼仪式时，东巴要手捧四把扫帚、抓一把祭粮撒向苗床，然后用扫帚打手掌，以示已经赶走主人屋里的一切鬼怪。

备注	

释读东巴：习尚洪	记录整理：和尚礼	编辑：夏欣雨　丁春艳
课题名称：国家社会科学基金重大项目（项目批准号：12&ZD234）	注音：白庚胜 音标录入：夏欣雨　耿巧曼	统稿：白庚胜 数据技术处理：吴国新

三坝纳西族乡文化站东巴经典藏本编目（四十九）

三坝纳西族乡文化站藏本编号	A139	经书页数	不详
收藏历史背景	20世纪80年代由三坝纳西族乡文化站收集		

收藏标签	A8 （图）	书写区域	白地			
		经书书写特征	象形文（封面）	象形文（内容）	哥巴文（封面）	哥巴文（内容）
			∨	∨		
			经书横板，经文四格书写			

经书封面	

仪式名称	读音	to⁵⁵ na²¹ khu⁵⁵
	汉译	大禳灾

经书名称	读音	pa⁵⁵ kə²¹ pv²¹
	汉译	巴格相克

经文内容提要	男性的属相要定在南方，从左绕右；女性的属相要在北方，从右绕左，严防与巴格图方位相冲犯。

备注	

释读东巴：习尚洪	记录整理：和尚礼	编辑：夏欣雨　丁春艳
课题名称：国家社会科学基金重大项目（项目批准号：12&ZD234）	注音：白庚胜 音标录入：夏欣雨　耿巧曼	统稿：白庚胜 分类整理：丁春艳

三坝纳西族乡文化站东巴经典藏本编目（五十）

三坝纳西族乡文化站藏本编号	A152	经书页数		不详	
收藏历史背景	20世纪80年代由三坝纳西族乡文化站收集				

收藏标签	A152	书写区域	白地			
		经书书写特征	象形文（封面）	象形文（内容）	哥巴文（封面）	哥巴文（内容）
			√	√		
			经书横板，经文四格书写			

经书封面	

仪式名称	读音	dzʅ³³ py²¹
	汉译	祭祖

经书名称	读音	dzʅ³³ ha³³ sʅ²¹
	汉译	向祖先献饭

经文内容提要	此仪式每年举行两次，即冬、夏各一次。

备注	

释读东巴：习尚洪	记录整理：和尚礼	编辑：夏欣雨　丁春艳
课题名称：国家社会科学基金重大项目（项目批准号：12&ZD234）	注音：白庚胜 音标录入：夏欣雨　耿巧曼	统稿：白庚胜 数据技术处理：吴国新

三、北京东巴文化艺术发展促进会藏东巴经典

北京东巴文化艺术发展促进会（ADCA）成立于 1997 年。在 2013 年至 2017 年国家社会科学基金重大项目（12&ZD234）中，它承担对国内外东巴经典藏本进行数字化采集、释读、翻译、编目及国际学术研究与合作等任务，并与北京信息科技大学等联合进行社会科学与自然科学跨学科文理交叉综合性研究，以创建东巴古籍数字化国际共享平台。

该会收藏有 430 册东巴经典，包括《大祭风》《小祭风》《祭自然神》等成套的著名典籍。本书选取其中 14 册藏本，在云南丽江和香格里拉白地由东巴全本释读后作编目。

北京东巴文化艺术发展促进会东巴经典藏本编目（一）

东巴经典藏书编号	ADCA–01	经书页数	27	书写经书东巴署名	无
收藏标签	无	书写区域	俄亚		
		经书其他符号特征	竖本横书		

经书封面	

仪式名称	读音	zŋ³³ tʂu⁵⁵ be³³
	汉译	求寿

经书名称	读音	tse²¹ pa³³
	汉译	祈求神树赐予寿岁

经文内容提要	远古时，天上出好声，地上出好气，声气相交变成一滴白露，白露变出神海，从神海中长出神树，神树上长出金叶银叶，并结出玉石般的果实。 　　围绕这棵神树，神鬼旷日持久地斗法。白天，神和人保护着这棵神树；夜里，群鬼要砍掉这棵神树。米利董用牦牛、绵羊、酒饭作祭品为神树烧香、制药和献药，希望神树能传宗接代、长生不老。 　　群鬼要阻止这棵神树的成长，就派了初斯纳布、拉玛、伊达三个鬼在树根守卫。萨依威德和米利董请来会飞的白海螺杀掉初斯纳布鬼，请大鹏金翅鸟杀掉拉玛鬼，请格布英达东巴杀掉伊达鬼。众鬼又派了三个鬼占据树中央：第一个是带着斧子的毒鬼，第二个是蛀虫，第三个是蚂蚁。萨依威德和米利董便请来一只老虎杀掉毒鬼，请来啄木鸟吃掉蛀虫，点燃柏树枝和冷杉树枝熏死蚂蚁。众鬼又商议着彻底毁灭这棵神树，派了三个鬼占据在树梢上：第一个鬼欲用雷劈树，第二个鬼欲用黑石砸断树，第三个鬼欲用黑风吹倒树。萨依威德和米利董请来天上的大鹏神鸟用神石破解雷击，请格布英达东巴用金银做的法器击碎黑石，用胜利的神旗挡住黑风。 　　从此，在树根、树腰和树梢各安排三个神三个人来守卫，左边由金色的大象和署来守卫；右边由扛得动神山的神人和白神牛守卫；东边由勤劳能干的白男人、白神狮和白神鹤守卫；南边由绿青龙、勤劳能干的绿男人和绿色的布谷鸟来守卫；西边由黑蝙蝠、勤劳能干的黑人和黑秃鹫守卫；北边由黄老虎、勤劳能干的黄人和黄牦牛首领守卫。 　　后来，米利董继续派白蝙蝠神和白神风看守这棵含依巴达神树，坚决不让鬼怪来砍树。萨依威德神变出一个白蛋，白蛋孵化出大鹏金翅鸟永远守卫着神树。米利董栽树护树直至一千八百岁，神树上的大鹏金翅鸟为他增寿岁、增福泽。 　　米利董生了九男和九女，九男开辟九个村庄，九女拓展九个地方。祭神树的所有家族都是米利董的后代，要永远打开家庭富裕、子孙满堂的大门。
备注	仪式上要用斧头在树根上砍下一两片木头作为寿岁象征，赐予人类。

释读东巴：习尚洪	翻译：和尚礼	内容提要：张　旭
国家社会科学基金重大项目（项目批准号：12&ZD234）	数字采集：白　枫　张　旭 释读与翻译音视频记录： 　曹立君　孔令楠 　赵西伟　张　旭 释读翻译文字记录整理： 　蒋　措	统稿：白庚胜 音标录入：丁春艳 释读时间：2017–08–20

北京东巴文化艺术发展促进会东巴经典藏本编目（二）

东巴经典藏书编号	ADCA-02	页数	34	书写经书东巴署名	无

收藏标签	无	书写区域	疑似三坝白地
		经书其他符号特征	竖本横书，着有色（绿、红、黄与棕色矿物质颜料）

经书封面	

仪式名称	读音	to⁵⁵ khɯ⁵⁵
	汉译	除秽

经书名称	读音	ho⁵⁵ gə³³ tʂhɿ³³ pv⁵⁵ tʂ̩ər⁵⁵ dzo²¹
	汉译	霍格赤布故事

经文内容提要：

东方居住着汉人，南方居住着民家，西方居住着古宗，北方居住着郭洛人，纳西人住在中央。霍格赤布是郭洛人的首领，尼则吉布是北方精灵。霍格赤布肆意打猎、砍树，激怒了尼则吉布，前去追赶霍格赤布。霍格赤布翻过第十道坡时，尼则吉布没有抓住他的身体，反而抓住了他的灵魂。由于天神保护，霍格赤布后来得以回家并邀请卜者打卦，得知尼则吉布之所以作怪，是因为自己不祭天、不祭地、不祭署神、不给署还债。

于是，霍格赤布请来东巴设祭坛祭天、祭地、祭神、祭达格正义神和尤玛战神。他还用一头黄牛为夏天被雨淋死的鬼魂还债，为冬天被雪压死的鬼还债，用牛头还天债、牛皮还地债、牛肺还日债、牛肝还月债、牛骨还石债、牛肉还土债、牛血还水债、牛毛还草债、牛尾还树债、牛角还雪山债、牛耳还高坡债。

他上高山打老虎，用牛还债；进森林打马鹿，用牛还债。一年12个月、一月30天不顺，都用牛还债。在还了天地债、村寨债、山债、树债、水债、人去世后翻阴间九道坡和九条江的债、在丧葬仪式上杀牲还债、家人做噩梦和所有让人流泪的事的债后，尼则吉布心想事成。

因所有东巴九天九夜行祭、七天七夜念咒，霍格赤布一家从此像小鸟从老鹰爪下逃脱，像马鹿从老虎爪下逃脱，像绵羊从野狗嘴里逃脱，像鱼从水獭齿中逃脱。人们终于到达神灵保佑的地方。

备注	

释读东巴：习尚洪	翻译：和尚礼	内容提要：张 旭

国家社会科学基金重大项目（项目批准号：12&ZD234）	数字采集：白 枫 张 旭 释读与翻译音视频记录： 　白 枫 张 旭 释读与翻译文字记录整理： 　张 旭	统稿：白庚胜 音录入：丁春艳 释读时间：2012-08-07

北京东巴文化艺术发展促进会东巴经典藏本编目（三）

东巴经典藏书编号	ADCA-03	经书页数	34	书写经书 东巴署名	无署名

收藏 标签	无	书写区域	丽江
		经书其他 符号特征	竖本横书

经书 封面	

仪式 名称	读音	ʂu²¹ gv²¹
	汉译	祭署

经书 名称	读音	phv³³ tʂhη³³ u³³ lu⁵⁵ tʂər⁵⁵ zuo²¹
	汉译	普赤乌路的故事

经文 内容 提要	普赤乌路将裁缝、铁匠、木匠和东巴什罗请到家。他让三个工匠坐上方，却把东巴什罗安排到下方。东巴什罗因此生气地离去。次年，普赤乌路出行时，因马受惊，魂被署摄去而患大病。对此，三个工匠无力解救，普赤乌路只好请求东巴什罗帮助。东巴什罗用计逗得署美纳布张开大嘴哈哈笑，一下放出了普赤乌路的魂。东巴什罗给署献药还债，并与署订契约，使普赤乌路病愈体安，这让普赤乌路十分感激，同时又后悔从前轻慢东巴什罗。 　　行祭人家以普赤乌路为教训，给署献药、祭木牌、还债，求从此往后能生育繁衍、无病无痛、生活富足。

备注	1. 东巴什罗是纳西族东巴教始祖，署美纳布是自然神（署神）的名字； 2. 书尾象形文由住在希曲鲁山上果协都之地的人，于每年十月初五在世莱山崖下放羊时写成。全书无一错字； 3. 此经书还讲述了三个关于人与自然神的小故事； 4. 经书结尾列出了祭自然神仪式中应该念诵的东巴经书的名单。

释读东巴：习尚洪	翻译：和尚礼	内容提要：张　旭
国家社会科学基金重大项目 （项目批准号：12&ZD234）	数字采集：白　枫　张　旭 释读与翻译音视频记录： 　　白　枫　张　旭 释读与翻译文字记录整理： 　　张　旭	统稿：白庚胜 音标录入：丁春艳 释读时间：2012-08-07

北京东巴文化艺术发展促进会东巴经典藏本编目（四）

东巴经典藏书编号	ADCA-04	经书页数	24	书写经书 东巴署名	无
收藏 标签	无	书写区域	和志本东巴认为靠近丽江， 习尚洪东巴认为疑似俄亚		
		经书其他 符号特征	竖本横书		

经书 封面	

仪式 名称	读音	py^{21} ly^{33} khu^{33}
	汉译	开坛

经书 名称	读音	y^{33} di^{33} ga^{33} uo^{33}
	汉译	祭坛神灵的出处

经文 内容 提要	用天上的太阳和月亮来做神石的脸，用晚上的夜明星和清晨的启明星来做神石的眼睛，用天上勇猛的飞龙来做神石的舌头，用达帕纳大神的角做神石的角。宇宙间所有的神力和能量都赐予神石，请神石下凡来镇压鬼怪精灵。 　　祭坛上的酒、茶、粮食、酥油、奶渣、核桃、水果等都作为供品献给神石！冬季祭献大麦、谷子和稻谷，夏天祭献青稞和小麦。神石就像优雅的白鹤一样从天上飞下来，就像凶悍的虎豹一样从高山上跳下来，就像威武的神狮和天龙一样从悬崖上跃下来！ 　　清脆的板铃声在呼唤神灵，悠扬的海螺声在呼唤神灵，铿锵的皮鼓声在呼唤神灵，东巴优美的唱腔在召唤神灵。

备注	此为东巴主持在所有大型仪式时吟诵的经书。 　　和志本东巴认为"普拉日高涡"可汉译为"敬奉众神"。习尚洪东巴则认为"伊迪高涡"可汉译为"祭坛神灵的出处"。

释读东巴：习尚洪	翻译：和尚礼	内容提要：张　旭
国家社会科学基金重大项目 （项目批准号：12&ZD234）	数字采集：白　枫　张　旭 释读与翻译音视频记录： 　白　枫　张　旭 释读与翻译文字记录整理： 　张　旭	统稿：白庚胜 音标录入：丁春艳 释读时间：2012-08-07

北京东巴文化艺术发展促进会东巴经典藏本编目（五）

东巴经典藏书编号	ADCA-05	经书页数	19	书写经书东巴署名	无

收藏标签	无	书写区域	白地
		经书其他符号特征	无原书封面 由和志本东巴补写该经书封面

经书封面	

仪式名称	读音	tsʰɳ²¹ pv⁵⁵ tsʰɳ²¹ ŋv⁵⁵
	汉译	驱鬼

经书名称	读音	mu³³ ɣɯ²¹ sy⁵⁵
	汉译	杀猛恩鬼

经文内容提要	远古时，自然神撒达腊巴生下蛇、蛙、蝴蝶、蚂蚁等物种。猛恩鬼也随之从天地间诞生。鹤与鹰子在云中飞，虎与豹在高山跃，马鹿与山骡在山腰跑，黑熊与野猪在树林蹦，岩羊与獐子在松林跳，狐狸与野猫在荒坡追，猛恩鬼都跟过来。 　　所有的猛恩鬼商议后告知米利董神，他们要阻断人类的迁徙路，拦截人类的灵魂回归祖居地。猛恩鬼去阻拦云天迁徙路，人类由群星领路而未能被阻拦；猛恩鬼去拦山地迁徙路，人类由众草领路而未能被阻拦；猛恩鬼去拦树木迁徙路，人类由茶树领路而未能被阻拦；猛恩鬼去拦河川迁徙路，人类由龙神带领而未能被阻拦；猛恩鬼去拦岩石迁徙路，人类由高崖领路而未能被阻拦……于是，猛恩鬼气急败坏，只好围堵村寨，给人家带来秽气，使男主人整夜难以入眠，使绵羊成天无法吃草…… 　　受害人家只好派使者请来360位卜者，在得知是猛恩鬼作祟后，邀东巴摇响板铃、搭祭坛、献上金银宝珠、撒上白米，献上牛羊，迎请360位多格尤玛战神及董神、色神、祖先神崇仁利恩降临并施食给猛恩鬼，将其驱赶至西方。 　　日出东方时，行祭者向署偿还马鹿、山骡、黑熊、野猪、野鸡和山雉之债，奉上金银宝贝一万两、白牦牛一千头、黑牦牛一万头、九节翠竹、七只鸡蛋、谷粒酒食、鲜花无数，令署心生欢喜。为了避免贪婪的猛恩鬼偷夺祭品，东巴又吟诵经文，用法力隔开署与猛恩鬼。送天之猛恩鬼回到天上、地之猛恩鬼回到地上、山之猛恩鬼回到山中、水之猛恩鬼回到水里、洞之猛恩鬼回到洞间、林之猛恩鬼回到林海、坡之猛恩鬼回到坡头，驱赶风云和雨雪的猛恩鬼群，让所有猛恩鬼不再侵扰人类。

备注	

释读东巴：习尚洪	翻译：和尚礼	内容提要：张　旭
国家社会科学基金重大项目 （项目批准号：12&ZD234）	数字采集：白　枫　张　旭 释读与翻译音视频记录： 　　白　枫　张　旭 释读与翻译文字记录整理： 　　张　旭	统稿：白庚胜 音标录入：丁春艳 释读时间：2012-08-09

北京东巴文化艺术发展促进会东巴经典藏本编目（六）

东巴经典藏书编号	ADCA-06	经书页数	40	书写经书 东巴署名	无
收藏 标签	无	书写区域	丽江		
		经书其他 符号特征	封面竖版，经书正文三格书写		

经书 封面	

仪式 名称	读音	çi³³ khæ³³ çi³³ ŋv⁵⁵
	汉译	开丧超度
经书 名称	读音	gv²¹ kɯ⁵⁵ bə³³ uə³³ phv²¹ gv²¹ pa⁵⁵ sɿ⁵⁵ pa⁵⁵ yə³³ ko²¹ thv³³
	汉译	请舅父捣毁崩人村，送亡灵到祖地

经文 内容 提要	1. 天神、地神和古人在父母去世时，不会开舅父之门，不会请舅父搭建死者冥房，这样做不吉祥。 　　2. 高勒趣的四个儿子都能够在父母去世时尽早请东巴和舅父搭建冥房，超度亡灵，因此能够生育繁衍、富足富余、健康长寿。 　　3. 天上的门壬悲责、山里的冷门肯斯、地上的窝伊嘎勒去世时，他们的儿子都请自家的东巴和舅父搭建冥房，超度死者，因此吉祥。行祭人家亦效仿先祖做法，请舅父来搭建冥房，超度死者。 　　4. 孝子请舅父做死灵替身，但他们都不能打开舅父之门，不能削制死者木桩。主人家养儿防老，积谷防饥，请舅父带领神兵往南方秽鬼住地，捣毁崩人的三个村寨，折断崩人的三根矛杆，摧毁崩人的三个坚固堡垒，杀死成千上万的崩人，并用篮子量崩人的头颅，用簸箕量崩人的耳朵，用升来量崩人的肉，然后，为舅父、神兵神将、天地、神灵和祖先除秽，用酒饭祭奠死者亡灵木身。 　　5. 从丧家门口开始，逐一叙述路站，把亡灵送到祖地，嘱咐死者如何攻克冥界道道难关。 　　6. 把舅父和活人的魂从祖地一站站招回行祭人家。
备注	

释读东巴：和力民	注音翻译：和力民	内容提要：和力民
课题名称：国家社科基金重大项目（项目批准号：12&ZD234）	数字采集：白　枫　张　旭	统稿：白庚胜 音标录入：丁春艳

北京东巴文化艺术发展促进会东巴经典藏本编目（七）

东巴经典藏书编号	ADCA-07	经书页数	24	书写经书 东巴署名	无
收藏 标签	无	书写区域	丽江		
		经书其他 符号特征	封面竖版，彩色，经书正文三格书写		

经书 封面	

仪式 名称	读音	çi³³ khæ³³ çi³³ ŋv⁵⁵
	汉译	开丧·超度

经书 名称	读音	mu³³ tɕər²¹ tshe²¹ ho⁵⁵ ty³³ phər²¹ sa⁵⁵ dzər²¹ sa⁵⁵ yə³³ ma²¹ sa⁵⁵ bər²¹ dzi³³
	汉译	迎请十八层天上的大神、威力神、尤玛神，给胜利神献牦牛

经文 内容 提要	1. 在祭祀的吉日里，主人要给 360 个胜利神祭献牦牛。 2. 胜利神的来历：最初，十八层天上的大神萨依威德与女神乌中霍穆变出一个天女和一个地女。她们变出 360 个白蛋，再变出神的白云和白风。到九月零十三天，天地变白蛋，白蛋变青龙、金色大象、白海螺色鹏鸟、狮子、白色的胜利神，而绿蛋、黑蛋、黄蛋、杂色蛋则变出各色胜利神。 3. 迎请天上、地上、树上、高山、高原、森林、山崖、水潭里的胜利神降临神坛，迎请东、南、西、北、中五方东巴神降临神坛，迎请各种大神、威力神、祖先神降临神坛。 4. 用高山杜鹃叶给牦牛牺牲除秽、镇压秽鬼。给三百六十个胜利神献上牦牛牺牲。请胜利神保佑主人家。 5. 用牦牛祭献胜利神和死者的仪式规程。

备注	

释读东巴：和力民	注音翻译：和力民	内容提要：和力民
课题名称：国家社科基金重大项目（项目批准号：12&ZD234）	数字采集：白 枫 张 旭	统稿：白庚胜 音标录入：丁春艳

北京东巴文化艺术发展促进会东巴经典藏本编目（八）

东巴经典藏书编号	ADCA-08	经书页数	26	书写经书东巴署名	无

收藏标签	无	书写区域	丽江
		经书其他符号特征	封面竖版，经书正文三格书写

经书封面	

仪式名称	读音	çi³³ khæ³³ çi³³ ŋv⁵⁵
	汉译	开丧超度

经书名称	读音	py²¹ tsʅ³³ na⁵⁵ sa²¹ uə³³ kv³³ bu²¹ nɯ³³ khuə⁵⁵ ʂə⁵⁵
	汉译	迎接东巴，在纳萨温公布叙述因由

经文内容提要	1. 在白鹤降临、冬风初起、草木入冬的时节，孝子为死者偿还天地、村寨的债，报答父母养育之恩，把亡魂送往祖先和神灵的住地。 2. 丧家以天上的门壬本赉、山里的冷门肯斯、地上的窝伊高勒去世时为榜样，用萨斯卦、鸡骨卦、羊骨胛骨卦选择主持丧礼的东巴。在成千的头目、成百的东巴中，本东巴能够胜任，并克服重重困难，不辞辛劳地远道而来，选择在吉星值日时前来。本东巴没有吃过喀鬼星、栖鬼星、枯鬼星的食物和酒，就被迎请到主人家的床位上叙说前来祭祀的因由，把死者和牛、马、牦牛、绵羊送往三十三个神地，镇压众鬼，保佑主人家生育繁衍、吉祥如意。 3. 本东巴得到始祖东巴什罗的父母赐予的法器兵器，以及镇鬼的本领，得到天上神灵赐予的祭祀本领。 4. 叙述三十三根法杖的来历，并用法杖镇五方鬼。 5. 叙述三种酒的来历，用酒把死者生前的福泽留给家人。

备注	

释读东巴：和力民	注音翻译：和力民	内容提要：和力民
课题名称：国家社科基金重大项目（项目批准号：12&ZD234）	数字采集：白 枫 张 旭	统稿：白庚胜
		音标录入：丁春艳

北京东巴文化艺术发展促进会东巴经典藏本编目（九）

东巴经典藏书编号	ADCA-09	经书页数	30	书写经书东巴署名	无

收藏标签	无	书写区域	丽江
		经书其他符号特征	封面竖版，两头带彩色装饰，经书正文三格书写

经书封面	

仪式名称	读音	khə³³ gu³³ tshɿ²¹ py²¹
	汉译	祭科共鬼

经书名称	读音	phv³³ la²¹ dzər²¹ tsæ⁵⁵ khə³³ gv³³ tshɿ²¹ thv⁵⁵
	汉译	请神赐威力附体，镇压和驱赶科共鬼

经文内容提要	1. 因主人战胜不了鬼怪，就请东巴和卜师帮助。东巴和卜师战胜不了鬼怪，就请天上的盘神、禅神、高神、吾神、俄神、恒神及三百六十个多格神、尤玛神帮助。 2. 求得开天辟地以来就行祭的东巴的威力，天上、山上、湖里的各种动物行祭的威力，以及有各种镇鬼压魔威力的威力神、具有各种大威力的威力神、具有各种奇异功能的威力神、骑着各种坐骑的威力神、具有各种知识和技能的威力神、东巴祖辈占卜和祭祀的威力神赐威力。 3. 请求威力神帮助东巴折断鬼骨，镇压鬼怪，完成祭仪，祭祀见效。

备注	

释读东巴：和力民	注音翻译：和力民	内容提要：和力民
课题名称：国家社科基金重大项目（项目批准号：12&ZD234）	数字采集：白 枫 张 旭	统稿：白庚胜 音标录入：丁春艳

北京东巴文化艺术发展促进会东巴经典藏本编目（十）

东巴经典藏书编号	ADCA-10	经书页数	44	书写经书东巴署名	无

收藏标签	无	书写区域	丽江
		经书其他符号特征	封面竖版，有装饰图案，经书正文三格书写

经书封面	

仪式名称	读音	khə³³ ku⁵⁵ tshŋ²¹ py²¹
	汉译	驱科共鬼

经书名称	读音	py²¹ ly³³ khu³³
	汉译	开坛经

经文内容提要	1. 行祭人家通过占卜，知道要祭祀科共鬼。 2. 行祭人家一直小心谨慎地生活，从不违反规矩，不侵占他人财物，不伤害他人利益，没有猎取野生动物，没有侵占署的财物，也不曾与科共鬼有什么往来。但是，一切都要未雨绸缪，防患于未然。还没有病痛就先把祭仪做了，还没有灾祸和争斗就先把争斗鬼杀掉。如同还没有被牦牛撞着就先把牦牛角割掉，如同还没有被老虎咬着就先把老虎牙拔掉。大雨还没有来临就先搭好毡房，大风还没有来临就先筑好高墙。 3. 世间万物都有始源，神鬼人都有自己的来源，科共鬼也有自己的起源。故，叙述各种科共鬼的产生，忍鬼来历。 4. 崇仁利恩杀死竖眼天女，故而产生各种猛鬼。接着，叙述塔拉鬼的来历。 5. 主人家经占卜得知要请神灵镇鬼、请东巴主持祭仪。本东巴克服重重困难，不辞辛劳，远道而来，所走的都是神灵走过的道路，前来分辨神鬼、评判人鬼之间的矛盾。 6. 请鹿神起驾，立鹿神石镇鬼。给神灵献祭粮，请神灵帮助东巴完成祭仪，祭祀见效。

备注	

释读东巴：和力民	注音翻译：和力民	内容提要：和力民
课题名称：国家社科基金重大项目（项目批准号：12&ZD234）	数字采集：白 枫 张 旭	统稿：白庚胜 音标录入：丁春艳 编目完成时间：2017-10

北京东巴文化艺术发展促进会东巴经典藏本编目（十一）

东巴经典藏书编号	ADCA-11	经书页数	36	书写经书东巴署名	无

收藏标签	无	书写区域	丽江
		经书其他符号特征	封面竖版，经书正文三格书写

经书封面	

仪式名称	读音	a³³ huu⁵⁵ py²¹
	汉译	退口舌是非

经书名称	读音	dzi³³ ne²¹ a³³ khu³³ ne²¹ bu³³ tɕi⁵⁵ ne²¹ tɕhi²¹ tʂhv³³ tɕhi²¹
	汉译	驱赶季鬼与阿鬼、枯鬼与布鬼、基鬼与其鬼

经文内容提要	1. 季鬼、阿鬼父母会施放许多季鬼阿鬼、枯鬼和布鬼、基鬼和其鬼。具体陈述人的各种行为会产生各种口舌是非鬼，在各种猜疑中，在村寨人的口舌中，在亲属亲戚的口舌中，在夫妻间的口舌中，在神灵愤怒的吼声中，在人们违反常规的言行中，在各种巫术咒语中，会产生各种口舌是非鬼。 2. 不是大头目就分不清小吏、支使小吏，不是猎狗就分不清野兽驱赶野兽，不是东巴就分不清口舌是非鬼、驱赶口舌是非鬼。要拆散种种口舌是非鬼。 3. 推论各种事物的起源地，希望祭祀有益于主人家，但不危害东巴。 4. 镇压种种口舌是非鬼，希望祭祀长年有效。结束退口舌是非鬼祭仪。 5. 简述退口舌是非鬼祭仪的规程。最后为写经书的时间及跋语。

备注	

释读东巴：和力民	注音翻译：和力民	内容提要：和力民
课题名称：国家社科基金重大项目（项目批准号：12&ZD234）	数字采集：白 枫 张 旭	统稿：白庚胜 音标录入：丁春艳 编目完成时间：2017-10

北京东巴文化艺术发展促进会东巴经典藏本编目（十二）

东巴经典藏书编号	ADCA–12	经书页数	34	书写经书东巴署名	无

收藏标签	无	书写区域	丽江
		经书其他符号特征	封面竖版，有彩色战神等装饰图案，经书正文三格书写

经书封面	

仪式名称	读音	dv²¹ tse²¹ py²¹
	汉译	祭毒鬼仄鬼

经书名称	读音	tşhu⁵⁵ pa³³ dzi⁵⁵ ua²¹ me⁵⁵
	汉译	烧天香经

经文内容提要	1. 吉日里，主人备上高山上的柏枝、高崖上的蜂蜜、赤牛乳汁做的酥油、净麦面、醇酒和浓茶，用九种树枝给神灵烧天香，为的是祈求健康长寿、富足富余、美丽、贤能、敏捷、生育繁衍。 2. 主人家本是自己劳动自己享用，自己放牧自己挤奶，享受自耕自给的富裕生活，但毒鬼、仄鬼、猛鬼、恩鬼、端鬼、拉鬼来讨债，使主人家身心不安宁，只好请卜师占卜了解这些鬼作祟的原因，并请贤能的东巴带领天上的神兵神将和各种战神来做法事，给天上的各位大神烧天香作供养。 3. 主人在下方设鬼寨，插上木牌和竹子、白杨，立责鬼树，供上多玛面偶和木偶等，用山羊、鸡、木牌、木偶和面偶，偿还七个毒鬼债、五方仄鬼债、吊死鬼、无头鬼和猛鬼债，用一只鸡祭献风神达勒阿萨命。 4. 在烧天香的供品实物都除秽后，给盘神、禅神、天神、地神、柏神、技神、笨神、杜神、多神、高神、中神、自神、温神、风神、猎神、粮神、栈神、噶拉神、丹戈神、尤玛神、烹腊神、黑邓神、嵩神和施日神烧天香。 5. 禳灾。禳除年、月、日和各种占卜中的灾祸。然后，镇压仇敌鬼魂。 6. 简述祭风仪式规程。

备注	

释读东巴：和力民	注音翻译：和力民	内容提要：和力民
课题名称：国家社科基金重大项目（项目批准号：12&ZD234）	数字采集：白　枫　张　旭	统稿：白庚胜 音标录入：丁春艳 编目完成时间：2017–10

北京东巴文化艺术发展促进会东巴经典藏本编目（十三）

东巴经典藏书编号	ADCA-13	经书页数	30	书写经书东巴署名	无

收藏标签	无	书写区域	丽江
		经书其他符号特征	封面竖版，经书正文三格书写

经书封面	

仪式名称	读音	to^{55} na^{21} khɯ^{55}
	汉译	大禳灾

经书名称	读音	tsho^{21} bər^{33} thv^{33} the^{33} ɣɯ^{33}
	汉译	人类起源记

经文内容提要	1. 在天地万物未成形的时候，先有万物的影子。后来，一变三，三变九，有了九这个万物的母体。真与实变化出发光的绿松石，变化出最早的神，再变化出白蛋，白蛋变化出神灵。不真不实变化出发光的黑松石，变化出最早的鬼，再变化出黑蛋，黑蛋变化出鬼怪。 2. 神灵九兄弟和七姊妹用五根柱子抵住天地，又用绿松石补天，黄金补地。白鸡下的最后一个白蛋孵化出的野牛，它因惹怒神灵而被杀死。神灵又建神山来顶天镇地。 3. 天地间的声和气变化出第一代人类祖先。其后，繁衍到崇仁利恩时，有五兄弟六姊妹互相成婚，秽气污染了天地万物，致神灵愤而发起洪水泯灭人类，仅崇仁利恩因有同情心而被神灵指点幸免于难。在削木偶造人失败后，神灵便指点崇仁利恩去找横眼天女为配，繁衍人类。崇仁利恩因爱美娶了竖眼天女，生下松、栎、蛇、蛙、猴、鸡等。后来，崇仁利恩遇见天女衬红褒白，俩人相爱。 4. 崇仁利恩与衬红褒白来到天宫里，经过天父子劳阿普的九次考验，即上刀梯、砍山林、烧山林、种山地、捡回播下的种子、找回丢失的种子、上山打猎、下江捕鱼、挤回虎乳，终于得到天父的同意，并赐给他们许多嫁妆和礼物，从天上迁徙到大地上成家立业、生育繁衍。 5. 主人家经占卜请东巴建神座、立鬼寨祭木和面偶，用牛作替身把所有的疾病灾祸附于牛身，并关闭鬼门，祈愿无病无痛、生育繁衍、健康长寿。

备注	

释读东巴：和力民	注音翻译：和力民	内容提要：和力民
课题名称：国家社科基金重大项目（项目批准号：12&ZD234）	数字采集：白 枫 张 旭	统稿：白庚胜 音标录入：丁春艳 编目完成时间：2017-10

北京东巴文化艺术发展促进会东巴经典藏本编目（十四）

东巴经典藏书编号	ADCA-14	经书页数	20	书写经书东巴署名	无

收藏标签	无	书写区域	丽江
		经书其他符号特征	封面竖版，有彩色装饰图案，经书正文三格书写

经书封面	

仪式名称	读音	çi³³ khæ³³ çi³³ ŋv⁵⁵
	汉译	开丧超度

经书名称	读音	sa³³ tʂɿ²¹
	汉译	解除萨达之阻拦干扰经

经文内容提要	1. 在吉日，主人请贤能的东巴建神座、献祭粮，用各种供品给神灵烧天香作供养，建署寨，插各种木牌、竹子和白杨枝，供上药水等供品，给署偿还各种野生动物和金、银、松石和宝石的债，烧天香，向署祈求年岁寿岁、富足富余、生育繁衍。 2. 自古以来，先祖与署之间产生矛盾时都由东巴从中调解，以解除矛盾纠纷。祭祀人家亦请东巴，用苦荞爆花象征成千上万的牦牛和马匹用来偿还署债。即使心里有铜铁般的怨恨，也要用金银来换掉；就是有禾木和镰刀般的仇恨，也要用柏香和酥酒来化解。用苦荞爆花象征成千上万的牦牛和马匹用来偿还五方和天地间的署、动物、植物的债，禳除六十花甲的灾祸，禳解年、月、日和各种占卜的灾祸。 3. 招回主人家的灵魂，给署献木牌、药水，祈愿无病无痛、健康长寿、四代同堂。

备注	

释读东巴：和力民	注音翻译：和力民	内容提要：和力民
课题名称：国家社科基金重大项目（项目批准号：12&ZD234）	数字采集：白　枫　张　旭	统稿：白庚胜 音标录入：丁春艳 编目完成时间：2017-10

非释读、翻译，仅编目部分 》》》

说明：本部分属未进行田野调研、全本释读，仅根据数字化资料编辑完成的编目版本，涵盖了有关馆藏编号、象形文书名、国际音标标音、汉文译名、内容提要、开本、页数等项目。

一、国家图书馆藏东巴经典

国家图书馆原称北京图书馆，收藏有 3810 册东巴经典，分二十三个类目，即祭天、求寿、祭家神、祭胜利神、解秽晕、替生、祭龙、祭飞魔、禳是非口舌、祭亡、开表道场、祭长寿者、祭贤者、祭贤女、祭风、祭世罗、祭拉姆、开冥路、关鬼门、禳瘟道场及杂祭、占卜书、画册。

国家图书馆东巴经典藏本编目（一）

国家图书馆藏书编号	2365	经书页数	12
收藏历史背景	大多于 20 世纪 50—60 年代收藏		
经书特征	宽 28.5cm，长 9cm		
经书封面			
仪式名称	读音	$mu^{33} py^{21}$	
	汉译	祭天	
经书名称	读音	$tsho^{21} bər^{33} thv^{33}$	
	汉译	创世纪	
内容提要	开天辟地后，崇仁五兄弟、六姊妹乱伦，从而洪水滔天，人类灭绝，只剩崇仁利恩一人与天女结婚，生子祭天地。		
课题名称：国家社会科学基金重大项目（项目批准号：12&ZD234）	统稿：白庚胜 编辑：耿巧曼　丁春艳	数据技术处理：吴国新 音标录入：丁春艳	

国家图书馆东巴经典藏本编目（二）

国家图书馆藏书编号	3251	经书页数	26
收藏历史背景	大多于 20 世纪 50—60 年代收藏		
经书特征	宽 29.3cm，长 9cm		
经书封面			
仪式名称	读音	$mu^{33} py^{21}$	
	汉译	祭天	
经书名称	读音	$he^{21} ne^{21} tər^{21} by^{33} lv^{33} phər^{21} lv^{33} na^{21} by^{33}$	
	汉译	分清神与魔、黑石与白石	
内容提要	盘神九兄弟开天辟地后，毒魔九人率领成千上万的魔与盘神作战。盘神请多格护法、尤玛护法各三百六十位助战，并破毒魔之垒，分开神魔之界。		
课题名称：国家社科基金重大项目（项目批准号：12&ZD234）	统稿：白庚胜 编辑：耿巧曼　丁春艳	数据技术处理：吴国新 音标录入：丁春艳	

151

国家图书馆东巴经典藏本编目（三）

国家图书馆藏书编号	2937	经书页数	11
收藏历史背景	大多于 20 世纪 50—60 年代收藏		
经书特征	宽 29.4cm，长 9cm		

经书封面	
仪式名称	读音	$mu^{33} py^{21}$
	汉译	祭天
经书名称	读音	$mu^{33} py^{21} dɑ^{33} py^{21} ly^{55} gv^{33} çy^{55} py^{21}$
	汉译	祭天地柏木
内容提要	以祭天献饭献牺牲之仪，求各族平安、子孙兴旺、五谷丰登。

课题名称：国家社会科学基金重大项目（项目批准号：12&ZD234）	统稿：白庚胜 编辑：耿巧曼　丁春艳	数据技术处理：吴国新 音标录入：丁春艳

国家图书馆东巴经典藏本编目（四）

国家图书馆藏书编号	2817	经书页数	26
收藏历史背景	大多于 20 世纪 50—60 年代收藏		
经书特征	宽 28.5cm，长 9.2cm		
经书封面			
仪式名称	读音	mu³³ py²¹	
	汉译	祭天	
经书名称	读音	mu³³ py²¹ tsho²¹ bər³³ sa⁵⁵	
	汉译	祭天创世经	
内容提要	人类先祖崇仁利恩娶天女衬红褒白，由天国降至大地后生三子，但他们长大后不能言语。在举行祭天仪式后，三子始言。长为古宗之祖，次为纳西之祖，季为民家之祖。		
课题名称：国家社会科学基金重大项目（项目批准号：12&ZD234）	统稿：白庚胜 编辑：耿巧曼　丁春艳	数据技术处理：吴国新 音标录入：丁春艳	

国家图书馆东巴经典藏本编目（五）

国家图书馆藏书编号	2824	经书页数	19
收藏历史背景	大多于 20 世纪 50—60 年代收藏		
经书特征	宽 27.2cm，长 9cm		
经书封面			
仪式名称	读音	$mu^{33}\ py^{21}$	
	汉译	祭天	
经书名称	读音	$mu^{33}\ py^{21}\ tsho^{21}\ bər^{33}\ sa^{33}$	
	汉译	祭天创世纪	
内容提要	叙述人类先祖崇仁利恩娶了天女衬红褒白后，从天国降至大地，生三子，但三子不能言语，举行祭天典礼后，方能言。		
课题名称：国家社会科学基金重大项目（项目批准号：12&ZD234）	统稿：白庚胜 编辑：耿巧曼　丁春艳	数据技术处理：吴国新 音标录入：丁春艳	

国家图书馆东巴经典藏本编目（六）

国家图书馆藏书编号	2879	经书页数	22
收藏历史背景	大多于 20 世纪 50—60 年代收藏		
经书特征	宽 28.7cm，长 9.1cm		
经书封面			
仪式名称	读音	muɯ³³ py²¹	
	汉译	祭天	
经书名称	读音	muɯ³³ py²¹ tsho²¹ bər³³ sa³³	
	汉译	祭天创世纪	
内容提要	人类先祖崇仁利恩与天女衬红褒白结婚后生下三子，但俱不能言。举行祭天仪式后方能言，长为古宗，次为纳西，季为民家。		
课题名称：国家社会科学基金重大项目（项目批准号：12&ZD234）	统稿：白庚胜 编辑：耿巧曼　丁春艳		数据技术处理：吴国新 音标录入：丁春艳

国家图书馆东巴经典藏本编目（七）

国家图书馆藏书编号		3018	经书页数	18
收藏历史背景		大多于 20 世纪 50—60 年代收藏		
经书特征		宽 29cm，长 9.5cm		
经书封面				
仪式名称	读音	mɯ³³ py²¹		
	汉译	祭天		
经书名称	读音	dzi³³ bɯ³³ ɕy³³ py²¹ ua²¹ me⁵⁵		
	汉译	祭天吉本许经		
内容提要		天之护法谓之"吉"，地之护法谓之"本"，米利董主谓之"许"。祭天时，要祭祀天之护法、地之护法、米利董主。		
课题名称：国家社会科学基金重大项目（项目批准号：12&ZD234）	统稿：白庚胜 编辑：耿巧曼　丁春艳		数据技术处理：吴国新 音标录入：丁春艳	

国家图书馆东巴经典藏本编目（八）

国家图书馆藏书编号	3633	经书页数	11
收藏历史背景	大多于 20 世纪 50—60 年代收藏		
经书特征	宽 28.7cm，长 9.9cm		
经书封面			
仪式名称	读音	$z1^{33}$ tsu^{55} py^{21}	
	汉译	求寿	
经书名称	读音	$nu1^{21}$ me^{55} yo^{21} me^{55} khv^{55} me^{55} gy^{33} dzi^{21} $ts1^{33}$	
	汉译	为求福禄寿元请水经	
内容提要	为求福禄求寿元行请水礼。水神为泠衬若补与本衬吉姆。		
课题名称：国家社会科学基金重大项目（项目批准号：12&ZD234）	统稿：白庚胜 编辑：耿巧曼 丁春艳		数据技术处理：吴国新 音标录入：丁春艳

157

国家图书馆东巴经典藏本编目（九）

国家图书馆藏书编号		3595	经书页数	12
收藏历史背景		大多于 20 世纪 50—60 年代收藏		
经书特征		宽 29.4cm，长 9.4cm		
经书封面				
仪式名称	读音	$z\gamma^{33} t\underset{.}{s}u^{55} py^{21}$		
	汉译	求寿		
经书名称	读音	$z\gamma^{33} t\underset{.}{s}u^{55} py^{21} ga^{33} pw^{55} lw^{33} s\gamma^{33} thv^{33}$		
	汉译	胜利神及神箭之来由		
内容提要		内述胜利神降临场所，并叙神箭之来由：初，有丛竹，但无人知其用处。本固蕊见之，用刀砍之，使崩蕊削之，故成神箭。		
课题名称：国家社会科学基金重大项目（项目批准号：12&ZD234）		统稿：白庚胜 编辑：耿巧曼　丁春艳		数据技术处理：吴国新 音标录入：丁春艳

国家图书馆东巴经典藏本编目（十）

国家图书馆藏书编号	3632	经书页数	17
收藏历史背景	大多于 20 世纪 50—60 年代收藏		
经书特征	宽 29.8cm，长 9.4cm		

经书封面			
仪式名称	读音	$z\eta^{33}$ $ts\u^{55}$ py^{21}	
	汉译	求寿	
经书名称	读音	$z\eta^{33}$ $ts\u^{55}$ py^{21} $s\eta^{33}$ bv^{21} y^{21} $ts\eta^{33}$	
	汉译	迎接祖先经	
内容提要	建求寿道场于门外，陈列遗物衣服等呼祖先之名延其入，以求保佑子孙家宅平安。		
课题名称：国家社会科学基金重大项目（项目批准号：12&ZD234）	统稿：白庚胜 编辑：耿巧曼　丁春艳	数据技术处理：吴国新 音标录入：丁春艳	

国家图书馆东巴经典藏本编目（十一）

国家图书馆藏书编号		3567	经书页数	21
收藏历史背景		大多于 20 世纪 50—60 年代收藏		
经书特征		宽 28.1cm，长 8.7cm		
经书封面				
仪式名称	读音	sɿ⁵⁵ khv²¹		
	汉译	祭家神		
经书名称	读音	sɿ⁵⁵ khv²¹ the³³ ɣɯ³³ ua²¹ me⁵⁵		
	汉译	祭家神		
内容提要		举行结婚仪式时，要祭家神，新郎新娘跪于灶前，额上抹酥油。东巴祝以夫妇和睦、子孙昌盛。		
课题名称：国家社会科学基金重大项目（项目批准号：12&ZD234）		统稿：白庚胜 编辑：耿巧曼　丁春艳	数据技术处理：吴国新 音标录入：丁春艳	

国家图书馆东巴经典藏本编目（十二）

国家图书馆藏书编号	3210	经书页数	16
收藏历史背景	大多于 20 世纪 50—60 年代收藏		
经书特征	宽 28.3cm，长 9.5cm		
经书封面			
仪式名称	读音	sη^{55} khv^{21}	
	汉译	祭家神	
经书名称	读音	sη^{55} du^{21} khv^{33} the^{33} γur^{21}	
	汉译	大祭家神经	
内容提要	凡结婚必祭家神，新郎新娘跪于灶前，额上抹酥油。东巴诵祭家神经，祝夫妇和睦、子孙兴旺、家宅平安。		
课题名称：国家社会科学基金重大项目（项目批准号：12&ZD234）	统稿：白庚胜 编辑：耿巧曼　丁春艳	数据技术处理：吴国新 音标录入：丁春艳	

国家图书馆东巴经典藏本编目（十三）

国家图书馆藏书编号	3248	经书页数	19
收藏历史背景	大多于 20 世纪 50—60 年代收藏		
经书特征	宽 29.5cm，长 8.5cm，本书略残		
经书封面			
仪式名称	读音	sŋ^{55} khv^{21}	
	汉译	祭家神	
经书名称	读音	sŋ^{55} du^{21} khv^{21} mu^{33} dzi^{33}	
	汉译	祭家神献牲	
内容提要	家神名曰"素"，以竹筐内插家神塔、家神箭、家神梯代之。新郎新娘跪于其前，以额上抹酥油祭之。		
课题名称：国家社会科学基金重大项目（项目批准号：12&ZD234）	统稿：白庚胜 编辑：耿巧曼　丁春艳	数据技术处理：吴国新 音标录入：丁春艳	

国家图书馆东巴经典藏本编目（十四）

国家图书馆藏书编号	3533	经书页数	10
收藏历史背景	大多于 20 世纪 50—60 年代收藏		
经书特征	宽 27.4cm，长 8.8cm		
经书封面			
仪式名称	读音	$t\c{s}h\partial^{55} gv^{21}$	
	汉译	除秽	
经书名称	读音	$by^{21} ba^{21} th\upsilon^{33} ua^{21}$	
	汉译	解秽道场·净水壶来历经	
内容提要	内述除秽道场中所用净水壶的来历。初，东山产一白螺净水宝壶，南山产一绿松石净水宝壶，西山产一黑玉净水宝壶，北山产一黄金净水宝壶。		
课题名称：国家社会科学基金重大项目（项目批准号：12&ZD234）	统稿：白庚胜 编辑：耿巧曼　丁春艳		数据技术处理：吴国新 音标录入：丁春艳

国家图书馆东巴经典藏本编目（十五）

国家图书馆藏书编号	3082	经书页数	9
收藏历史背景	大多于 20 世纪 50—60 年代收藏		
经书特征	宽 27.9cm，长 8.6cm		
经书封面			
仪式名称	读音	tʂhə⁵⁵ gv²¹	
	汉译	除秽	
经书名称	读音	ti³³ ba³³ ʂər⁵⁵ lər³³ tʂər⁵⁵ dzo²¹	
	汉译	东巴什罗降魔故事	
内容提要	内述东巴什罗自十八层天上降人间，到尼瓦都魔驻的黑海旁降服女魔王固苏玛并娶之为侧室的故事。		
课题名称：国家社会科学基金重大项目（项目批准号：12&ZD234）	统稿：白庚胜 编辑：耿巧曼　丁春艳	数据技术处理：吴国新 音标录入：丁春艳	

164

国家图书馆东巴经典藏本编目（十六）

国家图书馆藏书编号		3393	经书页数	11
收藏历史背景		大多于 20 世纪 50—60 年代收藏		
经书特征		宽 27.7cm，长 8.5cm		
经书封面				
仪式名称	读音	tʂhə^{55} gv^{21}		
	汉译	除秽		
经书名称	读音	tʂə^{55} gv^{21} du^{21} æ^{21} sv^{21} æ^{21}		
	汉译	除秽·董神与术魔交战经		
内容提要		米利董主住白天白地，米利术主住黑天黑地。米利术主偷去白天白地的太阳和月亮，使米利董主住的地方变为一片黑暗。于是，董神与术魔争战，董获胜。		
课题名称：国家社会科学基金重大项目（项目批准号：12&ZD234）		统稿：白庚胜 编辑：耿巧曼　丁春艳		数据技术处理：吴国新 音标录入：丁春艳

国家图书馆东巴经典藏本编目（十七）

国家图书馆藏书编号	3229	经书页数	15
收藏历史背景	大多于 20 世纪 50—60 年代收藏		
经书特征	宽 29.1cm，长 9.3cm		
经书封面			
仪式名称	读音	tʂhə⁵⁵ gv²¹	
	汉译	除秽	
经书名称	读音	tshv³³ tshŋ²¹ thv³³ the³³ ɣu³³ ua²¹ me³³	
	汉译	禳血腥鬼经	
内容提要	血腥鬼共九个，即马头鬼、牦牛头鬼、羊头鬼、山羊头鬼、牛头鬼、猪头鬼、狗头鬼、鸡头鬼、蛇头鬼。它们专祟孕妇，以致其死亡。		
课题名称：国家社会科学基金重大项目（项目批准号：12&ZD234）	统稿：白庚胜 编辑：耿巧曼　丁春艳		数据技术处理：吴国新 音标录入：丁春艳

国家图书馆东巴经典藏本编目（十八）

国家图书馆藏书编号	2139	经书页数	16
收藏历史背景	大多于 20 世纪 50—60 年代收藏		
经书特征	宽 29.1cm，长 9.4cm		
经书封面			
仪式名称	读音	to^{55} khuɯ^{55} py^{21}	
	汉译	禳灾	
经书名称	读音	do^{21} thv^{33} do^{21} pɯ^{55} the^{33} yɯ^{33}	
	汉译	灾鬼来历经	
内容提要	内述灾鬼之出处：吉阿庆贡为其父，毛大庚饶为其母，生下三百六十部猛鬼类。		
课题名称：国家社会科学基金重大项目（项目批准号：12&ZD234）	统稿：白庚胜 编辑：耿巧曼　丁春艳		数据技术处理：吴国新 音标录入：丁春艳

国家图书馆东巴经典藏本编目（十九）

国家图书馆藏书编号		3282	经书页数	12
收藏历史背景		大多于 20 世纪 50—60 年代收藏		
经书特征		宽 29.2cm，长 9.6cm		
经书封面				
仪式名称	读音	to^{55} khɯ^{55} py^{21}		
	汉译	禳灾		
经书名称	读音	tv^{55} py^{21} du^{21} se^{21}tʂhə^{55} ʂu^{33} tv^{33} tʂər^{55} dzo^{21} ua^{21} me^{55}		
	汉译	为董神色神禳灾经		
内容提要		人类始祖崇仁利恩与天女衬红褒白相爱并结为夫妇。故，他俩与衬红褒白之未婚夫可兴可乐结下不世之仇，被降病。他们只好请东巴用法禳除。		
课题名称：国家社会科学基金重大项目（项目批准号：12&ZD234）		统稿：白庚胜 编辑：耿巧曼　丁春艳		数据技术处理：吴国新 音标录入：丁春艳

国家图书馆东巴经典藏本编目（二十）

国家图书馆藏书编号	2906	经书页数	12
收藏历史背景	大多于 20 世纪 50—60 年代收藏		
经书特征	宽 27.1cm，长 8.2cm		
经书封面			
仪式名称	读音	to^{55} khuɯ^{55} py^{21}	
	汉译	禳灾	
经书名称	读音	ṣa^{33} la^{21} ŋv^{55} ua^{21} me^{33}	
	汉译	祭沙劳阿巴经	
内容提要	沙劳阿巴年已耄耋，有三子，皆不孝。沙劳阿巴老而不死，求死不得，于是离家去寻死国，愿以己身替人间一切苦痛。		
课题名称：国家社会科学基金重大项目（项目批准号：12&ZD234）	统稿：白庚胜 编辑：耿巧曼　丁春艳		数据技术处理：吴国新 音标录入：丁春艳

国家图书馆东巴经典藏本编目（二十二）

国家图书馆藏书编号	2271	经书页数	9
收藏历史背景	大多于 20 世纪 50—60 年代收藏		
经书特征	宽 28.7cm，长 9.6cm		
经书封面			
仪式名称	读音	to^{55} khɯ^{55} py^{21}	
	汉译	禳灾	
经书名称	读音	thso^{21} ze^{33} lɯ^{55} ɣɯ^{33} ko^{21} ka^{33} sʅ^{33} phv^{33} ɣɯ^{33} tshy^{33} sv^{21}	
	汉译	崇仁利恩向斯普赎罪	
内容提要	人类先祖崇仁利恩在田中耕作，遇一鸟，便杀而食之。但该鸟系斯普鬼之家臣，故被斯普复仇。后由崇仁利恩向其赎罪。		
课题名称：国家社会科学基金重大项目（项目批准号：12&ZD234）	统稿：白庚胜 编辑：耿巧曼　丁春艳	数据技术处理：吴国新 音标录入：丁春艳	

国家图书馆东巴经典藏本编目（二十二）

国家图书馆藏书编号	2357	经书页数	11
收藏历史背景	大多于 20 世纪 50—60 年代收藏		
经书特征	宽 29cm，长 9.9cm		

经书封面	

仪式名称	读音	to^{55} khɯ^{55} py^{21}
	汉译	禳灾

经书名称	读音	dər^{21} a^{21} yə^{21} a^{21} mu^{33} lɯ^{33} du^{21} dzŋ^{33} ɣæ^{33} sa^{33} mi^{21} u^{33} ko^{21} ka^{33}
	汉译	端氏尤氏门争夺米利董主、安生米委传

内容提要	端氏在田中捉鼠时，尤氏骑马而过。因马受惊跌倒，致端氏与尤氏结仇。米利董主与米利术主争战，米利董主之子董若阿路杀死了米利术主之子安生米委。

课题名称：国家社会科学基金重大项目（项目批准号：12&ZD234）	统稿：白庚胜 编辑：耿巧曼 丁春艳	数据技术处理：吴国新 音标录入：丁春艳

171

国家图书馆东巴经典藏本编目（二十三）

国家图书馆藏书编号	2991	经书页数	9
收藏历史背景	大多于 20 世纪 50—60 年代收藏		
经书特征	宽 29.6cm，长 9.7cm		
经书封面			
仪式名称	读音	to^{55} khu^{55} py^{21}	
	汉译	禳灾	
经书名称	读音	sa^{33} la^{21} a^{33} pa^{33} ŋv^{55}	
	汉译	超度沙劳阿爸	
内容提要	沙劳阿爸老而不死，在他的屋后也有一柏树，由沙氏少时所植，此树亦数百年未死。他虽有子三人，但未能事亲，只好往死界求死。		
课题名称：国家社会科学基金重大项目（项目批准号：12&ZD234）	统稿：白庚胜 编辑：耿巧曼　丁春艳	数据技术处理：吴国新 音标录入：丁春艳	

国家图书馆东巴经典藏本编目（二十四）

国家图书馆藏书编号	3242	经书页数	12
收藏历史背景	大多于 20 世纪 50—60 年代收藏		
经书特征	宽 27.7cm，长 8.3cm		
经书封面			
仪式名称 读音	to^{55} khuɯ^{55} py^{21}		
仪式名称 汉译	禳灾		
经书名称 读音	muɯ^{33} zi^{33} gv^{33} zi^{33} dy^{21} zi^{33} ʂə^{33} zi^{33} tʂər^{55} dzo^{21}		
经书名称 汉译	穆蕊古蕊、堆蕊桑蕊合传		
内容提要	穆蕊古蕊天神开天，堆蕊桑蕊地祇辟地，但穆蕊古蕊被九个毒魔所害，堆蕊桑蕊被九个猛魔所殃。		
课题名称：国家社会科学基金重大项目（项目批准号：12&ZD234）	统稿：白庚胜 编辑：耿巧曼　丁春艳	数据技术处理：吴国新 音标录入：丁春艳	

国家图书馆东巴经典藏本编目（二十五）

国家图书馆藏书编号	3300	经书页数	11
收藏历史背景	大多于 20 世纪 50—60 年代收藏		
经书特征	宽 28cm，长 8.2cm		
经书封面			
仪式名称	读音	$to^{55} khu^{55} py^{21}$	
	汉译	禳灾	
经书名称	读音	$ga^{33} pa^{33} dzi^{55} ga^{33} pa^{21} la^{33} ua^{21} me^{55}$	
	汉译	烧十二包树叶经	
内容提要	以十二种树之枝条扎一火把，名曰"高八"，烧之以禳鬼魔、灾祸，以占征兆。		
课题名称：国家社会科学基金重大项目（项目批准号：12&ZD234）	统稿：白庚胜 编辑：耿巧曼　丁春艳	数据技术处理：吴国新 音标录入：丁春艳	

国家图书馆东巴经典藏本编目（二十六）

国家图书馆藏书编号	2235	经书页数	12
收藏历史背景	大多于 20 世纪 50—60 年代收藏		
经书特征	宽 27.1cm，长 9.9cm		

经书封面			
仪式名称	读音	to^{55} khɯ^{55} py^{21}	
	汉译	禳灾	
经书名称	读音	sŋ^{33} dzɻ^{33} dzi^{33} bv^{33} ɣo^{21} ʂər^{55}	
	汉译	向施知吉补招魂经	
内容提要	依丹米委尺布生一子后，被施知吉补暗摄魂于诸铁杠中，奄奄待毙。于是，东巴向施知吉补招魂。		

课题名称：国家社会科学基金重大项目（项目批准号：12&ZD234）	统稿：白庚胜 编辑：耿巧曼　丁春艳	数据技术处理：吴国新 音标录入：丁春艳

国家图书馆东巴经典藏本编目（二十七）

国家图书馆藏书编号	3311	经书页数	23
收藏历史背景	大多于 20 世纪 50—60 年代收藏		
经书特征	宽 26.9cm，长 10cm		
经书封面			
仪式名称	读音	$ze^{21}\ py^{21}$	
	汉译	祭壬鬼	
经书名称	读音	$ze^{21}\ py^{21}\ the^{33}\ \gamma u^{33}$	
	汉译	祭壬鬼经	
内容提要	壬鬼掌管人间妇女妊娠。凡不孕者，须祭壬鬼求生育。该仪式须在院内或龙泉旁举行。		
课题名称：国家社会科学基金重大项目（项目批准号：12&ZD234）	统稿：白庚胜 编辑：耿巧曼　丁春艳		数据技术处理：吴国新 音标录入：丁春艳

国家图书馆东巴经典藏本编目（二十八）

国家图书馆藏书编号	2922	经书页数	10
收藏历史背景	大多于 20 世纪 50—60 年代收藏		
经书特征	宽 28.6cm，长 8.9cm		
经书封面			
仪式名称	读音	ze²¹ py²¹	
	汉译	祭壬鬼	
经书名称	读音	ze²¹ py²¹ ha³³ ʂɿ³³	
	汉译	祭壬鬼献饭	
内容提要	壬鬼司人间生育之事。凡妇人不孕，祭壬鬼后必有喜。须于龙泉之侧祭壬鬼，献以酒饭。		
课题名称：国家社会科学基金重大项目（项目批准号：12&ZD234）	统稿：白庚胜 编辑：耿巧曼　丁春艳	数据技术处理：吴国新 音标录入：丁春艳	

177

国家图书馆东巴经典藏本编目（二十九）

国家图书馆藏书编号		2953	经书页数	8
收藏历史背景		大多于 20 世纪 50—60 年代收藏		
经书特征		宽 29.6cm，长 9cm		
经书封面				
仪式名称	读音	$ze^{21} py^{21}$		
	汉译	祭壬鬼		
经书名称	读音	$tṣhə^{55} tshŋ^{21} dzi^{21} thsŋ^{21} thv^{33} pɯ^{55}$		
	汉译	壬鬼秽鬼的来历		
内容提要		笃局书瓦、贼奏瓦那、老尼所肯等化育产生三百六十个壬鬼作祟人间。		
课题名称：国家社会科学基金重大项目（项目批准号：12&ZD234）		统稿：白庚胜 编辑：耿巧曼　丁春艳		数据技术处理：吴国新 音标录入：丁春艳

国家图书馆东巴经典藏本编目（三十）

国家图书馆藏书编号	3181	经书页数	10
收藏历史背景	大多于 20 世纪 50—60 年代收藏		
经书特征	宽 29.5cm，长 8.5cm		
经书封面			
仪式名称	读音	a^{33} phər^{21} a^{33} na^{21} py^{21}	
	汉译	禳是非口舌	
经书名称	读音	mi^{33} khɣ^{21} py^{21} tshŋ^{21} thv^{33} tshŋ^{21} pɯ^{55}	
	汉译	忏悔罪孽及鬼魔的来历	
内容提要	一切罪孽由美若可喜可乐降于人间。初，人类始祖崇仁利恩娶可兴可乐之未婚妻，冒犯了他，故被降罪。		
课题名称：国家社会科学基金重大项目（项目批准号：12&ZD234）	统稿：白庚胜 编辑：耿巧曼　丁春艳	数据技术处理：吴国新 音标录入：丁春艳	

国家图书馆东巴经典藏本编目（三十一）

国家图书馆藏书编号	3299	经书页数	10
收藏历史背景	大多于 20 世纪 50—60 年代收藏		
经书特征	宽 29.5cm，长 9.2cm		
经书封面			
仪式名称	读音	a^{33} $ph\partial r^{21}$ a^{33} na^{21} py^{21}	
	汉译	禳是非口舌	
经书名称	读音	o^{33} thv^{33} pu^{55} $t\wp i^{33}$ thv^{33} pu^{55}	
	汉译	阿煞与忌煞之来历	
内容提要	内述口舌鬼是非阿煞、忌煞之来历：阿盘猛都与阿美谬蒙二人结为夫妇，生下重太许鲁然道与许鲁然母敬。二人成婚，产下忌煞等众鬼。		
课题名称：国家社会科学基金重大项目（项目批准号：12&ZD234）	统稿：白庚胜编辑：耿巧曼　丁春艳	数据技术处理：吴国新音标录入：丁春艳	

国家图书馆东巴经典藏本编目（三十二）

国家图书馆藏书编号	2531		经书页数	15
收藏历史背景	大多于 20 世纪 50—60 年代收藏			
经书特征	宽 29.9cm，长 10.3cm			
经书 封面				
仪式 名称	读音	a^{33} $ph\partial r^{21}$ a^{33} na^{21} py^{21}		
	汉译	禳是非口舌		
经书 名称	读音	py^{33} pha^{21} ko^{33} $\d{s}u^{21}$ du^{21} $\gamma æ^{21}$ $\d{s}\d{\i}^{21}$ $\gamma æ^{21}$ pha^{21} zo^{33} gv^{33} kv^{55} sa^{21} mi^{55} $\d{s}\partial r^{33}$ kv^{55} $ts\partial^{33}$		
	汉译	蝙蝠求经·董族与术族争战·盘神九子开天禅神七女辟地		
内容 提要	蝙蝠使者在天上盘孜沙美处求灵术；米利董主与米利术主争战；盘神九兄弟开天、禅神七姊妹辟地。			
课题名称：国家社会科学基金重大项目（项目批准号：12&ZD234）	统稿：白庚胜 编辑：耿巧曼　丁春艳		数据技术处理：吴国新 音标录入：丁春艳	

国家图书馆东巴经典藏本编目（三十三）

国家图书馆藏书编号		2397	经书页数	16
收藏历史背景		大多于 20 世纪 50—60 年代收藏		
经书特征		宽 27.6cm，长 9.8cm		
经书封面				
仪式名称	读音	a^{33} $ph\vartheta r^{21}$ a^{33} na^{21} py^{21}		
	汉译	禳是非口舌		
经书名称	读音	py^{21} pha^{21} ko^{55} $\d{s}u^{21}$		
	汉译	蝙蝠使者求经		
内容提要		蝙蝠使者往十八层天上求盘孜沙美授以三百六十项灵术经。求得经书后，在半途渡海时，经被龟吞去。于是请五方神将射龟，取出龟腹中之经，以化生八方定位及五行。		
课题名称：国家社会科学基金重大项目（项目批准号：12&ZD234）		统稿：白庚胜 编辑：耿巧曼　丁春艳	数据技术处理：吴国新 音标录入：丁春艳	

国家图书馆东巴经典藏本编目（三十四）

国家图书馆藏书编号	2733	经书页数	13
收藏历史背景	大多于 20 世纪 50—60 年代收藏		
经书特征	宽 29.3cm，长 10.3cm		
经书封面			
仪式名称	读音	a^{33} phər^{21} a^{33} na^{21} py^{21}	
	汉译	禳是非口舌	
经书名称	读音	py^{21} pha^{21} ko^{55} ʂu^{21}	
	汉译	蝙蝠使者求经	
内容提要	蝙蝠使者前往盘孜沙美处求经。将三百六十部经接回的途中，大海中有一大龟能吐人言，称愿驮经书到彼岸。蝙蝠信之，将经书载于龟背，不料被其吞食。		
课题名称：国家社会科学基金重大项目（项目批准号：12&ZD234）	统稿：白庚胜 编辑：耿巧曼　丁春艳		数据技术处理：吴国新 音标录入：丁春艳

国家图书馆东巴经典藏本编目（三十五）

国家图书馆藏书编号	2028	经书页数	10
收藏历史背景	大多于 20 世纪 50—60 年代收藏		
经书特征	宽 27cm，长 9cm		
经书封面			
仪式名称	读音	$\text{çi}^{33} \text{ŋv}^{55}$	
	汉译	超度	
经书名称	读音	$\text{tʂho}^{21} \text{ze}^{33} \text{phər}^{33} \text{du}^{21} \text{tʂhər}^{33} \text{ɣw}^{33} \text{ʂu}^{21}$	
	汉译	崇仁潘迪求不死药	
内容提要	人类先祖崇仁潘迪为治母病而去寻不死药。到了斯普和孟魔王国，他在回生泉取到不死药。回到家后，马失前蹄，使不死药消失殆尽。		
课题名称：国家社会科学基金重大项目（项目批准号：12&ZD234）	统稿：白庚胜 编辑：耿巧曼　丁春艳		数据技术处理：吴国新 音标录入：丁春艳

国家图书馆东巴经典藏本编目（三十六）

国家图书馆藏书编号	3504	经书页数	14
收藏历史背景	大多于 20 世纪 50—60 年代收藏		
经书特征	宽 28.7cm，长 9cm		
经书封面			
仪式名称	读音	çi^{33} ŋv^{55}	
	汉译	超度	
经书名称	读音	du^{21} zo^{33} yi^{33} dzɤ^{33} ku^{21} khua^{33} tʂə^{33}	
	汉译	董若英知庚空传	
内容提要	董若英知庚空系米利董主之子，住在白山白岩之上。因董族与术族争战，他被敌兵俘虏，幽禁于九丛黑林中。		
课题名称：国家社会科学基金重大项目（项目批准号：12&ZD234）	统稿：白庚胜 编辑：耿巧曼　丁春艳	数据技术处理：吴国新 音标录入：丁春艳	

国家图书馆东巴经典藏本编目（三十七）

国家图书馆藏书编号	2797	经书页数	9
收藏历史背景	大多于 20 世纪 50—60 年代收藏		
经书特征	宽 29.9cm，长 9.2cm		

经书封面	

仪式名称	读音	çi³³ ŋv⁵⁵
	汉译	超度
经书名称	读音	mi³³ lv²¹ ŋv⁵⁵ kha³³ li³³ tshŋ²¹
	汉译	祭考妣送考利面偶
内容提要	父母双亡时，祭奠要用三位考利面偶。三面偶分别是以韩时迁时、俄寒尼青、都盘肯佩肯，它们代替人类，承担罪过。	

课题名称：国家社会科学基金重大项目（项目批准号：12&ZD234）	统稿：白庚胜 编辑：耿巧曼　丁春艳	数据技术处理：吴国新 音标录入：丁春艳

国家图书馆东巴经典藏本编目（三十八）

国家图书馆藏书编号	2971	经书页数	19
收藏历史背景	大多于 20 世纪 50—60 年代收藏		
经书特征	宽 29cm，长 9.1cm		
经书封面			
仪式名称	读音	$\varsigma i^{33}\ \eta v^{55}$	
	汉译	超度	
经书名称	读音	$mi\vartheta^{21}\ tha^{55}\ \eta v^{55}\ the^{33}\ yu^{33}$	
	汉译	祭利眼经	
内容提要	盲者死后，在冥间亦看不见何物，最为可怜。故，祭利眼用法使之复明。昼间取乌鸦嘴里的唾液、夜间取猫头鹰嘴里的唾液医死者之眼，则可使之复明。		
课题名称：国家社会科学基金重大项目（项目批准号：12&ZD234）	统稿：白庚胜 编辑：耿巧曼　丁春艳	数据技术处理：吴国新 音标录入：丁春艳	

国家图书馆东巴经典藏本编目（三十九）

国家图书馆藏书编号	3616	经书页数	6
收藏历史背景	大多于 20 世纪 50—60 年代收藏		
经书特征	宽 28.3cm，长 9.2cm		

经书封面	

仪式名称	读音	ɕi^{33} ŋv^{55}
	汉译	超度
经书名称	读音	ŋv^{33} tsʅ^{33} y^{21} tsʅ^{33} ua^{33} me^{55}
	汉译	接木偶、接祖先
内容提要	于门前陈列死者遗物衣服等，接其木偶并为之沐头洗足，再延入毡子搭成的墓室。	

课题名称：国家社会科学基金重大项目（项目批准号：12&ZD234）	统稿：白庚胜 编辑：耿巧曼　丁春艳	数据技术处理：吴国新 音标录入：丁春艳

国家图书馆东巴经典藏本编目（四十）

国家图书馆藏书编号	3083	经书页数	7
收藏历史背景	大多于 20 世纪 50—60 年代收藏		
经书特征	宽 27.4cm，长 9cm		
经书封面			
仪式名称	读音	$\mathrm{ci}^{33}\ \mathrm{\eta v}^{55}$	
	汉译	超度	
经书名称	读音	$\mathrm{he}^{21}\ \mathrm{z\eta}^{33}\ \mathrm{phi}^{21}\ \mathrm{mæ}^{21}\ \mathrm{tşu}^{55}$	
	汉译	开神路经卷下	
内容提要	开神路至一个长有三十三个头颅黄象之地。该地有三十三个大寺，由此再往北到阿布苏英地方，再往北抵达那考吉补地。		
课题名称：国家社会科学基金重大项目（项目批准号：12&ZD234）	统稿：白庚胜 编辑：耿巧曼　丁春艳	数据技术处理：吴国新 音标录入：丁春艳	

国家图书馆东巴经典藏本编目（四十一）

国家图书馆藏书编号		3373	经书页数	9
收藏历史背景		大多于 20 世纪 50—60 年代收藏		
经书特征		宽 29.9cm，长 9.5cm		
经书封面				
仪式名称	读音	çi³³ ŋv⁵⁵		
	汉译	超度		
经书名称	读音	y²¹ tʂhŋ³³ su³³ gv³³ o³³ gv³³ tso³³ kɯ³³		
	汉译	为祖偶除秽		
内容提要		为祖偶除秽。秽气迷蒙，使天地昏沉、日月无光，故禳之，使天地清宁、山川清明。烧九种树枝，则秽晕自退。		
课题名称：国家社会科学基金重大项目（项目批准号：12&ZD234）		统稿：白庚胜 编辑：耿巧曼　丁春艳		数据技术处理：吴国新 音标录入：丁春艳

国家图书馆东巴经典藏本编目（四十二）

国家图书馆藏书编号		3195	经书页数	10
收藏历史背景		大多于 20 世纪 50—60 年代收藏		
经书特征		宽 30.5 cm，长 9.2cm		
经书封面				
仪式名称	读音	$\varphi i^{33}\ \eta v^{55}$		
	汉译	超度		
经书名称	读音	$sa^{33}\ tsh\eta^{21}\ \eta i^{33}\ tsh\eta^{21}$		
	汉译	禳解五行鬼经		
内容提要		在未设冥堂供神主之前，东巴先在门前禳解五行鬼，诵念咒以伏魔鬼。		
课题名称：国家社会科学基金重大项目（项目批准号：12&ZD234）	统稿：白庚胜 编辑：耿巧曼　丁春艳		数据技术处理：吴国新 音标录入：丁春艳	

国家图书馆东巴经典藏本编目（四十三）

国家图书馆藏书编号		3318	经书页数	8
收藏历史背景		大多于 20 世纪 50—60 年代收藏		
经书特征		宽 28.7 cm，长 8.9cm		
经书封面				
仪式名称	读音	çi^{33} ŋv^{55}		
	汉译	超度		
经书名称	读音	le^{21} tʂhə^{55} dʑy^{21} tv^{33} dʑy^{21} gv^{33} bu^{21} phv^{21}		
	汉译	破九座勒凑鬼所居山坡		
内容提要		亡魂回归冥途中有九个山坡被勒凑鬼守驻卫，阻碍死者去路。故，东巴用法禳除之。		
课题名称：国家社会科学基金重大项目（项目批准号：12&ZD234）		统稿：白庚胜 编辑：耿巧曼　丁春艳		数据技术处理：吴国新 音标录入：丁春艳

国家图书馆东巴经典藏本编目（四十四）

国家图书馆藏书编号	1943	经书页数	14
收藏历史背景	大多于 20 世纪 50—60 年代收藏		
经书特征	宽 27.6 cm，长 9.2cm。与 1937 合为一部		
经书封面			
仪式名称	读音	$\varphi i^{33} \eta v^{55}$	
	汉译	超度	
经书名称	读音	$tsho^{21} b \partial r^{33} thv^{33} kv^{33} t\c{s}u^{55}$	
	汉译	古事记·上卷	
内容提要	崇仁利恩遇洪水之灾，人类几乎灭绝。后来，崇仁利恩遇天女衬红褒白并结为夫妇，一胎产三男：长为古宗，次为纳西，季为民家。		
课题名称：国家社会科学基金重大项目（项目批准号：12&ZD234）	统稿：白庚胜 编辑：耿巧曼　丁春艳	数据技术处理：吴国新 音标录入：丁春艳	

国家图书馆东巴经典藏本编目（四十五）

国家图书馆藏书编号		3261	经书页数	10
收藏历史背景		大多于 20 世纪 50—60 年代收藏		
经书特征		宽 27.9cm，长 9.2cm		
经书封面				
仪式名称	读音	ci^{33} ηv^{55}		
	汉译	超度		
经书名称	读音	phe^{21} khw^{33} $tsh\partial^{33}$ ηv^{55} tso^{21} tsu^{33} tso^{21} te^{33} γw^{33} ua^{21}		
	汉译	丧礼展奠		
内容提要		俄英固蕊、趣蕊露蕊不知葬仪，后得恩精阿拉其指点，才知行葬礼葬仪。		
课题名称：国家社会科学基金重大项目（项目批准号：12&ZD234）		统稿：白庚胜 编辑：耿巧曼　丁春艳		数据技术处理：吴国新 音标录入：丁春艳

国家图书馆东巴经典藏本编目（四十六）

国家图书馆藏书编号	2979	经书页数	13
收藏历史背景	大多于 20 世纪 50—60 年代收藏		
经书特征	宽 27.3cm，长 8cm		
经书封面			
仪式名称	读音	çi³³ ŋv⁵⁵	
	汉译	超度	
经书名称	读音	çi³³ ŋv⁵⁵ gv²¹ kɯ³³	
	汉译	舅舅示威	
内容提要	高勒趣之舅舅示威以惊吓敌人。彼时，番人前来侵犯，九战乃破番营保全地方。		

课题名称：国家社会科学基金重大项目（项目批准号：12&ZD234）	统稿：白庚胜 编辑：耿巧曼　丁春艳	数据技术处理：吴国新 音标录入：丁春艳

国家图书馆东巴经典藏本编目（四十七）

国家图书馆藏书编号	2488	经书页数	11
收藏历史背景	大多于 20 世纪 50—60 年代收藏		
经书特征	宽 28.3cm，长 9.5cm		
经书封面			
仪式名称	读音	$\text{ɕi}^{33} \text{ ŋv}^{55}$	
	汉译	超度	
经书名称	读音	$\text{kho}^{33} \text{ phv}^{55} \text{ dʑi}^{33} \text{ phv}^{55}$	
	汉译	禳苟鬼与痴鬼	
内容提要	东巴到斋主门前，先诵经禳苟鬼、痴鬼。如，地支十二属之冲犯皆因苟鬼与痴鬼所致，五行之生相生相克亦为苟鬼痴鬼所致。		
课题名称：国家社会科学基金重大项目（项目批准号：12&ZD234）	统稿：白庚胜 编辑：耿巧曼　丁春艳	数据技术处理：吴国新 音标录入：丁春艳	

国家图书馆东巴经典藏本编目（四十八）

国家图书馆藏书编号	2579	经书页数	12
收藏历史背景	大多于 20 世纪 50—60 年代收藏		
经书特征	宽 28.8cm，长 9.1cm		
经书封面			
仪式名称	读音	$\text{çi}^{33}\,\text{ŋv}^{55}$	
	汉译	超度	
经书名称	读音	$\text{kho}^{33}\,\text{phv}^{55}\,\text{dʑi}^{33}\,\text{phv}^{55}$	
	汉译	襄苟鬼与痴鬼	
内容提要	将亡偶由坟地带到丧家之门，由东巴襄苟鬼、痴鬼，撒谷麦等，以解不祥不洁。		
课题名称：国家社会科学基金重大项目（项目批准号：12&ZD234）	统稿：白庚胜 编辑：耿巧曼　丁春艳	数据技术处理：吴国新 音标录入：丁春艳	

197

国家图书馆东巴经典藏本编目（四十九）

国家图书馆藏书编号	3074	经书页数	11
收藏历史背景	大多于 20 世纪 50—60 年代收藏		
经书特征	宽 28.2cm，长 9cm		

经书封面			

仪式名称	读音	$\varsigma i^{33}\, \eta v^{55}$
	汉译	超度
经书名称	读音	$kho^{33}\, phv^{55}\, dz i^{33}\, phv^{55}\, z\mathinner{}^{33}\, na^{21}\, sv^{33}\, ts\!o^{33}\, thv^{33}$
	汉译	禳四方苟鬼、痴鬼经及酿酒的来历

内容提要	禳四方苟鬼、痴鬼。设冥堂须献酒醴，并详细叙述造酒神女高玛发明造白酒之法，鬼女纳姆发明造黑酒之法，以白酒献神明，以黑酒献鬼怪。

课题名称：国家社会科学基金重大项目（项目批准号：12&ZD234）	统稿：白庚胜 编辑：耿巧曼　丁春艳	数据技术处理：吴国新 音标录入：丁春艳

国家图书馆东巴经典藏本编目（五十）

国家图书馆藏书编号	2615	经书页数	9
收藏历史背景	大多于 20 世纪 50—60 年代收藏		
经书特征	宽 29.7cm，长 9.3cm		
经书封面			
仪式名称	读音	çi^{33} ŋv^{55}	
	汉译	超度	
经书名称	读音	sa^{33} tshŋ^{21} ni^{33} tshŋ^{21}	
	汉译	禳五方鬼经	
内容提要	设冥堂时，先由东巴禳五行鬼。因金、木、水、火、土五行鬼，即被东方之单饶吉补、南方之施知吉补、西方之楞启斯普、北方之奴祖金补等作祟，故禳之。		
课题名称：国家社会科学基金重大项目（项目批准号：12&ZD234）	统稿：白庚胜 编辑：耿巧曼　丁春艳		数据技术处理：吴国新 音标录入：丁春艳

二、中央民族大学藏东巴经典

中央民族大学原称中央民族学院。其东巴经收藏于 20 世纪 50 至 60 年代，分藏于该校图书馆与博物馆，共 1744 册。

（一）中央民族大学图书馆

中央民族大学图书馆所收藏东巴经典分为 24 类，即祭天、超荐、开丧、祭亡、开冥、求寿、消灾、替生、关死门、除秽、祭署、祭风、关鬼门、祈福、祭家神、退口舌是非、祭魔鬼、祭胜利、祭拉姆、禳瘟、禳垛鬼、占卜、纸牌画、法器。

中央民族大学图书馆东巴经典藏本目录（一）

图书馆藏书编号	1-1	经书页数	26
经书封面		经书特征	不分卷，佚名撰，旧抄本，抄书年未详，页面 26.8cm×9.5cm，本色构皮纸，墨色，三眼线装简本，无上下版框，双边，3 行，缺封底

仪式名称	读音	muɯ³³ py²¹		
	汉译	祭天		
经书名称	读音	muɯ³³ da³³ xy⁵⁵ ga³³ tɕi⁵⁵ bə³³ py²¹		
	汉译	祭天、地、柏、高、季、崩神		
内容	祭天、地、柏、高、季、崩神。			
备注				

课题名称：国家社会科学基金重大项目（项目批准号：12&ZD234）	音标补注：白庚胜 音标录入：秦文丽　丁春艳	统稿：白庚胜 数据技术处理：吴国新

中央民族大学图书馆东巴经典藏本目录（二）

图书馆藏书编号	1-2		经书页数	20
经书封面			经书特征	不分卷，佚名撰，旧抄本，抄书年未详，页面 28cm×9cm，本色构皮纸，墨色，三眼线装简本，无上下版框，双边，3 行
仪式名称	读音	mɯ³³ py²¹		
	汉译	祭天		
经书名称	读音	ku⁵⁵ ɕy³³ æ²¹ kɯ⁵⁵		
	汉译	放生鸡经		
内容	叙述先祖从天上娶妻返回大地后，又上天寻找圣药。			
备注				
课题名称：国家社会科学基金重大项目（项目批准号：12&ZD234）	音标补注：白庚胜 音标录入：秦文丽　丁春艳		统稿：白庚胜 数据技术处理：吴国新	

中央民族大学图书馆东巴经典藏本目录（三）

图书馆藏书编号	2-108		经书页数	30
经书封面			经书特征	不分卷，佚名撰，旧抄本，抄书年未详，页面28cm×9.5cm，本色构皮纸，墨色，四眼线装简本，无上下版框，无边，4行。
仪式名称	读音	$\text{ci}^{33} \text{ŋv}^{55}$		
	汉译	超度		
经书名称	读音	$\text{bv}^{33}\text{lv}^{55} \text{nv}^{55} \text{me}^{33} \text{be}^{33}$		
	汉译	安慰年轻死者		
内容	叙述先祖从天上娶亲返回大地后又上天寻找圣药的故事。			
备注				
课题名称：国家社会科学基金重大项目（项目批准号：12&ZD234）	音标补注：白庚胜 音标录入：秦文丽　丁春艳		统稿：白庚胜 数据技术处理：吴国新	

中央民族大学图书馆东巴经典藏本目录（四）

图书馆藏书编号	2–109	经书页数	32
经书封面		经书特征	不分卷，佚名撰，旧抄本，抄书年未详，页面28.7cm×9.7cm，本色构皮纸，墨色，四眼线装简本，无上下版框，无边，4行

仪式名称	读音	$\varsigma i^{33} \eta v^{55}$
	汉译	超荐

经书名称	读音	$tv^{33} kv^{33} pw^{55} kv^{33} z\eta^{33} me^{55}$
	汉译	法轮的来历、开神路

内容	讲述法轮的来历并为亡魂指路。
备注	最后一页和封底有插图。

课题名称：国家社会科学基金重大项目（项目批准号：12&ZD234）	音标补注：白庚胜 音标录入：秦文丽　丁春艳	统稿：白庚胜 数据技术处理：吴国新

（二）中央民族大学民族博物馆

中央民族大学民族博物馆收藏了千余册东巴经典，分为 24 类，即祭天、超荐、开丧、祭亡、开冥、求寿、消灾、替生、关死门、除秽、祭署、祭风、关鬼门、祈福、祭家神、退口舌是非、祭魔鬼、祭胜利、祭拉姆、禳瘟、禳垛鬼道场及占卜、纸牌画、法器。

中央民族大学民族博物馆东巴经典藏本目录（一）

中央民族博物馆藏书编号	22-3	经书页数	62
经书封面		经书特征	不分卷，佚名撰，旧抄本，抄书年未详，页面 26.5cm×10cm，本色构皮纸，墨色，三眼线装简本，无上下版框，无边，2 行

仪式名称	读音	tso⁵⁵ la³³
	汉译	占卜
经书名称	读音	tso³³ la³³ ua²¹ me⁵⁵
	汉译	占卜之书

课题名称：国家社会科学基金重大项目（项目批准号：12&ZD234）	音标补注：白庚胜 音标录入：秦文丽　丁春艳	统稿：白庚胜 数据技术处理：吴国新 藏书：古籍总目

中央民族大学民族博物馆东巴经典藏本目录（二）

中央民族博物馆藏书编号	22-4	经书页数	36
经书封面		经书特征	不分卷，佚名撰，旧抄本，抄书年未详，页面 27.5cm×10cm，本色构皮纸，墨色，三眼线装简本，无上下版框，无边，4 行

仪式名称	读音	tso^{55} la^{33}	
	汉译	占卜	
经书名称	读音	tso^{33} la^{33} ua^{21} me^{55}	
	汉译	占卜之书	
课题名称：国家社会科学基金重大项目（项目批准号：12&ZD234）	音标补注：白庚胜 音标录入：秦文丽　丁春艳		统稿：白庚胜 数据技术处理：吴国新 藏书：古籍总目

中央民族大学民族博物馆东巴经典藏本目录（三）

中央民族博物馆藏书编号	12-79	经书页数	32
经书封面		经书特征	不分卷，佚名撰，白地抄本，抄书年未详，页面 22.4cm×10.8cm，本色构皮纸，墨色，三眼线装简本，无上下版框，双边，2 行

仪式名称	读音	hər³³ py²¹
	汉译	祭风

经书名称	读音	o²¹ yi³³ dziə³³ dzɿ²¹ çi³³ ŋv⁵⁵ du³³ mu²¹ ʂu²¹
	汉译	窝英九祝寻找超度法仪

课题名称：国家社会科学基金重大项目（项目批准号：12&ZD234）	音标补注：白庚胜 音标录入：秦文丽　丁春艳	统稿：白庚胜 数据技术处理：吴国新 藏书：古籍总目

中央民族大学民族博物馆东巴经典藏本目录（四）

中央民族博物馆藏书编号	12-79	经书页数	32
经书封面		经书特征	不分卷，佚名撰，白地抄本，抄书年未详，页面22.4cm×10.8cm，本色构皮纸，墨色，三眼线装简本，无上下版框，双边，2行

仪式名称	读音	hər³³ py²¹
	汉译	祭风
经书名称	读音	o²¹ yi³³ dʑiə³³ dzʅ²¹ ɕi³³ ŋv⁵⁵ du³³ mu²¹ ʂu²¹
	汉译	窝英九祝寻找超度法仪

课题名称：国家社会科学基金重大项目（项目批准号：12&ZD234）	音标补注：白庚胜 音标录入：秦文丽　丁春艳	统稿：白庚胜 数据技术处理：吴国新 藏书：古籍总目

中央民族大学民族博物馆东巴经典藏本目录（五）

中央民族博物馆藏书编号	16–5	经书页数	28
经书封面		经书特征	不分卷，佚名撰，白地抄本，抄书年未详，页面 27.7cm×10.6cm，本色构皮纸，墨色，三眼线装简本，无上下版框，双边，4行

仪式名称	读音	ua^{33} tshη^{21} py^{21}	
	汉译	退口舌是非	
经书名称	读音	tshη^{21} dɯ^{21} pv^{55}	
	汉译	大赶鬼	

课题名称：国家社会科学基金重大项目（项目批准号：12&ZD234）	音标补注：白庚胜 音标录入：秦文丽　丁春艳	统稿：白庚胜 数据技术处理：吴国新 藏书：古籍总目

中央民族大学民族博物馆东巴经典藏本目录（六）

中央民族博物馆藏书编号		16-6	经书页数	11
经书封面			经书特征	不分卷，佚名撰，丽江抄本，抄书年未详，页面28.9cm×9.5cm，本色构皮纸，墨色，四眼线装简本，无上下版框，无边，3行
仪式名称	读音	ua^{33} tshη^{21} py^{21}		
	汉译	退口舌是非		
经书名称	读音	zη^{21} gu^{21} tçi^{55}		
	汉译	驮仇马		

课题名称：国家社会科学基金重大项目（项目批准号：12&ZD234）	音标补注：白庚胜 音标录入：秦文丽　丁春艳	统稿：白庚胜 数据技术处理：吴国新 藏书：古籍总目

中央民族大学民族博物馆东巴经典藏本目录（七）

中央民族博物馆藏书编号	11-78	经书页数	18
经书封面		经书特征	不分卷，佚名撰，丽江抄本，抄书年未详，页面 28cm×9.5cm，本色构皮纸，墨色，三眼线装简本，无上下版框，双边，2 行

仪式名称	读音	ṣu^{21} gv^{21}
	汉译	祭署
经书名称	读音	kha^{33} zɚr^{33} ɲi^{33} du^{33} sa^{55}
	汉译	迎请"卡冉尼大"四头武神

课题名称：国家社会科学基金重大项目（项目批准号：12&ZD234）	音标补注：白庚胜 音标录入：秦文丽　丁春艳	统稿：白庚胜 数据技术处理：吴国新 藏书：古籍总目

中央民族大学民族博物馆东巴经典藏本目录（八）

中央民族博物馆藏书编号		11-79	经书页数	30
经书封面			经书特征	不分卷，佚名撰，丽江抄本，抄书年未详，页面 29cm×10cm，本色构皮纸，墨色，三眼线装简本，无上下版框，双边，2 行
仪式名称	读音	$\mathrm{su}^{21}\ \mathrm{gv}^{21}$		
	汉译	祭署		
经书名称	读音	$\mathrm{lv}^{55}\ \mathrm{bə}\ \mathrm{r}^{33}\ \mathrm{lv}^{55}\ \mathrm{za}^{21}$		
	汉译	鲁般鲁饶		

课题名称：国家社会科学基金重大项目（项目批准号：12&ZD234）	音标补注：白庚胜 音标录入：秦文丽　丁春艳	统稿：白庚胜 数据技术处理：吴国新 藏书：古籍总目

中央民族大学民族博物馆东巴经典藏本目录（九）

中央民族博物馆藏书编号	11-138	经书页数	32
经书封面		经书特征	不分卷，佚名撰，维西抄本，抄书年未详，页面 28.3cm×10.3cm，本色构皮纸，墨色，四眼线装简本，无上下版框，无边，4 行

仪式名称	读音	ʂu²¹ gv²¹	
	汉译	祭署	
经书名称	读音	ʂu²¹ tha⁵⁵ tshŋ⁵⁵	
	汉译	建龙塔	

课题名称：国家社会科学基金重大项目（项目批准号：12&ZD234）	音标补注：白庚胜 音标录入：秦文丽　丁春艳	统稿：白庚胜 数据技术处理：吴国新 藏书：古籍总目

中央民族大学民族博物馆东巴经典藏本目录（十）

中央民族博物馆藏书编号		2-8	经书页数	26
经书封面			经书特征	不分卷，佚名撰，旧抄本，抄书年未详，页面 27.5cm×8.3cm，本色构皮纸，墨色，三眼线装简本，无上下版框，无边，3 行
仪式名称	读音	$\text{çi}^{33}\ \text{ŋv}^{55}$		
	汉译	超度		
经书名称	读音	$\text{tsho}^{21}\ \text{ze}^{33}\ \text{phər}^{33}\ \text{du}^{21}\ \text{tʂər}^{33}\ \text{ʂu}^{21}$		
	汉译	崇仁潘迪寻药经		

课题名称：国家社会科学基金重大项目（项目批准号：12&ZD234）	音标补注：白庚胜 音标录入：花如祥　丁春艳	统稿：白庚胜 数据技术处理：吴国新 藏书：古籍总目

中央民族大学民族博物馆东巴经典藏本目录（十一）

中央民族博物馆藏书编号		2-88	经书页数		20
经书封面			经书特征		不分卷，佚名撰，东坝抄本，抄书年未详，页面 26.9cm × 8.7cm，本色构皮纸，墨色，四眼线装简本，无上下版框，双边，3 行
仪式名称	读音	çi³³ ŋv⁵⁵			
	汉译	超度			
经书名称	读音	bæ³³ mi³³ tʂʅ⁵⁵			
	汉译	燃灯敬神			
课题名称：国家社会科学基金重大项目（项目批准号：12&ZD234）		音标补注：白庚胜 音标录入：花如祥　丁春艳		统稿：白庚胜 数据技术处理：吴国新 藏书：古籍总目	

中央民族大学民族博物馆东巴经典藏本目录（十二）

中央民族博物馆藏书编号	3-1	经书页数	37
经书封面		经书特征	封面汉文墨书："丽江第二区祥云村和汝乾敬献"，不分卷，佚名撰，旧抄本，抄书年未详，页面24.1cm×7.1cm，本色构皮纸，墨色，四眼线装简本，无上下版框，无边，4行

仪式名称	读音	çi^{33} ŋv^{55}
	汉译	超度
经书名称	读音	zʅ^{33} me^{55} mu^{33} ɣɯ^{21} sy^{55}
	汉译	指路和杀猛鬼恩鬼

课题名称：国家社会科学基金重大项目（项目批准号：12&ZD234）	音标补注：白庚胜 音标录入：花如祥　丁春艳	统稿：白庚胜 数据技术处理：吴国新 藏书：古籍总目

中央民族大学民族博物馆东巴经典藏本目录（十三）

中央民族博物馆藏书编号	3–2	经书页数	25
经书封面		经书特征	不分卷，佚名撰，旧抄本，抄书年未详，页面 27.5cm×7.4cm，本色构皮纸，墨色，四眼线装简本，无上下版框，无边，4行

仪式名称	读音	çi³³ khæ³³
	汉译	开丧
经书名称	读音	ha³³ ʂ̩²¹
	汉译	献饭

课题名称：国家社会科学基金重大项目（项目批准号：12&ZD234）	音标补注：白庚胜 音标录入：花如祥　丁春艳	统稿：白庚胜 数据技术处理：吴国新 藏书：古籍总目

中央民族大学民族博物馆东巴经典藏本目录（十四）

中央民族博物馆藏书编号	3–46	经书页数	20
经书封面		经书特征	下册，佚名撰，维西抄本，抄书年未详，页面 28.1cm×10.4cm，本色构皮纸，墨色，三眼线装简本，无上下版框，无边，4 行

仪式名称	读音	çi³³ khæ³³
	汉译	开丧
经书名称	读音	dzæ³³ ʐua³³ pu⁵⁵ ua²¹ me⁵⁵
	汉译	献冥马

课题名称：国家社会科学基金重大项目（项目批准号：12&ZD234）	音标补注：白庚胜 音标录入：花如祥　丁春艳	统稿：白庚胜 数据技术处理：吴国新 藏书：古籍总目

中央民族大学民族博物馆东巴经典藏本目录（十五）

中央民族博物馆藏书编号	6-1	经书页数	不详
经书封面		经书特征	不分卷，佚名撰，旧抄本，抄书年未详，页面 28.7cm×8cm，本色构皮纸，墨色，四眼线装简本，无上下版框，无边，4 行

仪式名称	读音	zŋ³³ tʂu⁵⁵ py²¹
	汉译	求寿
经书名称	读音	zŋ³³ tʂu⁵⁵ du³³ mu²¹
	汉译	求寿规程

课题名称：国家社会科学基金重大项目（项目批准号：12&ZD234）	音标补注：白庚胜 音标录入：花如祥　丁春艳	统稿：白庚胜 数据技术处理：吴国新 藏书：古籍总目

中央民族大学民族博物馆东巴经典藏本目录（十六）

中央民族博物馆藏书编号		6-4	经书页数	16
经书封面			经书特征	不分卷，佚名撰，旧抄本，抄书年未详，页面 28.2cm×9cm，本色构皮纸，墨色，四眼线装简本，无上下版框，无边，3行，封底左右两侧以土布裱
仪式名称	读音	$z\eta^{33}$ tsu^{55} py^{21}		
	汉译	求寿		
经书名称	读音	le^{21} $ts\eta^{55}$ $tsh\eta^{21}$ $z\eta r^{21}$		
	汉译	压勒凑鬼		
课题名称：国家社会科学基金重大项目（项目批准号：12&ZD234）		音标补注：白庚胜 音标录入：花如祥　丁春艳		统稿：白庚胜 数据技术处理：吴国新 藏书：古籍总目

中央民族大学民族博物馆东巴经典藏本目录（十七）

中央民族博物馆藏书编号	6-8	经书页数	36
经书封面		经书特征	不分卷，佚名撰，旧抄本，抄书年未详，页面 28.2cm×9cm，本色构皮纸，墨色，三眼线装简本，无上下版框，无边，3 行

仪式名称	读音	zŋ^{33} tṣu^{55} py^{21}
	汉译	求寿

经书名称	读音	hua^{21}lv^{33} gv^{33} lv^{55} hua^{21} sər^{33} gv^{33} kə^{55} sa^{55} thv^{33} pɯ^{55}
	汉译	迎请九颗华神石、九根华神木的来历

课题名称：国家社会科学基金重大项目（项目批准号：12&ZD234）	音标补注：白庚胜 音标录入：花如祥　丁春艳	统稿：白庚胜 数据技术处理：吴国新 藏书：古籍总目

中央民族大学民族博物馆东巴经典藏本目录（十八）

中央民族博物馆藏书编号	6–53	经书页数	22
经书封面		经书特征	不分卷，佚名撰，中甸维西抄本，抄书年未详，页面28.3cm×10.4cm，本色构皮纸，墨色，三眼线装简本，无上下版框，无边，4行

仪式名称	读音	zɿ^{33} tʂu^{55} py^{21}
	汉译	求寿
经书名称	读音	ɣæ^{21} uo^{33} phv^{21}
	汉译	捣仇庄

课题名称：国家社会科学基金重大项目（项目批准号：12&ZD234）	音标补注：白庚胜 音标录入：花如祥　丁春艳	统稿：白庚胜 数据技术处理：吴国新 藏书：古籍总目

中央民族大学民族博物馆东巴经典藏本目录（十九）

中央民族博物馆藏书编号	6–57	经书页数	30
经书封面		经书特征	不分卷，佚名撰，中甸维西抄本，抄书年未详，页面27.8cm×10.3cm，本色构皮纸，墨色，三眼线装简本，无上下版框，无边，3行

仪式名称	读音	z_{η}^{33} $tşu^{55}$ py^{21}
	汉译	求寿

经书名称	读音	$tşhua^{55}$ nuu^{33} du^{21} γo^{21} $şu^{21}$
	汉译	由马鹿寻找米利董魂

课题名称：国家社会科学基金重大项目（项目批准号：12&ZD234）	音标补注：白庚胜 音标录入：花如祥　丁春艳	统稿：白庚胜 数据技术处理：吴国新 藏书：古籍总目

中央民族大学民族博物馆东巴经典藏本目录（二十）

中央民族博物馆藏书编号	6–61	经书页数	32
经书封面		经书特征	不分卷，佚名撰，丽江抄本，抄书年未详，页面28.2cm×9.2cm，本色构皮纸，墨色，三眼线装简本，无上下版框，无边，4行

仪式名称	读音	zๅ^{33} tʂu^{55} py^{21}
	汉译	求寿
经书名称	读音	tshๅ^{55} tʂua^{55} dɕi^{33} mu^{33} yv^{55}
	汉译	茨爪金姆

课题名称：国家社会科学基金重大项目（项目批准号：12&ZD234）	音标补注：白庚胜 音标录入：花如祥　丁春艳	统稿：白庚胜 数据技术处理：吴国新 藏书：古籍总目

中央民族大学民族博物馆东巴经典藏本目录（二十一）

中央民族博物馆藏书编号	6-70	经书页数	16
经书封面		经书特征	不分卷，佚名撰，丽江抄本，抄书年未详，页面26.2cm×9.6cm，本色构皮纸，墨色，四眼线装简本，无上下版框，无边，3行

仪式名称	读音	zɿ³³ tşu⁵⁵ py²¹
	汉译	求寿
经书名称	读音	hæ²¹ yi³³ ba³³ da²¹dzər²¹ he²¹ ər³³ phər²¹ bv³³ thv³³ kv³³ pɯ⁵⁵ kv³³
	汉译	长寿树与白铜锅的来历

课题名称：国家社会科学基金重大项目（项目批准号：12&ZD234）	音标补注：白庚胜 音标录入：花如祥　丁春艳	统稿：白庚胜 数据技术处理：吴国新 藏书：古籍总目

中央民族大学民族博物馆东巴经典藏本目录（二十二）

中央民族博物馆藏书编号	6-77	经书页数	12
经书封面		经书特征	不分卷，佚名撰，白地抄本，抄书年未详，页面 27.5cm×10.2cm，本色构皮纸，墨色，三眼线装简本，无上下版框，双边，3 行

仪式名称	读音	$z\eta^{33} ts\u^{55} py^{21}$	
	汉译	求寿	
经书名称	读音	$z\eta^{21} ts\u^{55} py^{21} ua^{21} me^{55}$	
	汉译	求寿经	

课题名称：国家社会科学基金重大项目（项目批准号：12&ZD234）	音标补注：白庚胜 音标录入：花如祥　丁春艳	统稿：白庚胜 数据技术处理：吴国新 藏书：古籍总目

227

中央民族大学民族博物馆东巴经典藏本目录（二十三）

中央民族博物馆藏书编号	6-90		经书页数	32
经书封面			经书特征	不分卷，佚名撰，丽江抄本，抄书年未详，页面28.5cm×9.5cm，本色构皮纸，墨色，间有彩色，三眼线装简本，无上下版框，双边，3行
仪式名称	读音	$z\eta^{33}\ ts u^{55}\ py^{21}$		
	汉译	求寿		
经书名称	读音	$dzi^{21}\ ts\eta^{33}\ he^{21}\ sa^{55}$		
	汉译	迎祭水与请神降临		

课题名称：国家社会科学基金重大项目（项目批准号：12&ZD234）	音标补注：白庚胜 音标录入：花如祥　丁春艳	统稿：白庚胜 数据技术处理：吴国新 藏书：古籍总目

228

中央民族大学民族博物馆东巴经典藏本目录（二十四）

中央民族博物馆藏书编号	6–91	经书页数	36
经书封面		经书特征	不分卷，佚名撰，白地抄本，抄书年未详，页面 27.7cm×9.3 cm，本色构皮纸，墨色，三眼线装简本，无上下版框，双边，3 行

仪式名称	读音	zη³³ tʂu⁵⁵ py²¹
	汉译	求寿
经书名称	读音	nɯ²¹ ɤo²¹ me⁵⁵
	汉译	求子孙兴旺

课题名称：国家社会科学基金重大项目（项目批准号：12&ZD234）	音标补注：白庚胜 音标录入：花如祥　丁春艳	统稿：白庚胜 数据技术处理：吴国新 藏书：古籍总目

中央民族大学民族博物馆东巴经典藏本目录（二十五）

中央民族博物馆藏书编号	6-98	经书页数	32
经书封面		经书特征	不分卷，佚名撰，白地抄本，抄书年未详，封彩 27.9cm×11cm，本色构皮纸，墨色，三眼线装简本，无上下版框，双边，4行

仪式名称	读音	zๅ^{33} tşu^{55} py^{21}
	汉译	求寿
经书名称	读音	şər^{55} lər^{33} sa^{55}
	汉译	迎请什罗

课题名称：国家社会科学基金重大项目（项目批准号：12&ZD234）	音标补注：白庚胜 音标录入：花如祥　丁春艳	统稿：白庚胜 数据技术处理：吴国新 藏书：古籍总目

中央民族大学民族博物馆东巴经典藏本目录（二十六）

中央民族博物馆藏书编号		6-100	经书页数	32
经书封面			经书特征	不分卷，佚名撰，白地抄本，抄书年未详，页面 26.9cm×9.3 cm，本色构皮纸，墨色，三眼线装简本，无上下版框，双边，3 行
仪式名称	读音	$z\eta^{33}$ $t\underline{s}u^{55}$ py^{21}		
	汉译	求寿		
经书名称	读音	$d\varepsilon i^{33}$ to^{21} $nu\underline{u}^{33}$ $hæ^{21}$ ji^{33} $b\vartheta^{33}$ $d\vartheta^{21}$ $\underline{s}u^{55}$		
	汉译	屋外祭求寿树		
课题名称：国家社会科学基金重大项目（项目批准号：12&ZD234）		音标补注：白庚胜 音标录入：花如祥　丁春艳		统稿：白庚胜 数据技术处理：吴国新 藏书：古籍总目

中央民族大学民族博物馆东巴经典藏本目录（二十七）

中央民族博物馆藏书编号	7-1	经书页数	11
经书封面		经书特征	不分卷，佚名撰，丽江抄本，抄书年未详，页面28.1cm×9.6cm，本色构皮纸，墨色，四眼线装简本，无上下版框，双边，3行

仪式名称	读音	bɯ²¹ py²¹
	汉译	消灾

经书名称	读音	tshŋ²¹ py³³ ne²¹ tsʅ²¹ kho⁵⁵ bæ²¹ pər⁵⁵ du³³ mu²¹
	汉译	祭鬼及画鬼牌规程

课题名称：国家社会科学基金重大项目（项目批准号：12&ZD234）	音标补注：白庚胜 音标录入：花如祥　丁春艳	统稿：白庚胜 数据技术处理：吴国新 藏书：古籍总目

中央民族大学民族博物馆东巴经典藏本目录（二十八）

中央民族博物馆藏书编号		7-2	经书页数	15
经书封面			经书特征	不分卷，佚名撰，维西抄本，抄书年未详，页面 27.9cm×9.9cm，本色构皮纸，墨色，三眼线装简本，无上下版框，双边，4 行
仪式名称	读音	bɯ²¹ py²¹		
	汉译	消灾		
经书名称	读音	to³³ ba²¹ dʑu³³ tshy⁵⁵ ŋv³³ pu⁵⁵ua²¹ me⁵⁵		
	汉译	送还东巴债面偶		

课题名称：国家社会科学基金重大项目（项目批准号：12&ZD234）	音标补注：白庚胜 音标录入：花如祥　丁春艳	统稿：白庚胜 数据技术处理：吴国新 藏书：古籍总目

中央民族大学民族博物馆东巴经典藏本目录（二十九）

中央民族博物馆藏书编号	7-3	经书页数	45
经书封面		经书特征	不分卷，佚名撰，东坝抄本，抄书年未详，页面23.5cm×10cm，本色构皮纸，墨色，三眼线装简本，无上下版框，双边，4行，书边残

仪式名称	读音	bɯ²¹ py²¹		
	汉译	消灾		
经书名称	读音	tər³³ gə²¹ yə³³ ma²¹ sa⁵⁵		
	汉译	迎多格、尤玛战神		
课题名称：国家社会科学基金重大项目（项目批准号：12&ZD234）	音标补注：白庚胜 音标录入：花如祥　丁春艳		统稿：白庚胜 数据技术处理：吴国新 藏书：古籍总目	

中央民族大学民族博物馆东巴经典藏本目录（三十）

中央民族博物馆藏书编号	7-7	经书页数	38
经书封面		经书特征	不分卷，佚名撰，东坝抄本，抄书年未详，页面25.5cm×9.8cm，本色构皮纸，墨色，三眼线装简本，无上下版框，无边，3行

仪式名称	读音	bu u^{21} py ^{21}
	汉译	消灾
经书名称	读音	la ^{33} bv ^{33} gv ^{33} kv ^{55} sa ^{55} ua ^{21} me ^{55}
	汉译	迎请九个拉布神

课题名称：国家社会科学基金重大项目（项目批准号：12&ZD234）	音标补注：白庚胜 音标录入：花如祥　丁春艳	统稿：白庚胜 数据技术处理：吴国新 藏书：古籍总目

235

中央民族大学民族博物馆东巴经典藏本目录（三十一）

中央民族博物馆藏书编号	7-12	经书页数	26
经书封面		经书特征	不分卷，佚名撰，东坝抄本，抄书年未详，页面25.4cm×10cm，本色构皮纸，墨色，三眼线装简本，无上下版框，无边，3行

仪式名称	读音	bɯ²¹ py²¹
	汉译	消灾

经书名称	读音	yə³³ ma²¹ sa⁵⁵ ŋv³³ pu⁵⁵ tshŋ²¹ dy⁵⁵
	汉译	迎请尤玛神、送面偶、赶鬼

课题名称：国家社会科学基金重大项目（项目批准号：12&ZD234）	音标补注：白庚胜 音标录入：花如祥　丁春艳	统稿：白庚胜 数据技术处理：吴国新 藏书：古籍总目

中央民族大学民族博物馆东巴经典藏本目录（三十二）

中央民族博物馆藏书编号	7–21	经书页数	23
经书封面		经书特征	不分卷，佚名撰，东坝抄本，抄书年未详，页面24.8cm×9.7cm，本色构皮纸，墨色，三眼线装简本，无上下版框，无边，3行
仪式名称	读音	bɯ²¹ py²¹	
	汉译	消灾	
经书名称	读音	du²⁴ ɣæ⁴ sʅ²⁴ ɣæ²⁴	
	汉译	董术争战	

课题名称：国家社会科学基金重大项目（项目批准号：12&ZD234）	音标补注：白庚胜 音标录入：花如祥　丁春艳	统稿：白庚胜 数据技术处理：吴国新 藏书：古籍总目

中央民族大学民族博物馆东巴经典藏本目录（三十三）

中央民族博物馆藏书编号	7-27	经书页数	16
经书封面		经书特征	不分卷，佚名撰，东坝抄本，抄书年未详，页面 25.8cm×10.3cm，本色构皮纸，墨色，三眼线装简本，无上下版框，无边，3 行

仪式名称	读音	bɯ²¹ py²¹		
	汉译	消灾		
经书名称	读音	he²¹ sa⁵⁵		
	汉译	迎神		

课题名称：国家社会科学基金重大项目（项目批准号：12&ZD234）	音标补注：白庚胜 音标录入：花如祥　丁春艳	统稿：白庚胜 数据技术处理：吴国新 藏书：古籍总目

238

中央民族大学民族博物馆东巴经典藏本目录（三十四）

中央民族博物馆藏书编号	7-36	经书页数	38
经书封面		经书特征	不分卷，佚名撰，东坝抄本，抄书年未详，页面28.5cm×8.6cm，本色构皮纸，墨色，三眼线装简本，无上下版框，无边，3行

仪式名称	读音	bɯ²¹ py²¹
	汉译	消灾
经书名称	读音	ɣɯ³³ phæ³³ ər²¹ phər²¹ tshʅ²¹ pv⁵⁵
	汉译	解拴牛绳送鬼

课题名称：国家社会科学基金重大项目（项目批准号：12&ZD234）	音标补注：白庚胜 音标录入：花如祥　丁春艳	统稿：白庚胜 数据技术处理：吴国新 藏书：古籍总目

中央民族大学民族博物馆东巴经典藏本目录（三十五）

中央民族博物馆藏书编号	7-44	经书页数	24
经书封面		经书特征	分上、下册，佚名撰，东坝抄本，抄书年未详，页面 25cm×9.6cm，本色构皮纸，墨色，三眼线装简本，无上下版框，无边，4 行
仪式名称	读音	bɯ²¹ py²¹	
	汉译	消灾	
经书名称	读音	tshŋ²¹ γo³³ ty³³	
	汉译	捣魔骨	
课题名称：国家社会科学基金重大项目（项目批准号：12&ZD234）	音标补注：白庚胜音标录入：花如祥　丁春艳		统稿：白庚胜数据技术处理：吴国新藏书：古籍总目

中央民族大学民族博物馆东巴经典藏本目录（三十六）

中央民族博物馆藏书编号	7-49	经书页数	19
经书封面		经书特征	不分卷，佚名撰，白地抄本，抄书年未详，页面 26cm×9.4cm，稍残，本色构皮纸，墨色，三眼线装简本，无上下版框，双边，4 行

仪式名称	读音	bɯ²¹ py²¹
	汉译	消灾
经书名称	读音	ŋv³³ pv⁵⁵ tshŋ²¹ dy⁵⁵ ua²¹ me⁵⁵
	汉译	送面偶赶鬼

课题名称：国家社会科学基金重大项目（项目批准号：12&ZD234）	音标补注：白庚胜 音标录入：花如祥　丁春艳	统稿：白庚胜 数据技术处理：吴国新 藏书：古籍总目

中央民族大学民族博物馆东巴经典藏本目录（三十七）

中央民族博物馆藏书编号	7–54	经书页数	12
经书封面		经书特征	不分卷，佚名撰，白地抄本，抄书年未详，页面28cm×9.6cm，本色构皮纸，墨色，三眼线装简本，无上下版框，双边，4行

仪式名称	读音	buɯ²¹ py²¹
	汉译	消灾
经书名称	读音	khuɯ³³ kho⁵⁵ sa⁵⁵ ŋv³³ pv⁵⁵ tshŋ²¹ dy⁵⁵
	汉译	祭"肯课"神·送面偶·赶鬼

课题名称：国家社会科学基金重大项目（项目批准号：12&ZD234）	音标补注：白庚胜 音标录入：花如祥　丁春艳	统稿：白庚胜 数据技术处理：吴国新 藏书：古籍总目

中央民族大学民族博物馆东巴经典藏本目录（三十八）

中央民族博物馆藏书编号	7-57	经书页数	19
经书封面		经书特征	不分卷，佚名撰，白地抄本，抄书年未详，页面 29cm×10.5cm，本色构皮纸，墨色，三眼线装简本，无上下版框，无边，3 行

仪式名称	读音	bu^{21} py^{21}		
	汉译	消灾		
经书名称	读音	pa^{33} kə^{21} ho^{55} khu^{33} py^{33}		
	汉译	祭"巴格"八方		

课题名称：国家社会科学基金重大项目（项目批准号：12&ZD234）	音标补注：白庚胜 音标录入：花如祥　丁春艳	统稿：白庚胜 数据技术处理：吴国新 藏书：古籍总目

中央民族大学民族博物馆东巴经典藏本目录（三十九）

中央民族博物馆藏书编号	7-62	经书页数	27
经书封面		经书特征	不分卷，佚名撰，白地抄本，抄书年未详，页面28cm×10.5cm，本色构皮纸，墨色，四眼线装简本，无上下版框，双边，3行

仪式名称	读音	buɯ²¹ py²¹		
	汉译	消灾		
经书名称	读音	to⁵⁵ tshŋ²¹ thv³³ puɯ⁵⁵		
	汉译	栋鬼的来历		

课题名称：国家社会科学基金重大项目（项目批准号：12&ZD234）	音标补注：白庚胜 音标录入：花如祥　丁春艳	统稿：白庚胜 数据技术处理：吴国新 藏书：古籍总目

中央民族大学民族博物馆东巴经典藏本目录（四十）

中央民族博物馆藏书编号		7-250	经书页数	12
经书封面			经书特征	不分卷，佚名撰，白地抄本，抄书年未详，页面26cm×9.4cm，本色构皮纸，墨色，三眼线装简本，无上下版框，无边，2行
仪式名称	读音	bɯ²¹ py²¹		
	汉译	消灾		
经书名称	读音	bu²¹ tshŋ²¹ khæ⁵⁵		
	汉译	射魔猪		
课题名称：国家社会科学基金重大项目（项目批准号：12&ZD234）		音标补注：白庚胜 音标录入：花如祥　丁春艳		统稿：白庚胜 数据技术处理：吴国新 藏书：古籍总目

中央民族大学民族博物馆东巴经典藏本目录（四十一）

中央民族博物馆藏书编号	9-1	经书页数	30
经书封面		经书特征	不分卷，佚名撰，维西抄本，抄书年未详，页面28.5cm×10.2cm，本色构皮纸，墨色，三眼线装简本，无上下版框，双边，3行

仪式名称	读音	ʂ̩³³ khu³³ tər⁵⁵		
	汉译	关死门		
经书名称	读音	gu²¹ tshər³³ phi⁵⁵ du²¹ pv⁵⁵		
	汉译	解脱疾病·送董神		

课题名称：国家社会科学基金重大项目（项目批准号：12&ZD234）	音标补注：白庚胜 音标录入：花如祥　丁春艳	统稿：白庚胜 数据技术处理：吴国新 藏书：古籍总目

中央民族大学民族博物馆东巴经典藏本目录（四十二）

中央民族博物馆藏书编号		9-2	经书页数	24
经书封面			经书特征	不分卷，佚名撰，维西抄本，抄书年未详，页面 28cm×10.5cm，本色构皮纸，墨色，三眼线装简本，无上下版框，双边，3 行
仪式名称	读音	$ʂ1^{33}$ khu^{33} $tər^{55}$		
	汉译	关死门		
经书名称	读音	$ɣo^{21}$ $ʂər^{55}$		
	汉译	招魂		

课题名称：国家社会科学基金重大项目（项目批准号：12&ZD234）	音标补注：白庚胜 音标录入：花如祥　丁春艳	统稿：白庚胜 数据技术处理：吴国新 藏书：古籍总目

中央民族大学民族博物馆东巴经典藏本目录（四十三）

中央民族博物馆藏书编号	9-5	经书页数	22
经书封面		经书特征	不分卷，佚名撰，丽江抄本，抄书年未详，页面28.5cm×10cm，本色构皮纸，墨色，三眼线装简本，无上下版框，双边，4行

仪式名称	读音	ʂ̩^{33} khu^{33} tər^{55}
	汉译	关死门

经书名称	读音	ku^{21} na^{21} py^{21} ʋa^{21} me^{55}
	汉译	祭星

课题名称：国家社会科学基金重大项目（项目批准号：12&ZD234）	音标补注：白庚胜 音标录入：花如祥　丁春艳	统稿：白庚胜 数据技术处理：吴国新 藏书：古籍总目

中央民族大学民族博物馆东巴经典藏本目录（四十四）

中央民族博物馆藏书编号	9–6	经书页数	20
经书封面		经书特征	不分卷，佚名撰，维西抄本，抄书年未详，页面28cm×10.5cm，本色构皮纸，墨色，四眼线装简本，无上下版框，双边，3 行

仪式名称	读音	$ʂ^{33}$ khu^{33} tər^{55}
	汉译	关死门
经书名称	读音	ʂu^{21} pv^{55}
	汉译	送署

课题名称：国家社会科学基金重大项目（项目批准号：12&ZD234）	音标补注：白庚胜 音标录入：花如祥　丁春艳	统稿：白庚胜 数据技术处理：吴国新 藏书：古籍总目

中央民族大学民族博物馆东巴经典藏本目录（四十五）

中央民族博物馆藏书编号	10–1	经书页数	42
经书封面		经书特征	不分卷，佚名撰，旧抄本，抄书年未详，页面 28.2cm×8cm，本色构皮纸，墨色，三眼线装简本，无上下版框，无边，3 行，缺封底

仪式名称	读音	tʂhə⁵⁵ gv²¹
	汉译	除秽
经书名称	读音	tʂhə⁵⁵ pv⁵⁵
	汉译	驱秽

课题名称：国家社会科学基金重大项目（项目批准号：12&ZD234）	音标补注：白庚胜 音标录入：花如祥　丁春艳	统稿：白庚胜 数据技术处理：吴国新 藏书：古籍总目

中央民族大学民族博物馆东巴经典藏本目录（四十六）

中央民族博物馆藏书编号	10-2	经书页数	不
经书封面		经书特征	不分卷，佚名撰，旧抄本，抄书年未详，页面28.3cm×9cm，本色构皮纸，墨色，四眼线装简本，无上下版框，无边，4行

仪式名称	读音	tʂhə⁵⁵ gv²¹		
	汉译	除秽		
经书名称	读音	tʂhə⁵⁵ gv²¹ mæ⁵⁵ tʂu⁵⁵		
	汉译	除秽·结尾		

课题名称：国家社会科学基金重大项目（项目批准号：12&ZD234）	音标补注：白庚胜 音标录入：花如祥　丁春艳	统稿：白庚胜 数据技术处理：吴国新 藏书：古籍总目

中央民族大学民族博物馆东巴经典藏本目录（四十七）

中央民族博物馆藏书编号	10-26	经书页数	22
经书封面		经书特征	不分卷，佚名撰，丽江抄本，抄书年未详，页面 27.4cm×8cm，本色构皮纸，墨色，四眼线装简本，无上下版框，单边，3 行，书内彩页，无封底

仪式名称	读音	tʂhə⁵⁵ gv²¹
	汉译	除秽

经书名称	读音	ʂər⁵⁵ lər³³ sa⁵⁵ ŋv³³ pv⁵⁵
	汉译	迎请什罗·送面偶

课题名称：国家社会科学基金重大项目（项目批准号：12&ZD234）	音标补注：白庚胜 音标录入：花如祥　丁春艳	统稿：白庚胜 数据技术处理：吴国新 藏书：古籍总目

中央民族大学民族博物馆东巴经典藏本目录（四十八）

中央民族博物馆藏书编号	10–27	经书页数	22
经书封面		经书特征	不分卷，佚名撰，丽江抄本，抄书年未详，彩封27.1cm×9.2cm，本色构皮纸，墨色，四眼线装简本，无上下版框，双边，3行
仪式名称	读音	tʂhə⁵⁵ gv²¹	
	汉译	除秽	
经书名称	读音	du²¹ sa⁵⁵	
	汉译	迎请董神	

课题名称：国家社会科学基金重大项目（项目批准号：12&ZD234）	音标补注：白庚胜 音标录入：花如祥　丁春艳	统稿：白庚胜 数据技术处理：吴国新 藏书：古籍总目

中央民族大学民族博物馆东巴经典藏本目录（四十九）

中央民族博物馆藏书编号	10–39	经书页数	24
经书封面		经书特征	不分卷，佚名撰，丽江抄本，抄书年未详，页面 28.5cm × 9.5cm，本色构皮纸，墨色，四眼线装简本，无上下版框，单边，3 行

仪式名称	读音	$tʂə^{55} gv^{21}$
	汉译	除秽
经书名称	读音	$tʂə^{55} thv^{33} tʂə^{55} pv^{55}$
	汉译	秽鬼的来历·送秽思

课题名称：国家社会科学基金重大项目（项目批准号：12&ZD234）　音标补注：白庚胜　音标录入：花如祥　丁春艳　统稿：白庚胜　数据技术处理：吴国新　藏书：古籍总目

中央民族大学民族博物馆东巴经典藏本目录（五十）

中央民族博物馆藏书编号	10–40	经书页数	20
经书封面		经书特征	不分卷，佚名撰，丽江抄本，抄书年未详，页面 29.5cm×9.5cm，本色构皮纸，墨色，三眼线装简本，无上下版框，单边，3 行，无封底，残本

仪式名称	读音	tʂhə⁵⁵ gv²¹
	汉译	除秽
经书名称	读音	py²¹ ly³³ khu³³
	汉译	开坛经

课题名称：国家社会科学基金重大项目（项目批准号：12&ZD234）	音标补注：白庚胜 音标录入：花如祥　丁春艳	统稿：白庚胜 数据技术处理：吴国新 藏书：古籍总目

255

中央民族大学民族博物馆东巴经典藏本目录（五十一）

中央民族博物馆藏书编号	11–59	经书页数	18
经书封面		经书特征	不分卷，佚名撰，丽江抄本，抄书年未详，页面 30cm×9cm，本色构皮纸，墨色，四眼线装简本，无上下版框，单边，4 行，缺封底

仪式名称	读音	ʂu²¹ gv²¹
	汉译	祭署
经书名称	读音	me²¹ se³³ tv³³ xiæ⁵⁵ gv³³ lv³³ gv³³ ho³³ tʂhər⁵⁵ dzo²¹
	汉译	美生都项和古鲁古火的故事

课题名称：国家社会科学基金重大项目（项目批准号：12&ZD234）	音标补注：白庚胜 音标录入：花如祥　丁春艳	统稿：白庚胜 数据技术处理：吴国新 藏书：古籍总目

中央民族大学民族博物馆东巴经典藏本目录（五十二）

中央民族博物馆藏书编号	11-69	经书页数	40
经书封面		经书特征	不分卷，佚名撰，丽江抄本，抄书年未详，彩封27.2cm×9cm，本色构皮纸，墨色，四眼线装简本，无上下版框，无边，无行，书内有残页

仪式名称	读音	ʂu²¹ gu²¹		
	汉译	祭署		
经书名称	读音	hər³³ py²¹		
	汉译	祭风		

课题名称：国家社会科学基金重大项目（项目批准号：12&ZD234）	音标补注：白庚胜 音标录入：花如祥　丁春艳	统稿：白庚胜 数据技术处理：吴国新 藏书：古籍总目

中央民族大学民族博物馆东巴经典藏本目录（五十三）

中央民族博物馆藏书编号	11-45	经书页数	26
经书封面		经书特征	不分卷，佚名撰，丽江抄本，抄书年未详，页面 29.5cm×9cm，本色构皮纸，墨色，四眼线装简本，无上下版框，无边，3行，书内有残页

仪式名称	读音	ʂu²¹ gv²¹
	汉译	祭署
经书名称	读音	ʂu²¹ dy²¹ le³³ pv⁵⁵ ua²¹ me⁵⁵
	汉译	送署回属地

课题名称：国家社会科学基金重大项目（项目批准号：12&ZD234）	音标补注：白庚胜 音标录入：花如祥　丁春艳	统稿：白庚胜 数据技术处理：吴国新 藏书：古籍总目

中央民族大学民族博物馆东巴经典藏本目录（五十四）

中央民族博物馆藏书编号	11–23	经书页数	22
经书封面		经书特征	不分卷，佚名撰，丽江抄本，抄书年未详，页面 26.5cm × 8.5cm，本色构皮纸，墨色，三眼线装简本，无上下版框，双边，4 行

仪式名称	读音	$ṣu^{21}\ gv^{21}$		
	汉译	祭署		
经书名称	读音	$sŋ^{55}\ tha^{55}\ ṣu^{21}\ tha^{55}\ tshŋ^{55}$		
	汉译	建家神塔、署塔		

课题名称：国家社会科学基金重大项目（项目批准号：12&ZD234）	音标补注：白庚胜 音标录入：花如祥　丁春艳	统稿：白庚胜 数据技术处理：吴国新 藏书：古籍总目

三、南京博物院藏东巴经典

　　南京博物院收藏有 1800 册纳西族东巴经典。它们大都于 20 世纪上半叶由傅斯年、万斯年、陶云逵、李霖灿等所收集。

南京博物院东巴经典藏本编目（一）

南京博物院 东巴经典藏书编号	1	经书 页数	17	书写经书 东巴署名	无
收藏时间及历史背景			李霖灿先生 1943 年 11 月在云南省丽江市玉龙纳西族自治县鲁甸乡阿时主村调查所得		

收藏 标签	无	书写 区域	丽江			
		经书 其他 符号 特征	象形文 （封面）	象形文 （内容）	哥巴文 （封面）	哥巴文 （内容）
			√	√		
			经书封面横板书写			

经书 封面	

仪式 名称	读音	zɿ³³ tʂu⁵⁵ py²¹ phv³³ la²¹ sa⁵⁵
	汉译	求寿·菩萨

经书 名称	读音	nuɯ²¹ çy³³ a²¹ çy⁵⁵ be³³
	汉译	安神座及接菩萨经

内容 提要	先述神座饰物的名贵，再述白铁犁板之来历，三述家神竹箭之来历及本经书的主要内容，四述神座上各事物之象征。

备注	求寿经分两部分，第一部分详述神座上各物件、各供置之来源及象征。

释读东巴：和文质	注音翻译：李霖灿	数字化：奚可桢
课题名称：国家社会科学 基金重大项目（项目批准 号：12&ZD234）	音标校注：白庚胜 音标录入：丁春艳 编目数字化：吴国新	统稿：白庚胜 数据技术处理：祁喆

南京博物院东巴经典藏本编目（二）

南京博物院东巴经典藏书编号	2	经书页数	25	书写经书东巴署名	无
收藏时间及历史背景	李霖灿先生1943年1月在云南省丽江市玉龙纳西族自治县鲁甸乡阿时主村调查所得				

收藏标签		书写区域	丽江		
		经书书写特征	象形文（封面）	象形文（内容）	哥巴文（封面）	哥巴文（内容）
			√	√		
		4栏3列			

经书封面	

仪式名称	读音	zɿ³³ tʂu⁵⁵ py²¹
	汉译	求寿

经书名称	读音	phv³³ la²¹ sa⁵⁵ æ²¹ khu⁵⁵
	汉译	接菩萨·放生经

经文内容提要	1. 接菩萨。吉利日，主人家摆神座接菩萨。从古代开始——追述各代祖先、各神接菩萨压敌得福，由开天九子、辟地七子、尤拉丁端、打者阿妥构九子、米利董主、崇仁利恩、高勒趣、最妙者东巴什罗、华普东巴（其意为白鹇鸟东巴，故事见其本记），各东巴代为敬神求保佑，方得长命富贵。至此，述行祭人家正为以上各位之后裔，亦请东巴依法炮制，求延寿接岁、长命富贵，仇人不得陷害，子女兴旺云云。 　　2. 放生。作延寿法仪时，须放生鸡、羊或牦牛。此册暂以鸡代之。云此家自耕自食、不做歹事、不出是非，为仇鬼将富贵偷去，今请东巴作法禳之，放生鸡一只，以供养菩萨，昔日米利术主曾使黑鸡偷去米利董主之福寿，是由白鸡压制而得福，今亦依例为之，为菩萨挂红彩求得各项福分云云。

备注	为求寿经第2册。

释读东巴：和文质	注音翻译：李霖灿	数字化：奚可桢
课题名称：国家社会科学基金重大项目（项目批准号：12&ZD234）	音标校注：白庚胜 音标录入：丁春艳 编目数字化：吴国新	统稿：白庚胜 数据技术处理：祁喆

南京博物院东巴经典藏本编目（三）

南京博物院东巴经典藏书编号	3		经书页数	18	书写经书东巴署名	无
收藏时间及历史背景	李霖灿先生 1942 年 11 月在云南省丽江市玉龙纳西族自治县鲁甸乡阿时主村调查所得					

收藏标签		书写区域	丽江			
		经书书写特征	象形文（封面）	象形文（内容）	哥巴文（封面）	哥巴文（内容）
			√	√		
			3 栏 3 列			

经书封面	

仪式名称	读音	zๅ³³ tʂu⁵⁵ py²¹
	汉译	求寿

经书名称	读音	dzy²¹ na⁵⁵ zo⁵⁵ lo³³ tshๅ⁵⁵· kv⁵⁵ sa²¹ py²¹
	汉译	修居那若罗神山·分寿岁

经文内容提要	居那若罗神山上原有神树一棵，乃人类之生命树也。每年中有定日，由一米利老人击落其黄叶。有一日，此老人因爱看天神嬉戏，直至日落方才去打叶。因为时已晚不及细看，他不论青黄乱击落之。于是，人间寿命不齐，天地亦因之动摇。于是，米利老人召集大众，以金、银、玉、珠等修筑居那若罗神山以镇天地，修成后派人在各面看守之。 神山既成，卢神色神由南北而来，商议分寿岁之事，嘱人类不要贪睡并以石为枕，以刺为褥。人不肯听，以羊毛为褥，以酥油为枕。于是，人酣然入梦，万岁之寿为石得去，千岁之寿为木得去，百岁之寿为鸡得去，马得三十岁，牛得二十岁，人醒后只得五岁。人类因只有五年寿命，不及治田园，不及生子女而昼夜痛哭。而鸡则嫌百岁过长，恐嘴啄尽、爪搔尽，无以为生。遂由卢神色神商议，以人之五岁予鸡，以鸡之百岁予人。故，今日人皆可得百岁之来由实出于此。人得百岁尚不满足，以此与石（石得十万岁）交换不成，咒石三句而去。又与水（水得万岁）换不成，咒水曰："愿水白日为石饮，夜间为沙吸；白日不能坐，夜间不能睡；不能有骨头，只能下流而不能上行。"此即水性就下、川流不息之来历也。又咒木等亦如此。最后，主人家作斋向神山求寿得福。

备注	为求寿经第 3 册。居那若罗神山乃东巴教之圣山，故开始时便先建之（以犁头代之）。

释读东巴：和文质	注音翻译：李霖灿	数字化：奚可桢
课题名称：国家社会科学基金重大项目（项目批准号：12&ZD234）	音标校注：白庚胜 音标录入：丁春艳 编目数字化：吴国新	统稿：白庚胜 数据技术处理：祁喆

南京博物院东巴经典藏本编目（四）

南京博物院 东巴经典藏书编号	4	经书 页数	16	书写经书 东巴署名	无
收藏时间及历史背景		李霖灿先生 1942 年 12 月在云南省丽江市玉龙纳西族自治县鲁甸乡阿时主村调查所得			

收藏标签		书写区域	丽江			
		经书书写特征	象形文（封面）	象形文（内容）	哥巴文（封面）	哥巴文（内容）
			√	√		
			3 栏 3 列			

经书封面	

仪式名称	读音	zŋ³³ tʂu⁵⁵ py²¹
	汉译	求寿

经书名称	读音	mu³³ khu³³ phu³³ phv³³ la²¹ sa⁵⁵
	汉译	开天门·迎菩萨

经文内容提要：

第一部分接各大菩萨。凡延寿经中所应请之菩萨大神须一一道及也。内中有述菩萨之性能者，如求子女、求富贵，向祖先龙王求胜利、美丽、聪明能干，则使人知其神性之大概。又云天上地下唯华神子女最多。此册除名"延寿经"外，又以"华经"名之。因作此法仪不外乎求寿及求子女也。

第二部分为开天门经，为主要部分，向东、西、南、北、中五方位天门之守卫天王礼拜，求其开天门。天门不开，则上列各菩萨无从接下来也。五大天王服饰、法器各异，东方白螺色、西方黑玉色、南方绿玉色、北方黄金色、中央花玉色，各持琵琶、宝塔、宝伞、夜明珠等物。每一天王先画以像，后有咒语一句，盖古宗语也。

第三部分述此家请东巴来供养菩萨开天门，求福得福，求寿得寿云云，盖东巴经典例有之结尾颂辞也。

备注：为求寿经第 4 册。

释读东巴：和文质	注音翻译：李霖灿	数字化：奚可桢
课题名称：国家社会科学基金重大项目（项目批准号：12&ZD234）	音标校注：白庚胜 音标录入：丁春艳 编目数字化：吴国新	统稿：白庚胜 数据技术处理：祁喆

南京博物院东巴经典藏本编目（五）

南京博物院东巴经典藏书编号	4	经书页数	16	书写经书东巴署名	无
收藏时间及历史背景	李霖灿先生 1942 年 11 月在云南省丽江市玉龙纳西族自治县鲁甸乡阿时主村调查所得				

收藏标签		书写区域	丽江			
		经书书写特征	象形文（封面）	象形文（内容）	哥巴文（封面）	哥巴文（内容）
			√	√		
			3 栏 4 列			

经书封面	

仪式名称	读音	zɿ³³ tʂu⁵⁵ py²¹
	汉译	求寿

经书名称	读音	ua³³ bə²¹ ua³³ he²¹ sa⁵⁵ tʂhə⁵⁵ ʂu⁵⁵
	汉译	接五方大神·除秽

经文内容提要	1. 接五方大神。五方大神指东、西、南、北及中央五方之大元帅也。接时，将地龙王、夫人、神女一并接之。详述每一神服装容色、坐骑、佩带、夫人之装饰、龙王之宝物。然后，再述男女之愿告。此五方大神有图片，即东巴做法时插立于中央犁板之前者也。 2. 接五方大鸟王。银鸡、黄金鸟、大鹏鸟、孔雀鸟、白鹤鸟为五方大鸟王，依次迎来。 3. 除秽。言作斋主人家接五方大神、五方大本波、五方大龙王、五方大神女、五方大神夫人、五方大鸟王至家。意恐有不干净之处，故燃香叶以除秽。此乃东巴之一种常使行法仪也。

备注	为求寿经第 5 册。

释读东巴：和文质	注音翻译：李霖灿	数字化：奚可桢
课题名称：国家社会科学基金重大项目（项目批准号：12&ZD234）	音标校注：白庚胜 音标录入：丁春艳 编目数字化：吴国新	统稿：白庚胜 数据技术处理：祁喆

南京博物院东巴经典藏本编目（六）

南京博物院 东巴经典藏书编号	6	经书 页数	19	书写经书 东巴署名	无
收藏时间及历史背景		李霖灿先生 1942 年 12 月在云南省丽江市玉龙纳西族自治县鲁甸乡阿时主村调查所得			

收藏 标签		书写 区域	丽江		
		经书 书写 特征	象形文 （封面）	象形文 （内容）	哥巴文 （封面）	哥巴文 （内容）
			√	√		
			3 栏 3 列			

经书 封面	

仪式 名称	读音	zɿ³³ tʂu⁵⁵ py²¹
	汉译	求寿
经书 名称	读音	hua²¹ tsɿ³³ phv³³ la²¹ sa⁵⁵ lv²¹ zɚ²¹ tshɿ⁵⁵
	汉译	接华神·接菩萨·树龙柱

经文 内容 提要	1. 接华神。华神乃天上司人子女之神。本经虽为求寿经，实为延寿与求子女并重，故亦名华经。此一部向华神求华水、华枝、华石、华油及各项福寿象征之宝物，以求得福惠之意。此盖东巴在么些人中地位甚高，竟以作巫师为天赋福分之当求者，且作华经斋事者只有东巴，故亦理所当然。巨甸、鲁甸一带不做此项斋事，即不能成为大东巴也。 2. 接菩萨龙水。依五方龙王之次序接龙水。 3. 接大菩萨。除其常供养之各大菩萨外，又接五方大菩萨及其随从，并附有印度白雁鹅上天传书一段，以之上天接神并求福泽来，云做斋时一纸雁鹅衔书以完成此使命。 4. 经咒。此段占九面。读音似为藏语或古经咒，乃呼各大菩萨名供养之以求保佑。或为此教最早所有，或传学而来，尚不清楚，然确非么些语也。
备注	为求寿经第 6 册。

释读东巴：和文质	注音翻译：李霖灿	数字化：奚可桢
课题名称：国家社会科学基金重大项目（项目批准号：12&ZD234）	音标校注：白庚胜 音标录入：丁春艳 编目数字化：吴国新	统稿：白庚胜 数据技术处理：祁喆

南京博物院东巴经典藏本编目（七）

南京博物院 东巴经典藏书编号	7	经书 页数	14	书写经书 东巴署名	无
收藏时间及历史背景		李霖灿先生 1942 年 12 月在云南省丽江市玉龙纳西族自治县鲁甸乡阿时主村调查所得			

收藏 标签		书写 区域	丽江			
		经书 书写 特征	象形文 （封面）	象形文 （内容）	哥巴文 （封面）	哥巴文 （内容）
			√	√		
		3 栏 3 列				

经书 封面	

仪式 名称	读音	zๅ³³ tʂu⁵⁵ py²¹
	汉译	求寿

经书 名称	读音	dʑi²¹ tsๅ³³ ua²¹ me⁵⁵
	汉译	接水经

经文 内容 提要	第一部分讲向各大神求福寿。此段仍从年好月好开始，然后向各大神求福寿、子女。有接天地、山水、川谷等语，向各神供香。 　　第二部分言东巴什罗被请下天压鬼，接水五方水名，共十余水。此若干水，实乃无量河、洛吉河之名。故知昔日纳西人之居住地当在此一带。迁移而下后，仍不忘旧日水名。其多出现于东巴书中，东巴亦只能诵其音。此实纳西人昔日住址之资料，以此水名可求得中心。此地域亦即其象形文字为居住地发生前后之大概也。向神山求寿油，向神水求寿水，向神树求寿木，向神石求寿石，亦为此段之重要者。 　　第三部分为向五方、高低崖地……各龙王求福寿，结以东巴祝福之辞。

备注	为求寿经第 7 册。

释读东巴：和文质	注音翻译：李霖灿	数字化：奚可桢
课题名称：国家社会科学基金重大项目（项目批准号：12&ZD234）	音标校注：白庚胜 音标录入：丁春艳 编目数字化：吴国新	统稿：白庚胜 数据技术处理：祁喆

南京博物院东巴经典藏本编目（八）

南京博物院 东巴经典藏书编号	8	经书 页数	10	书写经书 东巴署名	无

收藏时间及历史背景：李霖灿先生 1942 年 12 月在云南省丽江市玉龙纳西族自治县鲁甸乡阿时主村调查所得

收藏标签		书写区域	丽江			
		经书书写特征	象形文（封面）	象形文（内容）	哥巴文（封面）	哥巴文（内容）
			√	√		
			3 栏 3 列			

经书封面

仪式名称	读音	zๅ³³ tʂu⁵⁵ py²¹
	汉译	求寿

经书名称	读音	yi³³ to³³ la³³ mu³³ tʂhə⁵⁵ ʂu⁵⁵
	汉译	为神女依多拉姆除秽

经文内容提要

依多拉姆者，似系神女或女神，各大菩萨皆有之。接此神女并为之除秽，盖东巴教除秽之法仪最多、最繁。窥其意，盖恐各神女来时或染有不干净之物，因而以各种香料植物燃而生烟除秽也。

年好月好例始既毕，乃述此家预备向神女求寿求福，乃向神山四面八方寻得香料植物燃之，以备除秽，然后请各神女下降。先请五方大神之神女，然后天地、开天大神、辟地大神、多乌华神、地脉神、房屋与打猎、谷、威灵各位神女一一依序呼之而除秽。除秽既毕，然后向大、中、小各神女求福求寿。一如居那若罗神山，米利达吉海，与"寿比南山，福如东海"相同。唯因居处不同，山水之名自因之而异耳。

有一句"南北接不起，就用水接来"。此"南北"二字之来历，盖水头水尾而得意。

备注：为求寿经第 8 册。

释读东巴：和文质	注音翻译：李霖灿	数字化：奚可桢
课题名称：国家社会科学基金重大项目（项目批准号：12&ZD234）	音标校注：白庚胜 音标录入：丁春艳 编目数字化：吴国新	统稿：白庚胜 数据技术处理：祁喆

南京博物院东巴经典藏本编目（九）

南京博物院 东巴经典藏书编号	9	经书 页数	10	书写经书 东巴署名	无
收藏时间及历史背景		李霖灿先生 1942 年 12 月在云南省丽江市玉龙纳西族自治县鲁甸乡阿时主村调查所得			

收藏标签		书写区域	丽江			
		经书书写特征	象形文（封面）	象形文（内容）	哥巴文（封面）	哥巴文（内容）
			√	√		
			3 栏 3 列			

经书封面	

仪式名称	读音	zʅ³³ tʂu⁵⁵ py²¹
	汉译	求寿

经书名称	读音	zʅ³³ tʂu⁵⁵ gə³³ tʂhə⁵⁵ ʂu⁵⁵ be³³
	汉译	为求寿除秽

经文内容提要	1. 接五方大神女。在此详述神女之服装、法器及坐骑。接下各神女后，各方鬼王不要来作怪，而要使主人家求福得福、求寿得寿，如东方白海螺等一样长命富贵。 2. 神女净水瓶除秽。仍以五方神女之次序各以净水瓶除秽，各诵除秽咒语一句。五方各不相同，以东巴象形字注其音。此项咒语乃逐字注音，非速记式，盖恐遗忘也。 最后为家人一一除秽，东巴以水洒之。除秽既毕，则云一切都变凶为吉祥，主人家之福寿已接于神山神海神木神石上，福贵吉祥，多子多女云云。

备注	为求寿经第 9 册。

释读东巴：和文质	注音翻译：李霖灿	数字化：奚可桢
课题名称：国家社会科学基金重大项目（项目批准号：12&ZD234）	音标校注：白庚胜 音标录入：丁春艳 编目数字化：吴国新	统稿：白庚胜 数据技术处理：祁喆

南京博物院东巴经典藏本编目（十）

南京博物院 东巴经典藏书编号	10	经书 页数	17	书写经书 东巴署名	无
收藏时间及历史背景					

收藏时间及历史背景	李霖灿先生 1942 年 12 月在云南省丽江市玉龙纳西族自治县鲁甸乡阿时主村调查所得

收藏 标签		书写 区域	丽江			
		经书 书写 特征	象形文 （封面）	象形文 （内容）	哥巴文 （封面）	哥巴文 （内容）
			√	√		
			3 栏 3 列			

经书 封面	

仪式 名称	读音	zɿ³³ tʂu⁵⁵ py²¹
	汉译	求寿

经书 名称	读音	phv³³ la²¹ sa⁵⁵ kv³³ tʂu⁵⁵
	汉译	接菩萨经·上册

经文 内容 提要	第一部为菩萨名录。此其菩萨之大略名单，以萨依威德、五大本波以降，直至护法大将。每述一名后，即请其压制仇敌。 　　第二部述菩萨之来历。由开天辟地至萨依威德出世，逐渐滋孳至五大本波之方位、服装、坐骑。其他各神龙王护法神等皆甚简单，乃因一册之内不容个别加以详述所致也。 　　第三部述供养菩萨。对上方各菩萨以净水鲜花供养。此册终而上册未终，盖应重订正。余接中册之前半部。

备注	为求寿经第 10 册。该册为迎接菩萨之经，分上、中、下三册。此为上册，内容多半为菩萨大神护法之名每一神名皆以些音注之。

释读东巴：和文质	注音翻译：李霖灿	数字化：奚可桢
课题名称：国家社会科学基金重大项目（项目批准号：12&ZD234）	音标校注：白庚胜 音标录入：丁春艳 编目数字化：吴国新	统稿：白庚胜 数据技术处理：祁喆

南京博物院东巴经典藏本编目（十一）

南京博物院 东巴经典藏书编号	11	经书 页数	12	书写经书 东巴署名	无
收藏时间及历史背景		李霖灿先生 1942 年 12 月在云南省丽江市玉龙纳西族自治县鲁甸乡阿时主村调查所得			

收藏 标签		书写 区域	丽江			
		经书 书写 特征	象形文 （封面）	象形文 （内容）	哥巴文 （封面）	哥巴文 （内容）
			√	√		
		3 栏 4 列				

经书 封面	

仪式 名称	读音	zl³³ tṣu⁵⁵ py²¹
	汉译	求寿

经书 名称	读音	phv³³ la²¹ sa⁵⁵ ly⁵⁵ tṣu⁵⁵
	汉译	接菩萨经·中册

经文 内容 提要	此册前一半为上册之余尾。盖以此续接求福求寿东巴及依多拉姆、各代祖先之菩萨而对之作供养也，至以红线相界之处为止。以下所余甚短，先述米利董主时之菩萨护将，结尾供养木若楚楚一代之神灵。至此则为一线索，或米利董主即相当于木若楚楚一代。于是，从前上古祖先名与代数又多一对照之线索。 　　中册之全文未完又移入下册前面之一部。

备注	为求寿经第 11 册。

释读东巴: 和文质	注音翻译: 李霖灿	数字化: 奚可桢
课题名称: 国家社会科学基金重大项目（项目批准号: 12&ZD234 ）	音标校注: 白庚胜 音标录入: 丁春艳 编目数字化: 吴国新	统稿: 白庚胜 数据技术处理: 祁喆

南京博物院东巴经典藏本编目（十二）

南京博物院 东巴经典藏书编号	12	经书 页数	17	书写经书 东巴署名	无
收藏时间及历史背景			李霖灿先生 1942 年 12 月在云南省丽江市玉龙纳西族自治县鲁甸乡阿时主村调查所得		

收藏 标签		书写 区域	丽江			
		经书 书写 特征	象形文 （封面）	象形文 （内容）	哥巴文 （封面）	哥巴文 （内容）
			√	√		
			3 栏 4 列			

经书 封面	

仪式 名称	读音	z̩³³ tṣu⁵⁵ py²¹
	汉译	求寿
经书 名称	读音	phv³³ la⁵⁵ sa⁵⁵ mɨ⁵⁵ tṣu⁵⁵
	汉译	接菩萨经·下册

经文 内容 提要	开始讲五大本波之出处，然后各依其方位述其服装及坐骑，并请其相关神女下降享受供养。然后，又各述七神女名称所住宝塔一一供养之。此后，述家神而供养如前。又述七神女名而供养之，以求主人长命富贵。中册完，亦有红线界之。 　　下册则为东巴求福分之辞，盖因作此法仪式皆为东巴也。先述米利董主及尤拉丁端之史实及胜利神九男九女之来历（皆为尤拉丁端之子女）。然后求得如菩萨等之长命，并制压仇怪，复向神塔之菩萨求福分。最后为颂语，愿东巴左右眼有日月之光明，腹如净水宝瓶，舌如闪电，声如海螺，体如居那若罗神山，音如青龙，心大不惊如白狮一般，威灵不灭如大鹏金翅鸟一般，千秋万岁，长命富贵贵，祖孙相见，白头黄牙以成。
备注	为求寿经第 12 册。此册之前一半为中册之余尾。

释读东巴：和文质	注音翻译：李霖灿	数字化：奚可桢
课题名称：国家社会科学基金重大项目（项目批准号：12&ZD234）	音标校注：白庚胜 音标录入：丁春艳 编目数字化：吴国新	统稿：白庚胜 数据技术处理：祁喆

南京博物院东巴经典藏本编目（十三）

南京博物院东巴经典藏书编号	13	经书页数	20	书写经书东巴署名	无
收藏时间及历史背景		李霖灿先生 1942 年 12 月在云南省丽江市玉龙纳西族自治县鲁甸乡阿时主村调查所得			

收藏标签		书写区域	丽江			
		经书书写特征	象形文（封面）	象形文（内容）	哥巴文（封面）	哥巴文（内容）
			√	√		
			3 栏 4 列			

经书封面	

仪式名称	读音	zı³³ tṣu⁵⁵ py²¹
	汉译	求寿
经书名称	读音	dæ²¹ tv³³ puɯ⁵⁵ ɣo²¹ ʂər⁵⁵
	汉译	将官之来历、招魂、失落、寻还经

经文内容提要	1.将官之来历：由开天辟地讲起，至米利董主出世与米利术主对立时。米利董主杀一牛，并由此牛化生各大将官，头变天之将官，皮变地之将官，舌变虹之将官，眼变星宿之将官…… 　　2.将官之招魂。米利术主使各妖物将米利董主之将官魂魄窃去。于是，米利董主寝梦不安。后打卦占卜，知为仇人使妖物窃去，遂使其东巴余世阿佐以牛羊酒肉招魂，向各方寻找。主人家今日亦依此法请东巴为将官招魂。 　　3.将官之失魂寻还。将官之魂既失，遂与大队人马前来攻打敌寨而找还。关口九道，各作法破之，将将官之魂找还。找还后，因其不能变化，又由东巴行法施药而复原。

备注	为求寿经第 13 册。

释读东巴：和文质	注音翻译：李霖灿	数字化：奚可桢
课题名称：国家社会科学基金重大项目（项目批准号：12&ZD234）	音标校注：白庚胜 音标录入：丁春艳 编目数字化：吴国新	统稿：白庚胜 数据技术处理：祁喆

273

南京博物院东巴经典藏本编目(十四)

南京博物院 东巴经典藏书编号	14	经书 页数	25	书写经书 东巴署名	无

收藏时间及历史背景	李霖灿先生 1942 年 12 月在云南省丽江市玉龙纳西族自治县鲁甸乡阿时主村调查所得

收藏标签		书写区域	丽江			
		经书书写特征	象形文（封面）	象形文（内容）	哥巴文（封面）	哥巴文（内容）
			√	√		
			3 栏 5 列			

经书封面	

仪式名称	读音	zη³³ tsu⁵⁵ py²¹
	汉译	求寿

经书名称	读音	yə³³ ma²¹ sa⁵⁵ tshη²¹ uə³³ phv²¹
	汉译	迎尤玛护法神破仇敌经

经文内容提要	此册为尤玛护法神破关攻寨、踏平仇地杀尽仇人之经。开天辟地之时，米利董主请得千千万万天兵天将来攻打米利术主之地方。米利术主也早有准备，坡坡设防，关关立塞。于是，一场大战展开。黑白交界过后，第一道黑坡上有米利术主的短角黑龙守关，米利董主之东巴余世阿佐作法请来白狮子，将其攻破。穿山甲吃黑虎破第二关，孔雀吃蛇破第三关……连破九关之后，来到鹿头寨前见有鹿精看守，便作法请来老鹿精打破鹿精寨，杀死敌方鬼怪千千万万，并依次以白狮破牛头寨，以虎攻破马头寨，以水獭破鱼寨……最后来到米利术主大本营，见四面八方有龟王鬼怪看守，修有铜城、铁城，插有铜刺。于是，米利董主又请阿佐东巴作法，请来尤玛护法神大杀一场，攻开铜城、铁城，将仇敌杀得鸡犬不留，以仇血祭帅旗，剥仇敌皮作尤玛之坐褥，以仇敌骨头作号角……又因米利董主不知为官除秽，各将官不能腾飞变化，又请阿佐东巴作法，使其复原如初，仇敌遂杀尽。此家亦为米利董主之后代，故依法炮制，请尤玛护法神下凡杀尽仇人而得福寿。

备注	为求寿经第 14 册。

释读东巴: 和文质	注音翻译: 李霖灿	数字化: 奚可桢
课题名称: 国家社会科学基金重大项目（项目批准号: 12&ZD234）	音标校注: 白庚胜 音标录入: 丁春艳 编目数字化: 吴国新	统稿: 白庚胜 数据技术处理: 祁喆

南京博物院东巴经典藏本编目（十五）

南京博物院 东巴经典藏书编号	15	经书 页数	10	书写经书 东巴署名	无
收藏时间及历史背景	李霖灿先生 1942 年 12 月在云南省丽江市玉龙纳西族自治县鲁甸乡阿时主村调查所得				

收藏 标签		书写 区域	丽江			
		经书 书写 特征	象形文 （封面）	象形文 （内容）	哥巴文 （封面）	哥巴文 （内容）
			√	√		
		3 栏 4 列				

经书 封面	

仪式 名称	读音	zๅ^{33} tʂu^{55} py^{21}
	汉译	求寿

经书 名称	读音	kho^{33} çi^{33} kho^{33} lo^{21} tv^{55} tʂhə^{55} ʂu^{55}
	汉译	顶可兴可乐·除秽

经文 内容 提要	开天辟地时，天上子劳阿普之姑娘衬红褒白原已许与可兴可乐为妻，但衬红褒白不愿随可兴可乐，而是自己找了人类祖先崇仁利恩。于是，可兴可乐大怒，由天上降秽于这对私奔之夫妻，致衬红褒白不会生男育女。夫妻遂打发白蝙蝠上天上去问盘孜沙美，并从卦象中看出这是可兴可乐降秽作怪所致，应该请东巴摆神座除秽。于是，崇仁利恩请来东巴烧九把香叶，把可兴可乐的魂招来以一鸡偿之除秽，遂得福泽。 　　作此法时，杀一鸡以顶于木桩上。将毕，将鬼木倒装于地穴埋之，云此即压其魂使不为怪云。
备注	为求寿经第 15 册。

释读东巴：和文质	注音翻译：李霖灿	数字化：奚可桢
课题名称：国家社会科学基金重大项目（项目批准号：12&ZD234）	音标校注：白庚胜 音标录入：丁春艳 编目数字化：吴国新	统稿：白庚胜 数据技术处理：祁喆

南京博物院东巴经典藏本编目（十六）

南京博物院东巴经典藏书编号	16	经书页数	15	书写经书东巴署名	无

收藏时间及历史背景	李霖灿先生 1942 年 12 月在云南省丽江市玉龙纳西族自治县鲁甸乡阿时主村调查所得

收藏标签		书写区域	丽江			
		经书书写特征	象形文（封面）	象形文（内容）	哥巴文（封面）	哥巴文（内容）
			√	√		
		3 栏 4 列				

经书封面	

仪式名称	读音	zๅ³³ tʂu⁵⁵ py²¹
	汉译	求寿

经书名称	读音	y²¹ tsๅ³³
	汉译	接祖先

经文内容提要	作求寿法事时，须请祖先赐福。此为接祖宗三代及其将官之经也。可区分为三部：一以白羊接祖先及其将官，二为接祖先时嘱咐祖先之言语，三为请祖先至家中供养以求福求寿。 　1. 以白羊接祖先将官。求寿中宰杀最少，唯用白羊一只接祖先及其将官。找到后，祖先、大将与白羊见面，皆大欢喜，随之而来。 　2. 嘱咐祖先之言语。纳西人嘱咐其祖先之语颇似嘱咐小婴儿，如不要吃人家涂在墙上之鼻涕，不要站在人家门后，不要随鬼去求施食……告之东、西、南、北、中各处不要去，家中有好子好孙可归来享受。 　3. 接祖先至家中供养并求赐福。仍以纳西惯例请上古祖先米利董主、中近古祖先崇仁利恩、高勒趣来家中，并请其大将，云一切皆光明，子孙都能干。

备注	求寿经第 16 册。

释读东巴：和文质	注音翻译：李霖灿	数字化：奚可桢
课题名称：国家社会科学基金重大项目（项目批准号：12&ZD234）	音标校注：白庚胜 音标录入：丁春艳 编目数字化：吴国新	统稿：白庚胜 数据技术处理：祁喆

南京博物院东巴经典藏本编目（十七）

南京博物院 东巴经典藏书编号	17	经书 页数	18	书写经书 东巴署名	无
收藏时间及历史背景			李霖灿先生 1942 年 12 月在云南省丽江市玉龙纳西族自治县鲁甸乡阿时主村调查所得		

收藏标签		书写区域	丽江			
		经书书写特征	象形文（封面）	象形文（内容）	哥巴文（封面）	哥巴文（内容）
			√	√		
		3 栏 4 列				

经书封面	

仪式名称	读音	zๅ³³ tʂu⁵⁵ py²¹
	汉译	求寿
经书名称	读音	tshๅ²¹ zər²¹ tər²¹ zər²¹ yu²¹ phər²¹ kho⁵⁵
	汉译	压魇鬼经·杀白羊经

经文内容提要

1. 压魇鬼。此指一切秽鬼而言。做法仪前皆先除秽，恐有不洁之物秽人污神。详述昔日各大神坐骑之护法、各代祖先压制秽鬼之历史。每一大神皆有其敌对秽鬼，此册此段一一列举之。纳西人经典中一切事物皆有与之相对之物，如一神必有其仇敌及坐骑。

2. 今日请东巴作法，烧柏叶等香以除秽，压制魇鬼，以使主人家一切平安。

3. 述接各处之水以之洗涤不洁也。

4. 杀一白羊迎接祖先及各大神，详述其上天入地以见神及祖先，皆大欢喜。

5. 白羊将死，梦烈日为头上挂明镜也，梦打雷为法器声也。作此法时，东巴分二组：大东巴上座而答，其余作白羊状而问，并以此装扮而杀之。

备注	为求寿经第 17 册。

释读东巴：和文质	注音翻译：李霖灿	数字化：奚可桢
课题名称：国家社会科学基金重大项目（项目批准号：12&ZD234）	音标校注：白庚胜 音标录入：丁春艳 编目数字化：吴国新	统稿：白庚胜 数据技术处理：祁喆

南京博物院东巴经典藏本编目（十八）

南京博物院 东巴经典藏书编号	18	经书 页数	16	书写经书 东巴署名	无
收藏时间及历史背景			李霖灿先生 1942 年 12 月在云南省丽江市玉龙纳西族自治县鲁甸乡阿时主村调查所得		

收藏 标签		书写 区域	丽江			
		经书 书写 特征	象形文 （封面）	象形文 （内容）	哥巴文 （封面）	哥巴文 （内容）
			√	√		
			3 栏 4 列			

经书 封面	

仪式 名称	读音	$zๅ^{33}\ tৎu^{55}\ py^{21}$
	汉译	求寿
经书 名称	读音	$t\textৎ e^{55}\ tsh ๅ^{21}\ z e r^{21}$
	汉译	压秽鬼

经文 内容 提要	第一段：秽鬼阻路。在年好、月好、日好之日，主人家欲接天地间大神、祖先等供养以求福，但皆为污秽之鬼阻于路途而不能下来。 　　第二段：破秽鬼。主人家请来东巴摆神座，请各大将官杀秽鬼仇人。又述各大神祖先镇压仇秽之鬼之历史（其坐骑亦同）。东巴以黑刺压制秽鬼，驱逐恶卦，并以刺为门九道，防治秽鬼，以大净洁接神。 　　第三段：除秽。东巴以各种香树叶燃香为各大神及其法器除秽，以求各事净洁，一切平安。 　　第四段：施净水。各大神、各祖先既降临，东巴又以各处之净水为之洗涤。于是，皆大欢喜，保佑此家。作法七日顺利，九日平安（燃香、燃灯）。
备注	为求寿经第 18 册。

释读东巴：和文质	注音翻译：李霖灿	数字化：奚可桢
课题名称：国家社会科学基金重大项目（项目批准号：12&ZD234）	音标校注：白庚胜	统稿：白庚胜 数据技术处理：祁喆
	音标录入：丁春艳	
	编目数字化：吴国新	

南京博物院东巴经典藏本编目（十九）

南京博物院 东巴经典藏书编号	19	经书 页数	13	书写经书 东巴署名	无
收藏时间及历史背景		李霖灿先生 1942 年 12 月在云南省丽江市玉龙纳西族自治县鲁甸乡阿时主村调查所得			

收藏标签		书写区域	丽江			
		经书书写特征	象形文（封面）	象形文（内容）	哥巴文（封面）	哥巴文（内容）
			√	√		
			3 栏 5 列			

经书封面	

仪式名称	读音	zṛ³³ tṣu⁵⁵ py²¹
	汉译	求寿

经书名称	读音	tshṛ⁵⁵ phæ³³ bæ²¹ mɨ³³ to⁵⁵
	汉译	栓羊占吉凶

经文内容提要	此册非诵念之经，乃看卜之书。东巴作求寿法仪时，杀一白羊作多用。在羊未被杀前，栓羊于庭中作占卜。用羊身的方向、绳之长短、叫声、是否进食、是否饮水等来进行占卜。

备注	为求寿经第 19 册。

释读东巴：和文质	注音翻译：李霖灿	数字化：奚可桢
课题名称：国家社会科学基金重大项目（项目批准号：12&ZD234）	音标校注：白庚胜 音标录入：丁春艳 编目数字化：吴国新	统稿：白庚胜 数据技术处理：祁喆

南京博物院东巴经典藏本编目（二十）

南京博物院 东巴经典藏书编号	20	经书 页数	8	书写经书 东巴署名	无
收藏时间及历史背景			李霖灿先生 1942 年 12 月在云南省丽江市玉龙纳西族自治县鲁甸乡阿时主村调查所得		

收藏标签		书写区域	丽江			
		经书书写特征	象形文（封面）	象形文（内容）	哥巴文（封面）	哥巴文（内容）
			√	√		
			3 栏 5 列			

经书封面

仪式名称	读音	z̩³³ tʂu⁵⁵ py²¹
	汉译	求寿

经书名称	读音	y²¹ kho⁵⁵ dʑi³³ phər²¹ dʑi³³ na²¹ hua⁵⁵ ly³³
	汉译	杀羊·白水黑水咒语

经文内容提要	此册全为咒语，内容不解。

备注	为求寿经第 20 册。

释读东巴：和文质	注音翻译：李霖灿	数字化：奚可桢
课题名称：国家社会科学基金重大项目（项目批准号：12&ZD234）	音标校注：白庚胜 音标录入：丁春艳 编目数字化：吴国新	统稿：白庚胜 数据技术处理：祁喆

南京博物院东巴经典藏本编目（二十一）

南京博物院 东巴经典藏书编号	21	经书 页数	15	书写经书 东巴署名	无
收藏时间及历史背景		李霖灿先生 1942 年 12 月在云南省丽江市玉龙纳西族自治县鲁 甸乡阿时主村调查所得			

收藏 标签		书写 区域	丽江		
		经书 书写 特征	象形文 （封面） √	象形文 （内容） √	哥巴文 （封面）	哥巴文 （内容）
			3 栏 4 列			

经书 封面	

仪式 名称	读音	$z\gamma^{33}$ tsu^{55} py^{21}
	汉译	求寿
经书 名称	读音	y^{21} $ph\partial r^{21}$ thv^{33} pu^{55} $y^{21}ph\partial r^{21}$ yi^{55} mu^{33} ly^{21}
	汉译	白羊之来历·占白羊梦兆

经文 内容 提要	1. 白羊之来历。在年好、月好、日好之时，主人家以名贵之白羊接天地间之神人及祖先等。此羊既负如此重大之使命，必非凡羊也。话说此羊为卢、色二大神所畜，牧放于银山金山之上，唯吃净草，唯饮清泉。夜宿于银山金山之下，两角弯曲有态，诚难得之神羊也。此一名贵之羊，主人今日使之迎接大神及祖先焉，以此引四面八方之大神来，必能胜任愉快，且与神祖等作九次会面。于是，神及祖先皆大欢喜。 2. 白羊梦兆。大东巴高踞上座，代盘孜沙美（占卜之祖），各东巴代白羊，作白蝙蝠（最善言语），以询梦兆九种。其一对一答，殊为有趣：白羊梦见九色失火，大东巴告之此乃东巴以燃叶为之除秽也；白羊梦九川水涨乃净水也；大白羊梦天上生云乃白披毡罩也；大白羊梦下雨，倒净水、瓶水也；大白羊梦雹，撒白米也；大白羊梦下雪，撒油及面也；大白羊梦阳光照射，悬明镜也；大白羊梦虹，乃系五色布也；大白羊梦天雷地震，东巴鼓法器。盖此仪式洗羊而杀之，东巴亦巧于设比喻矣。

备注	为求寿经第 21 册。

释读东巴：和文质	注音翻译：李霖灿	数字化：奚可桢
课题名称：国家社会科学 基金重大项目（项目批准 号：12&ZD234）	音标校注：白庚胜 音标录入：丁春艳 编目数字化：吴国新	统稿：白庚胜 数据技术处理：祁喆

南京博物院东巴经典藏本编目（二十二）

南京博物院 东巴经典藏书编号	22	经书 页数	10	书写经书 东巴署名	无
收藏时间及历史背景			李霖灿先生1942年12月在云南省丽江市玉龙纳西族自治县鲁甸 乡阿时主村调查所得		

收藏 标签		书写 区域	丽江			
		经书 书写 特征	象形文 （封面）	象形文 （内容）	哥巴文 （封面）	哥巴文 （内容）
			√	√		
			3栏4列			

经书 封面	

仪式 名称	读音	zɿ³³ tʂu⁵⁵ py²¹
	汉译	求寿

经书 名称	读音	tshɿ⁵⁵ yu²¹ ly²¹ bæ²¹ mæ³³ to⁵⁵ yə³³ ma²¹ sa⁵⁵
	汉译	看羊占卜及接尤玛

经文 内容 提要	第一部分：以羊占卜。作求寿经时，杀白羊一只，以占卜主人家之吉凶也。先述此白羊如何美丽名贵，以之供养各神。然后，占卜开始，左一看如何好，右一看如何好，又出好声气十种，皆各缀文雅颂辞，如出五声音如五行保佑，出八声气如八卦金龟，出十声气生十男建十村，生十女开十方等。 第二部分：接菩萨及尤玛护法神。以各样神座接各样神，如以白毡接白狮，青毡接青龙，然后各呼大神之名号而接之，以保佑家宅平安。又一段为接尤玛护法、杀羊，云非尤玛不能杀此羊，非此尤玛不能用此刀下来杀此羊，盖为东巴使自己不背过失之一种方法也。 最后，仍为向各大神、各祖先、各护法神供养，皆大欢喜，降福泽等结尾语。
备注	为求寿经第22册。

释读东巴：和文质	注音翻译：李霖灿	数字化：奚可桢
课题名称：国家社会科学 基金重大项目（项目批准 号：12&ZD234）	音标校注：白庚胜 音标录入：丁春艳 编目数字化：吴国新	统稿：白庚胜 数据技术处理：祁喆

南京博物院东巴经典藏本编目（二十三）

南京博物院 东巴经典藏书编号	23	经书 页数	15	书写经书 东巴署名	无
收藏时间及历史背景		李霖灿先生 1942 年 12 月在云南省丽江市玉龙纳西族自治县鲁甸乡阿时主村调查所得			

收藏 标签		书写 区域	丽江			
		经书 书写 特征	象形文 （封面）	象形文 （内容）	哥巴文 （封面）	哥巴文 （内容）
			√	√		
			4 栏 4 列			

经书 封面	

仪式 名称	读音	zๅ³³ tʂu⁵⁵ py²¹
	汉译	求寿
经书 名称	读音	tʂhər³³ ɣw³³ khuu⁵⁵
	汉译	净水瓶施灵药

经文 内容 提要	第一段为咒语，不可解。 　　第二段为施药水。年好月好之日，主人家以各物供养菩萨，为各大神施药水，为护法神杀羊，为祖先施药水。于是，神、护法、祖先皆大欢喜，降以福寿。 　　第三段为福泽药水之来历。先述人类之起源及崇仁利恩得福泽药水之经过，皆有各专书。此不过其略本，东巴以之洒于各家，谓求得福泽云云。
备注	为求寿经第 23 册。

释读东巴：和文质	注音翻译：李霖灿	数字化：奚可桢
课题名称：国家社会科学基金重大项目（项目批准号：12&ZD234）	音标校注：白庚胜 音标录入：丁春艳 编目数字化：吴国新	统稿：白庚胜 数据技术处理：祁喆

南京博物院东巴经典藏本编目（二十四）

南京博物院 东巴经典藏书编号	24	经书 页数	16	书写经书 东巴署名	无
收藏时间及历史背景		李霖灿先生 1942 年 12 月在云南省丽江市玉龙纳西族自治县鲁甸乡阿时主村调查所得			

收藏 标签		书写 区域	丽江			
		经书 书写 特征	象形文 （封面）	象形文 （内容）	哥巴文 （封面）	哥巴文 （内容）
			√	√		
			4 栏 4 列			

经书 封面	

仪式 名称	读音	zๅ³³ tṣu⁵⁵ py²¹
	汉译	求寿

经书 名称	读音	tshๅ⁵⁵ yu²¹ kho⁵⁵ tṣhər³³ ɣɯ³³ khɯ⁵⁵ no³³ ɣo²¹ sa⁵⁵
	汉译	杀羊·洒药水·求福

经文 内容 提要	第一部分：杀白羊生献。仍以年好、月好开始，云此家欲杀白羊以求寿求福。而此羊谁能杀之？曰唯尤玛护法神能杀之。遂请各大神一一下降，由护法神杀羊贡献，皆大欢喜。各尤玛之名于此篇中一一道及。杀羊毕，仍由东巴呼各神名而生献祭，为主人家求福。 　　第二部分：洒灵药水。此部分前一半乃咒语，后一半为东巴以米水洒羊身，向各菩萨供养，以求主人家多福多寿、多男多女、六畜兴旺、五谷丰登。 　　第三部分：向神求赐福泽。东巴以柏叶蘸净水洒之，以示神之福泽已求得。全为咒语。最后附一小部分仪规。
备注	为求寿经第 24 册。

释读东巴：和文质	注音翻译：李霖灿	数字化：奚可桢
课题名称：国家社会科学基金重大项目（项目批准号：12&ZD234）	音标校注：白庚胜 音标录入：丁春艳 编目数字化：吴国新	统稿：白庚胜 数据技术处理：祁喆

南京博物院东巴经典藏本编目（二十五）

南京博物院 东巴经典藏书编号	24	经书 页数	16	书写经书 东巴署名	无
收藏时间及历史背景		李霖灿先生 1942 年 12 月在云南省丽江市玉龙纳西族自治县鲁甸乡阿时主村调查所得			

收藏 标签		书写 区域	丽江			
		经书 书写 特征	象形文 （封面）	象形文 （内容）	哥巴文 （封面）	哥巴文 （内容）
			√	√		
			3 栏 6 列			

经书 封面	

仪式 名称	读音	zๅ³³ tʂu⁵⁵ py²¹
	汉译	求寿

经书 名称	读音	tshๅ⁵⁵ yu²¹ gu³³ mu³³ kv³³ khuɯ³³ nuɯ³³ bæ²¹ mæ³³ to⁵⁵ ua²¹ me⁵⁵
	汉译	以羊身头脚占卜

经文 内容 提要	此册非诵念之经，而是用白羊占行祭人家吉凶之经。作此法仪时，掌坛大东巴上坐，一一问之，另一人于血盆中应声捡羊内脏以占。如先时羊之声气如何，杀时眼应如何、角如何，杀后肺应如何、肝应如何等。一一述其应出何形、何处、为何神位。若好，则为菩萨保佑；若有异相，则为鬼怪作乱。

备注	为求寿经第 25 册。

释读东巴：和文质	注音翻译：李霖灿	数字化：奚可桢
课题名称：国家社会科学基金重大项目（项目批准号：12&ZD234）	音标校注：白庚胜 音标录入：丁春艳 编目数字化：吴国新	统稿：白庚胜 数据技术处理：祁喆

南京博物院东巴经典藏本编目（二十六）

南京博物院 东巴经典藏书编号	26	经书 页数	20	书写经书 东巴署名	无

收藏时间及历史背景	李霖灿先生 1942 年 12 月在云南省丽江市玉龙纳西族自治县鲁甸乡阿时主村调查所得

收藏标签		书写区域	丽江			
		经书书写特征	象形文（封面）	象形文（内容）	哥巴文（封面）	哥巴文（内容）
			√	√		
			3 栏 4 列			

经书封面	

仪式名称	读音	zๅ³³ tʂu⁵⁵ py²¹
	汉译	求寿

经书名称	读音	yə³³ ma²¹ guə³³
	汉译	供养尤玛护法

经文内容提要	所谓尤玛者，乃一种狮头有羽、飞而食肉之护法神。对之及其他各神烧香叶供养。 　　第一段：供养护法神。畜生兴旺应报答家畜神，五谷丰登应报答谷神，有子女应报答华神。现采来香叶、鲜花、净水、珠宝以供养菩萨，尤请尤玛护法神保佑平安、压制仇敌。 　　第二段：尤玛护法神之来历。沙依威德大神夫妇生一蛋，由天地、日月、青龙、白狮、大鹏等孵化成各式各样之尤玛，或龙头，或鹏头，或生蹄，或生爪，或生羽，因各地人口语不同而得五名，驻扎于阴阳交界之处。 　　第三段：接尤玛护法神。依天地大神，天、地、董、吾、胜神、华神、地脉神、房屋神、猎神、五谷神、威灵神，又五方大本波将官依次向护法神作供养。 　　第四段：米利董主曾请尤玛护法神压制四方中央之仇敌。今亦法之，乃因此家为米利董主之后嗣也。 　　第五段：为各大神、各大本波、各龙王、年岁、五行、星宿、祖先等作供养，皆大欢喜。

备注	为求寿经第 26 册。

释读东巴：和文质	注音翻译：李霖灿	数字化：奚可桢
课题名称：国家社会科学基金重大项目（项目批准号：12&ZD234）	音标校注：白庚胜 音标录入：丁春艳 编目数字化：吴国新	统稿：白庚胜 数据技术处理：祁喆

南京博物院东巴经典藏本编目（二十七）

南京博物院 东巴经典藏书编号	27	经书 页数	12	书写经书 东巴署名	无

| 收藏时间及历史背景 | 李霖灿先生 1942 年 12 月在云南省丽江市玉龙纳西族自治县鲁甸乡阿时主村调查所得 |||||

收藏 标签		书写 区域	丽江			
		经书 书写 特征	象形文 （封面）	象形文 （内容）	哥巴文 （封面）	哥巴文 （内容）
			√	√		
			3 栏 3 列			

经书 封面	

仪式 名称	读音	zʅ³³ tʂu⁵⁵ py²¹
	汉译	求寿

经书 名称	读音	yu²¹ py²¹ ha³³ sʅ²¹
	汉译	祭祖献饭

经文 内容 提要	第一部分说年、月、日、时皆好，用以说明选择该日子的原因，然后再说给祖先施饭及敬祭之历史根据。仍依其上古祖先米利董主、中古祖先崇仁利恩、今古祖先高勒趣之次序追溯之，有求其保佑之意，并烧香供饭祭之。 　　第二部分则述各大佛神之供养。其次序如下：盘神、禅神（地大神）、天神地母、人神、董神、吾神、沙依威德神、华神、地脉神、房屋神、猎神、五谷神。 　　第三部分述向各大神、各祖先、三代大将官敬饭供养，以求保护得福佑。其大将官数三百六十为纳西人常用数也（如三百六十卦）。

备注	为求寿经第 26 册。

释读东巴：和文质	注音翻译：李霖灿	数字化：奚可桢
课题名称：国家社会科学 基金重大项目（项目批准 号：12&ZD234）	音标校注：白庚胜 音标录入：丁春艳 编目数字化：吴国新	统稿：白庚胜 数据技术处理：祁喆

南京博物院东巴经典藏本编目（二十八）

南京博物院 东巴经典藏书编号	28	经书 页数	16	书写经书 东巴署名	无
收藏时间及历史背景		李霖灿先生1943年11月在云南省丽江市玉龙纳西族自治县鲁甸乡阿时主村调查所得			

收藏 标签		书写 区域	丽江			
		经书 书写 特征	象形文 （封面）	象形文 （内容）	哥巴文 （封面）	哥巴文 （内容）
			√	√		
			3栏4列			

经书 封面	

仪式 名称	读音	zɿ³³ tʂu⁵⁵ py²¹
	汉译	求寿

经书 名称	读音	hua²¹ thv³³ hua²¹ pu⁵⁵
	汉译	华神出处

经文 内容 提要	此册主要说华神之四种宝物来历。华神之宝物为华树九枝、华石九个、华水九股、华油（酥油）九饼，用于为人类降福降喜。述作斋人家欲向华神求此四物以得福喜，因而先述其来历。 　　1. 说明华树九枝系由华神的圣树（依多俄美树，即含依巴达树之别名）变来。 　　2. 说明华石九块仍由华神的圣石（人工大黄金石，不裂不老者，音为铮增含鲁美）变成。 　　3. 说明华水九股系由华神的圣海变来。云此海永不干涸，由此而取长寿之意。 　　4. 华油九饼系由天上神女所养之白牦牛乳所做成。述圣山、圣海须由开天辟地前追沿而下，故繁多如此。此亦么些经典中不变之特殊方法也。

备注	为求寿经第28册。

释读东巴：和文质	注音翻译：李霖灿	数字化：奚可桢
课题名称：国家社会科学基金重大项目（项目批准号：12&ZD234）	音标校注：白庚胜 音标录入：丁春艳 编目数字化：吴国新	统稿：白庚胜 数据技术处理：祁喆

南京博物院东巴经典藏本编目（二十九）

南京博物院 东巴经典藏书编号	29	经书 页数	19	书写经书 东巴署名	无
收藏时间及历史背景	李霖灿先生 1942 年 12 月在云南省丽江市玉龙纳西族自治县鲁甸乡阿时主村调查所得					

收藏 标签		书写 区域	丽江			
		经书 书写 特征	象形文 （封面）	象形文 （内容）	哥巴文 （封面）	哥巴文 （内容）
			∨	∨		
			3 栏 4 列			

经书 封面	

仪式 名称	读音	zๅ^{33} tʂu^{55} py^{21}
	汉译	求寿

经书 名称	读音	la^{33} mu^{33} sa^{55}
	汉译	接神女·上

经文 内容 提要	第一段为接菩萨。年好、月好、日好之日，主人家向天地间各菩萨供养，以求长命长寿、多子多女。内中尤侧重华神及依多拉姆神女。毕，东巴故设一问，称尚不知依多拉姆之出处，第二段因之开端。 　　第二段述依多拉姆神女之来历。话说开天辟地之初，天声与地音相结合，形成光耀大绿松石，又转白天白地之影，变成好声好气，又变成沙依威德大神。其好心变化，遂成白海，白海生白沫，白沫变白蛋，生不死仙女，而依多拉姆即由此滋出焉。此神女持竹箭及净水瓶，口唯颂长命富贵之言，心唯以保佑人类为事。 　　第三段述接神女除秽。即请神女下降为之除秽以求福寿。 　　第四段述神女之依次降临。此为本册之主要部分，详述依多拉姆之次序及人类之供养、神女之降福。其次序如下：开天大神之神女，辟地大神之神女，天护将、地护将、董、三代祖先、胜神之神女、华神之神女、地脉神之神女、房屋神之神女、猎神女、威灵神女、五谷神女、东南西北中五方神女、大中小十三神女，以此压鬼降福。 　　第五段为接神降福。此一段接各菩萨、神、护法、各大本波、龙神，以求为主人家降福。
备注	为求寿经第二十九册。

释读东巴：和文质	注音翻译：李霖灿	数字化：奚可桢
课题名称：国家社会科学 基金重大项目（项目批准 号：12&ZD234）	音标校注：白庚胜 音标录入：丁春艳 编目数字化：吴国新	统稿：白庚胜 数据技术处理：祁喆

南京博物院东巴经典藏本编目（三十）

南京博物院 东巴经典藏书编号	30	经书 页数	18	书写经书 东巴署名	无
收藏时间及历史背景		李霖灿先生 1942 年 12 月在云南省丽江市玉龙纳西族自治县鲁甸乡阿时主村调查所得			

收藏 标签		书写 区域	丽江			
		经书 书写 特征	象形文 （封面）	象形文 （内容）	哥巴文 （封面）	哥巴文 （内容）
			√	√		
			4 栏 4 列			

经书 封面	

仪式 名称	读音	zŋ³³ tʂu⁵⁵ py²¹
	汉译	求寿
经书 名称	读音	la³³ mu³³ sa⁵⁵
	汉译	接神女·中

经文 内容 提要	第一段：接菩萨以求长寿、多子女。与大接神女经同。 第二段：依多拉姆之来历。与大接神女经同，但更简略。 第三段：各祖先接神女而得寿嗣之历史。上古祖先米利董主、中古祖先崇仁利恩、近古祖先高勒趣、皆曾因求依多拉姆压鬼降福而得福寿、子嗣。今此家为各上列祖先之后嗣，谨亦如法行之，求得福、得寿、得子女。 第四段：接神女。依东、西、南、北、中方位次序接五方神女。神女方位不同，服饰亦异，宝物亦殊，皆至主人家压鬼（各以其方位）降福。又，黄金海螺宝玉四神女亦依次压鬼降福。 第五段：菩萨来临而降福。由东巴请神女，将神山、神海、神木、神石之寿福联于此主人家之家神箭上，以示求得各神物福寿。 第六段：祝福颂辞。愿主人有青龙、白狮、黄象、大鹏鸟、天上神物菩萨、日月、星宿之福分，多福、多寿、多男、多女，六畜兴旺，五谷丰登。
备注	为求寿经第 30 册。

释读东巴：和文质	注音翻译：李霖灿	数字化：奚可桢
课题名称：国家社会科学基金重大项目（项目批准号：12&ZD234）	音标校注：白庚胜 音标录入：丁春艳 编目数字化：吴国新	统稿：白庚胜 数据技术处理：祁喆

南京博物院东巴经典藏本编目（三十一）

南京博物院东巴经典藏书编号	31	经书页数	13	书写经书东巴署名	无
收藏时间及历史背景		李霖灿先生 1942 年 12 月在云南省丽江市玉龙纳西族自治县鲁甸乡阿时主村调查所得			

收藏标签		书写区域	丽江			
		经书书写特征	象形文（封面）	象形文（内容）	哥巴文（封面）	哥巴文（内容）
			√	√		
			3 栏 5 列			

经书封面	

仪式名称	读音	z̩³³ tʂu⁵⁵ py²¹
	汉译	求寿

经书名称	读音	la³³ mu³³ sa⁵⁵
	汉译	接神女·下

经文内容提要	1. 依多拉姆之来历。欲接依多拉姆必先述其来历，异常简单，仍为由大神乌里萨德变成一白海，白海生白泡，白泡生神女，神女流白泪，遂化为十三依多拉姆神女。 2. 接依多拉姆以求福。仍依其惯例，先述米利董主接依多拉姆求福，遂得九子九女。崇仁利恩依法为之得三子，高勒趣得四子。而今日行祭人家为其后裔，亦欲向依多拉姆求子求女，遂请东巴摆起神座恭请降临。以下则为各神女之次序：先四方、八面、四季，颜色各异，珠宝亦殊，然后方述其下来压鬼。后一段为颂词，曰此家如日月之明，如花之美，有狮之胆大，有象之力气等等。

备注	为求寿经第 31 册。

释读东巴：和文质	注音翻译：李霖灿	数字化：奚可桢
课题名称：国家社会科学基金重大项目（项目批准号：12&ZD234）	音标校注：白庚胜 音标录入：丁春艳 编目数字化：吴国新	统稿：白庚胜 数据技术处理：祁喆

南京博物院东巴经典藏本编目（三十二）

南京博物院 东巴经典藏书编号	32	经书 页数	24	书写经书 东巴署名	无
收藏时间及历史背景		李霖灿先生 1943 年 11 月在云南省丽江市玉龙纳西族自治县鲁甸 乡阿时主村调查所得			

收藏 标签		书写 区域	丽江		
		经书 书写 特征	象形文 （封面）	象形文 （内容）	哥巴文 （封面）	哥巴文 （内容）
			√	√		
			3 栏 4 列			

经书 封面	

仪式 名称	读音	zղ³³ tʂu⁵⁵ py²¹
	汉译	求寿

经书 名称	读音	la³³ mu³³ sa⁵⁵ bæ³³ mi³³ tʂղ⁵⁵
	汉译	迎神女·燃灯

经文 内容 提要	此册原为天上神女燃灯之经，内中主要叙述各位神女之所属。 　　先述净水瓶之来历，继述家神箭之出处（五色布及镜皆述及），然后为药水及花之来历，最后述及灯及酥油（燃灯油）之出处，盖以此数物对神女作供养也。 　　此后，又以供历代祖先、神女为例，述今日此家作为各祖先之后代亦以各物供养神女。于是，逐次呼唤神女之名而供养之。 　　先述盘大神之神女，次述禅天神之神女，盖开天辟地者也。于是，天之神女、地之神女、天护将地护将之神女、董神之神女、将官之神女、大元帅之神女、华神（喜神）之神女、地脉神之神女、房屋神之神女、猎神之神女、祖上威灵神之神女、富裕神之神女、东南西北中央五大神女，再大神女十三、中神女十三、小神女十三，依次而述。 　　此上各神女为本册之主体，各作供养之后各缀以保佑降福之愿语。此下为对各大神、菩萨、神、雷神、护法、各大本波、龙神、祖先、家神、灶神等作燃灯供养。最后一段为涂酥油于额上求福之经。昔日多行此仪式，然今多不行矣。

备注	为求寿经第 32 册。

释读东巴：和文质	注音翻译：李霖灿	数字化：奚可桢
课题名称：国家社会科学 基金重大项目（项目批准 号：12&ZD234）	音标校注：白庚胜 音标录入：丁春艳 编目数字化：吴国新	统稿：白庚胜 数据技术处理：祁喆

南京博物院东巴经典藏本编目（三十三）

<table>
<tr><td colspan="2">南京博物院
东巴经典藏书编号</td><td>33</td><td>经书
页数</td><td>14</td><td>书写经书
东巴署名</td><td colspan="2">无</td></tr>
<tr><td colspan="2">收藏时间及历史背景</td><td colspan="6">李霖灿先生 1942 年 12 月在云南省丽江市玉龙纳西族自治县鲁甸乡阿时主村调查所得</td></tr>
<tr><td rowspan="4">收藏
标签</td><td rowspan="4" colspan="2"></td><td>书写
区域</td><td colspan="4">丽江</td></tr>
<tr><td rowspan="3">经书
书写
特征</td><td>象形文
（封面）</td><td>象形文
（内容）</td><td>哥巴文
（封面）</td><td>哥巴文
（内容）</td></tr>
<tr><td>√</td><td>√</td><td></td><td></td></tr>
<tr><td colspan="4">3 栏 4 列</td></tr>
<tr><td>经书
封面</td><td colspan="7"></td></tr>
<tr><td rowspan="2">仪式
名称</td><td>读音</td><td colspan="6">zɿ^{33} tʂu^{55} py^{21}</td></tr>
<tr><td>汉译</td><td colspan="6">求寿</td></tr>
<tr><td rowspan="2">经书
名称</td><td>读音</td><td colspan="6">yi^{33} to^{33} ɣo^{21} me^{33} dzər^{21} thv^{33} kv^{33} pɯ^{55} kv^{33}</td></tr>
<tr><td>汉译</td><td colspan="6">神树之来历</td></tr>
<tr><td>经文
内容
提要</td><td colspan="7">东巴教有四大圣物：居那若罗神山，含依巴达神树，米利达吉海，黄金大石。此册述神树之来历。此树有九名，因经典而异。
1. 含依巴达之来历。此段由开天辟地始，讲人与鬼如何斗争，如何修居那若罗神山而有此神树。其大致不出于修神山记。
2. 一树九名。为此册的重要部分，他书亦不如此齐全也。
3. 向神树求福。此四神物皆不老不死、不干不裂。既述明神树来历，因而向之求福求寿：依其惯例，上古祖先米利董主如何求得福分，中古近古祖先如何求得福分，然后再述今日行祭人家亦为上古、中古、近古各祖之后嗣，故亦依祖先所为求福分。最后，仍以东巴祝福语结束。</td></tr>
<tr><td>备注</td><td colspan="7">为求寿经第 33 册。</td></tr>
</table>

<table>
<tr><td>释读东巴：和文质</td><td>注音翻译：李霖灿</td><td>数字化：奚可桢</td></tr>
<tr><td>课题名称：国家社会科学基金重大项目（项目批准号：12&ZD234）</td><td>音标校注：白庚胜
音标录入：丁春艳
编目数字化：吴国新</td><td>统稿：白庚胜
数据技术处理：祁喆</td></tr>
</table>

南京博物院东巴经典藏本编目（三十四）

南京博物院 东巴经典藏书编号	34		经书 页数	10	书写经书 东巴署名	无
收藏时间及历史背景	李霖灿先生 1942 年 12 月在云南省丽江市玉龙纳西族自治县鲁甸乡阿时主村调查所得					

收藏标签		书写区域	丽江			
		经书书写特征	象形文（封面）	象形文（内容）	哥巴文（封面）	哥巴文（内容）
			√	√		
			3 栏 4 列			

经书封面	

仪式名称	读音	zŋ³³ tʂu⁵⁵ py²¹
	汉译	求寿

经书名称	读音	çy⁵⁵ tha⁵⁵ dɯ³³ çi³³ tshe²¹ ho⁵⁵ pha³³ tshŋ⁵⁵
	汉译	修一百一十八面柏塔

经文内容提要	东巴作求寿作斋时，立一柏木长杆塔于中柱上，以此为求得福寿之象征。此册经典中述此一百一十八面所供菩萨之名称。此经诵时由东巴代削柏杆成一百一十八节，并每节画一神像供于室内中柱上。敬各大神求得彼等之福分，敬圣山、圣木、圣水、圣石。然后，述此柏木之来历、好处、奇贵处，继之即请各大将官保佑，不使鬼怪作乱。削塔面之礼开始：为沙依威德恒氏俄盘、庚空、东巴什罗等各大神各削一面，为神母等削三十三面，为五方大神削五面，为五方大东巴削五面，为上古各大祖先削五面，为卢色太神、天地日月星辰等各削若干面。再述此塔既成，主人家福泽已系于塔上，东巴已将福泽之门打开，尽向天求福泽赐予此家云云。
备注	为求寿经第 34 册。

释读东巴：和文质	注音翻译：李霖灿	数字化：奚可桢
课题名称：国家社会科学基金重大项目（项目批准号：12&ZD234）	音标校注：白庚胜 音标录入：丁春艳 编目数字化：吴国新	统稿：白庚胜 数据技术处理：祁喆

南京博物院东巴经典藏本编目（三十五）

南京博物院 东巴经典藏书编号	35	经书 页数	22	书写经书 东巴署名	无

收藏时间及历史背景	李霖灿先生 1943 年 11 月在云南省丽江市玉龙纳西族自治县鲁甸乡阿时主村调查所得

收藏标签		书写区域	丽江			
		经书 书写 特征	象形文 （封面）	象形文 （内容）	哥巴文 （封面）	哥巴文 （内容）
			√	√		
			3 栏 3 列			

经书封面	

仪式名称	读音	z̩³³ tʂu⁵⁵ py²¹
	汉译	求寿

经书名称	读音	hua²¹ thv³³ hua²¹ pu⁵⁵ hua²¹ mu³³ dzi²¹
	汉译	华之来历、华之生献

经文内容提要	此册经典共分三大段，先有短序，述延寿接寿之例。如东与西接不起，以日月、五星、二十八宿来接，盖此出于东方落于西方者也。 　　第一段始述人类始祖崇仁利恩与衬红褒白不知求子女之仪，故久无子女，遂使白蝙蝠等入天宫向其岳父母求法。岳父岳母恰巧不在家，白蝙蝠遂诈去而复返，藏于其梁木之上。晚间，岳父岳母返，女仆告知此事，探得彼等已返。女仆唯见其营火，不知彼等已返藏室窃听。故岳父遂以闲谈取笑方式，述崇仁利恩不能得子女之因及解救之术。此遂为梁上之白蝙蝠一一听取。所言既毕，白蝙蝠乃哈哈大笑，曰："我全听到了。"于是，岳父岳母大怒，以杖击之，致蝙蝠翅上唯剩四爪。其来历遂出于此。 　　第二段述崇仁利恩如法炮制，故得三子，即占宗、纳西、民家。 　　第三段述今日做延寿斋事之家乃崇仁利恩之后代，亦如法炮制，望求得子女云云。末另附有接送菩萨一段。此册内多男女两性之比喻，盖么些之常用法也。

备注	为求寿经第 35 册。

释读东巴：和文质	注音翻译：李霖灿	数字化：奚可桢
课题名称：国家社会科学基金重大项目（项目批准号：12&ZD234）	音标校注：白庚胜 音标录入：丁春艳 编目数字化：吴国新	统稿：白庚胜 数据技术处理：祁喆

南京博物院东巴经典藏本编目（三十六）

南京博物院 东巴经典藏书编号	36	经书 页数	26	书写经书 东巴署名	无
收藏时间及历史背景		李霖灿先生 1943 年 1 月在云南省丽江市玉龙纳西族自治县鲁甸乡阿时主村调查所得			

收藏标签		书写区域	丽江			
		经书书写特征	象形文（封面）	象形文（内容）	哥巴文（封面）	哥巴文（内容）
			√	√		
			3 栏 4 列			

经书封面	

仪式名称	读音	zŋ³³ tʂu⁵⁵ py²¹
	汉译	求寿

经书名称	读音	hua²¹ nuɯ³³ phv³³ la²¹ sa⁵⁵
	汉译	华神迎接菩萨

经文内容提要	第一段述子劳阿普等之指示。此为主人一家摆起神座，欲接华神以求子女、福寿。 　　第二段述华之来历。由开天辟地起董与术之对立及米利董主、崇仁利恩等求华得子女福寿之例，述主人家亦依例为之，向天地大神、各大本波求祷，如此接得福泽矣。此下又述昔日分寿岁之故事，向各长寿者求寿，向天地各神行熟献礼。 　　第三段述接华求寿。既接得华神，便依次向各华神求子女福寿，修宝塔以接寿岁，请各大神由宝塔下来压仇鬼，使其不能变化作怪，并保佑此家求子女得子女，求福寿得福寿。 　　第四段述供饭。熟献之后供饭，先以各毒物除祟，盖以毒攻毒。接神毕，接各代祖先，述其制杀仇人，领将官来临。以下，每呼一神，便向其求福供饭。
备注	为求寿经第 36 册。

释读东巴：和文质	注音翻译：李霖灿	数字化：奚可桢
课题名称：国家社会科学基金重大项目（项目批准号：12&ZD234）	音标校注：白庚胜 音标录入：丁春艳 编目数字化：吴国新	统稿：白庚胜 数据技术处理：祁喆

南京博物院东巴经典藏本编目（三十七）

南京博物院 东巴经典藏书编号	37	经书 页数	10	书写经书 东巴署名	无
收藏时间及历史背景			李霖灿先生 1943 年 11 月在云南省丽江市玉龙纳西族自治县鲁甸乡阿时主村调查所得		

收藏标签		书写区域	丽江			
		经书书写特征	象形文（封面）	象形文（内容）	哥巴文（封面）	哥巴文（内容）
			√	√		
			4 栏 4 列			

经书封面	

仪式名称	读音	zๅ³³ tṣu⁵⁵ py²¹
	汉译	求寿
经书名称	读音	sๅ⁵⁵ tha⁵⁵ sๅ⁵⁵ le³³ dʑi²¹ la³³ mu³³ zๅ²¹ tṣu⁵⁵ tɕiə²¹
	汉译	家神塔、家神梯·拉姆求寿

经文内容提要	作求寿法时，修香柏梯、香柏塔树于主人家之中柱上。先将线联于家神上，边念边将依多拉姆十八位像卷于梯塔上，以示由各拉姆集合而来延接寿岁。 　　第一段：接神求福。故从米利董主起，再依次述打者阿乌、尤拉丁端、妥构九子、司司玛神女、卢色大神、色日潘迪、崇仁潘迪，一一述供养得福之历史。然后，再述此家各为上列各位之后嗣，亦依法请东巴摆神座供养菩萨，求福求寿。 　　第二段：联家神集合拉姆。昔日人类祖先崇仁利恩于洪水泛滥之时，自装于牦牛革囊中得各神保佑，故得平安多福。今日，主人家为其后嗣以线联于家神上，得福得寿。 　　最后，述主人家供养大神接寿。由依多拉姆经手接来，然后为祝愿之辞，愿得各大神、各大护将、各大神兽、各大神山、神水、神石、神木之寿。
备注	为求寿经第 37 册。

释读东巴：和文质	注音翻译：李霖灿	数字化：奚可桢
课题名称：国家社会科学基金重大项目（项目批准号：12&ZD234）	音标校注：白庚胜 音标录入：丁春艳 编目数字化：吴国新	统稿：白庚胜 数据技术处理：祁喆

南京博物院东巴经典藏本编目（三十八）

南京博物院 东巴经典藏书编号	38	经书 页数	10	书写经书 东巴署名	无
收藏时间及历史背景		李霖灿先生 1942 年 12 月在云南省丽江市玉龙纳西族自治县鲁甸 乡阿时主村调查所得			

收藏 标签		书写 区域	丽江			
		经书 书写 特征	象形文 （封面）	象形文 （内容）	哥巴文 （封面）	哥巴文 （内容）
			√	√		
			3 栏 4 列			

经书 封面	

仪式 名称	读音	zɿ³³ tʂu⁵⁵ py²¹
	汉译	求寿

经书 名称	读音	sɿ⁵⁵ nɯ³³ zɿ³³ tʂu⁵⁵ te³³ ɣu³³ ua²¹ me⁵⁵
	汉译	家神接寿

经文 内容 提要	家神接寿。年好、月好、日好之日，主人家欲求得长寿、富贵。昔日人类祖先崇仁利恩曾以柏木香梯联在家神篓上而得三子，致长子变为古宗、中子变为纳西、三子变为民家，皆极兴旺。行祭人家乃崇仁利恩之后嗣，亦依古例为之求福寿、子女。 　　求福求寿。今日行祭人家为家神等招魂，以之求延接寿岁。昔日混沌初开，米利董主与米利术主对立，米利术主想偷米利董主的寿命。米利董主遂请东巴设神座供养各神，请各大护法大杀仇敌。米利术主因之计划失败。今日行祭人家乃米利董主后嗣，当于今日以各物贡献大神，使仇人不能来偷窃寿岁，因而求福得福，求寿得寿，子孙众多。

备注	为求寿经第 38 册。

释读东巴：和文质	注音翻译：李霖灿	数字化：奚可桢
课题名称：国家社会科学 基金重大项目（项目批准 号：12&ZD234）	音标校注：白庚胜 音标录入：丁春艳 编目数字化：吴国新	统稿：白庚胜 数据技术处理：祁喆

南京博物院东巴经典藏本编目（三十九）

南京博物院东巴经典藏书编号	39	经书页数	13	书写经书东巴署名	无
收藏时间及历史背景	李霖灿先生 1943 年 1 月在云南省丽江市玉龙纳西族自治县鲁甸乡阿时主村调查所得					

收藏标签		书写区域	丽江			
		经书书写特征	象形文（封面）	象形文（内容）	哥巴文（封面）	哥巴文（内容）
			√	√		
			3 栏 4 列				

经书封面	

仪式名称	读音	zๅ³³ tʂu⁵⁵ py²¹
	汉译	求寿
经书名称	读音	çy⁵⁵ tha⁵⁵ tshๅ⁵⁵
	汉译	修香柏塔

经文内容提要	预备修塔。述古生土赤修塔得寿之往事，称今亦依之，为求多福、多寿、多子女而敬五方大本波及各大神，以保佑此家。 修香柏塔得福之历史。东巴将米利董主、囚支戈补、尤拉丁端、崇仁利恩、卢色、高勒趣、各神山神水联于家中香柏塔上，以得福寿、子女。 修塔压鬼。先述天地各大神及各代祖先修塔压鬼之事，然后总述此家为以上各位之后嗣，故请来东巴依法炮制，供养各神以塔压鬼。 向塔求福。塔修成后，请四方各大本波为之看守，不使风水雪火损伤之。以下一段诵辞云：子女如水中鱼，富贵如崖上蜂，长命富贵，像尤玛一样能干，像天地护将一样能干，令主人家大吉大利，东巴长命富贵。
备注	为求寿经第 39 册。

释读东巴：和文质	注音翻译：李霖灿	数字化：奚可桢
课题名称：国家社会科学基金重大项目（项目批准号：12&ZD234）	音标校注：白庚胜 音标录入：丁春艳 编目数字化：吴国新	统稿：白庚胜 数据技术处理：祁喆

南京博物院东巴经典藏本编目（四十）

南京博物院东巴经典藏书编号	40	经书页数	14	书写经书东巴署名	无
收藏时间及历史背景	李霖灿先生 1943 年 1 月在云南省丽江市玉龙纳西族自治县鲁甸乡阿时主村调查所得				

收藏标签		书写区域	丽江			
		经书书写特征	象形文（封面）	象形文（内容）	哥巴文（封面）	哥巴文（内容）
			√	√		
		3 栏 4 列				

经书封面	

仪式名称	读音	zŋ³³ tʂu⁵⁵ py²¹
	汉译	求寿

经书名称	读音	hua²¹ tsŋ³³ ua²¹ me⁵⁵
	汉译	迎华神

经文内容提要	接神。年好、月好、日好之际，主人家接大神供养，求子女、寿岁。 接华神历史。华神乃天上地下子女最多、最富贵之神。昔日，米利董主、尤拉丁端、崇仁利恩、高勒趣皆曾向其求华石、华水、华枝、华油，故本无子女且岁寿为仇人偷去之辈得长寿、多子女。行祭人家为上列各祖先之后代，原不会求华而致子女皆少，今依其祖先之制，请东巴做接华法仪。 接华神。此一段表演上天接乌拉哥普及乌拉阿母，由一男人坐于木房之顶、一女人坐棚架上，以呼而应之求华石、华水、华枝、华油。男人由房顶以银粿掷下并由房顶开板而下坐主人房中，以示降临。 求寿分寿。人以百岁为不足，遂以石接十万岁之寿，以水接万岁之寿，以木接千岁之寿，又以竹箭接万岁之寿，以雁翎接千岁之寿，以鸳鸯毛接百岁之寿。此昔日之服饰也。
备注	为求寿经第 40 册。

释读东巴：和文质	注音翻译：李霖灿	数字化：奚可桢
课题名称：国家社会科学基金重大项目（项目批准号：12&ZD234）	音标校注：白庚胜 音标录入：丁春艳 编目数字化：吴国新	统稿：白庚胜 数据技术处理：祁喆

南京博物院东巴经典藏本编目（四十一）

南京博物院 东巴经典藏书编号	41	经书 页数	20	书写经书 东巴署名	无
收藏时间及历史背景		李霖灿先生 1943 年 1 月在云南省丽江市玉龙纳西族自治县鲁甸乡阿时主村调查所得			

收藏 标签		书写 区域	丽江			
		经书 书写 特征	象形文 （封面）	象形文 （内容）	哥巴文 （封面）	哥巴文 （内容）
			√	√		
			3 栏 4 列			

经书 封面	

仪式 名称	读音	zๅ³³ tʂu⁵⁵ py²¹
	汉译	求寿

经书 名称	读音	tɕiə²¹ bv³³ thv³³ kv³³ puɯ⁵⁵ kv³³
	汉译	经堆之来历

经文 内容 提要	作延寿经法仪时，须于门外修经堆、桥各一座。 先述此家欲备经堆、桥而请各菩萨供养。 再述修经桥之历史。仍由开天辟地讲起，称当初人类自耕自食无子女，沙依威德、米利董主遂修经堆及桥以压鬼。今日主人家亦依之为之。 接五大本波为其看守。五方五座经堆宝物各异，向本波神等供饭。 修经堆得福之历史。当初米利董主修经堆及桥压鬼而得福。今日主人家乃米利董主之后裔，亦依之为之求福。以下又举尤拉丁端为例，称其依法炮制而求福得福、求寿得寿。以下一段为修经堆之仪范。

备注	为求寿经第 41 册。

释读东巴：和文质	注音翻译：李霖灿	数字化：奚可桢
课题名称：国家社会科学基金重大项目（项目批准号：12&ZD234）	音标校注：白庚胜 音标录入：丁春艳 编目数字化：吴国新	统稿：白庚胜 数据技术处理：祁喆

301

南京博物院东巴经典藏本编目（四十二）

南京博物院东巴经典藏书编号	42	经书页数	20	书写经书东巴署名	无
收藏时间及历史背景	李霖灿先生 1943 年 1 月在云南省丽江市玉龙纳西族自治县鲁甸乡阿时主村调查所得				

收藏标签		书写区域	丽江			
		经书书写特征	象形文（封面）	象形文（内容）	哥巴文（封面）	哥巴文（内容）
			√	√		
			3 栏 4 列			

经书封面	

仪式名称	读音	z̩³³ tʂu⁵⁵ py²¹
	汉译	求寿
经书名称	读音	tɕiə²¹ bv³³ tsh̩⁵⁵
	汉译	修经堆

经文内容提要	作求寿法仪须修经堆一座。此修经堆之经也。 　　第一大段述东巴什罗修经堆之历史。当日，固斯麻女魔在大地上作乱，人类遂派人请东巴什罗下来压鬼。此间对话及以下各节与东巴什罗本传中相同。于是，东巴什罗领弟子下凡，沿路修经堆以压鬼。之后人世亦修经堆压制固斯麻。 　　第二段述依五方方位由五大本波修五宝经堆压制五方鬼王，以保佑主人家平安有福。 　　第三段述各神物如不死之神山、不落叶之神木、不惊之白狮等各住之所，八宝装于经堆中，并请诸神各依其位而来赐福。 　　第四段述修塔求福。修经堆修桥之后，向其求福寿并述天地大神修经堆及桥之历史。为菩萨修桥，请菩萨行走，因而得福寿。
备注	为求寿经第 42 册。文中所加古宗语不知其详。

释读东巴：和文质	注音翻译：李霖灿	数字化：奚可桢
课题名称：国家社会科学基金重大项目（项目批准号：12&ZD234）	音标校注：白庚胜 音标录入：丁春艳 编目数字化：吴国新	统稿：白庚胜 数据技术处理：祁喆

南京博物院东巴经典藏本编目（四十三）

南京博物院东巴经典藏书编号	43	经书页数	12	书写经书东巴署名	无
收藏时间及历史背景	李霖灿先生1943年1月在云南省丽江市玉龙纳西族自治县鲁甸乡阿时主村调查所得				

收藏标签		书写区域	丽江			
		经书书写特征	象形文（封面）	象形文（内容）	哥巴文（封面）	哥巴文（内容）
			√	√		
			3栏4列			

经书封面	

仪式名称	读音	zɿ³³ tṣu⁵⁵ py²¹
	汉译	求寿
经书名称	读音	tɕiə²¹ bv³³ ṣu⁵⁵
	汉译	祭经堆

经文内容提要	修成经堆向神供养得福。此供养之经也。 经堆供养得福之先例。仍由色日潘迪、崇仁利恩等为例，云其修经堆，接神山、神水、神石、神木而得福寿、子女。今日作祭人家亦为彼等之后嗣，故依法行之，求福寿子女。 修五方经堆。依五方方位，五方神树上之神兽，由各方大本波修成后作供养，因而各大本波有福寿、多子女。五方凡五段，一一述毕，方入本题。今日修经堆之人家乃五大本波之后嗣，亦供养经堆求福寿，请来东巴摆神座供养大神。修经堆并供养其上五方神兽、神鸟元帅，将神山等长寿联于家中，以依仗各大神保佑而得富贵长寿、子女众多。 所示五大本波之后嗣者盖作延寿经法仪者，皆为东巴也。
备注	为求寿经第43册。

释读东巴：和文质	注音翻译：李霖灿	数字化：奚可桢
课题名称：国家社会科学基金重大项目（项目批准号：12&ZD234）	音标校注：白庚胜	统稿：白庚胜
	音标录入：丁春艳	数据技术处理：祁喆
	编目数字化：吴国新	

南京博物院东巴经典藏本编目（四十四）

南京博物院东巴经典藏书编号	44	经书页数	14	书写经书东巴署名	无
收藏时间及历史背景	李霖灿先生 1943 年 1 月在云南省丽江市玉龙纳西族自治县鲁甸乡阿时主村调查所得				

收藏标签		书写区域	丽江			
		经书书写特征	象形文（封面）	象形文（内容）	哥巴文（封面）	哥巴文（内容）
			√	√		
		3 栏 4 列				

经书封面	

仪式名称	读音	$\text{zl}^{33}\ \text{tşu}^{55}\ \text{py}^{21}$
	汉译	求寿

经书名称	读音	$\text{ŋv}^{21}\ \text{dzo}^{21}\ \text{hæ}^{21}\ \text{dzo}^{21}\ \text{tshŋ}^{55}$
	汉译	修金桥银桥

经文内容提要	作求寿接福法仪时，须修桥一座。此册即修桥经也。桥与塔、堆、路常相附。故此册一并及经堆及路之事，正如修经堆时亦附有修桥之文也。 　　年好、月好之日，主人家欲修桥。 　　修桥之来历。先述修居那若罗神山能使天地安稳，再述经堆也。然后，即述崇仁利恩夫妇下降尘世之时被阻于一有名之高崖上无法通过，乃以金银搭桥方得通过至大地，得长命富贵。今日，主人家修桥盖亦依其先例云云。 　　修桥。东方修白银桥，天神行走；南方修绿宝石桥，大将行走；西方修黑玉桥，佛菩萨行走；北方修黄金桥，龙王行走；中央修白海螺桥，人类行走。 　　修桥求福。今日于水势好处修桥，集众人之力供大众行走，并将各式鬼怪压踏之。桥为家神等招魂，并将神山、神水、神石、神木之福分通联至家中。桥稳当，主人家亦子女众多、三世一堂、长命富贵。
备注	为求寿经第 44 册。

释读东巴：和文质	注音翻译：李霖灿	数字化：奚可桢
课题名称：国家社会科学基金重大项目（项目批准号：12&ZD234）	音标校注：白庚胜 音标录入：丁春艳 编目数字化：吴国新	统稿：白庚胜 数据技术处理：祁喆

南京博物院东巴经典藏本编目（四十五）

南京博物院 东巴经典藏书编号	45	经书 页数	16	书写经书 东巴署名	无
收藏时间及历史背景	李霖灿先生 1943 年 1 月在云南省丽江市玉龙纳西族自治县调查所得				

收藏标签		书写区域	丽江			
		经书书写特征	象形文（封面）	象形文（内容）	哥巴文（封面）	哥巴文（内容）
			√	√		
			3 栏 5 列			

经书封面	

仪式名称	读音	zı³³ tṣu⁵⁵ py²¹
	汉译	求寿

$z\eta^{33}\ ts u^{55}\ py^{21}$

经书名称	读音	dzər²¹ sa⁵⁵ no³³ ɣo²¹ sa⁵⁵
	汉译	求神威与福分

经文内容提要	此部经典须上、中二册对念，盖一问一答之辞。凡成东巴，须由各大神降赐威灵以压制鬼怪。此二册即由神降威灵于东巴之经，故在其中自称为弟子，是因尚未得东巴之神威也。 　　作此法时，人分三组：大东巴掌坛高踞上座代表大神，赐下威灵于新东巴；一组作介绍，传达者即书中之金龟也；新东巴跪于下，以求降灵于身，得一份跳一阵，示已领得其压鬼神威矣。 　　上册乃掌坛东巴所念，先云若非神威降灵，求做东巴者无法成为东巴。今日为求东巴福分之好日，神灵将赐一大鹏福分，人间可有地方装载？新东巴诵中册答曰"有"。大东巴云将大鹏压鬼之神灵降下，即应由新东巴答应"收到"。之后，天上各大神、各大神鸟兽、各大本波各龙王依次序一一降下各自神威，并由新东巴答应收到。
备注	为求寿经第 45 册。

释读东巴：和文质	注音翻译：李霖灿	数字化：奚可桢
课题名称：国家社会科学基金重大项目（项目批准号：12&ZD234）	音标校注：白庚胜 音标录入：丁春艳 编目数字化：吴国新	统稿：白庚胜 数据技术处理：祁喆

南京博物院东巴经典藏本编目（四十六）

南京博物院 东巴经典藏书编号	46	经书 页数	20	书写经书 东巴署名	无
收藏时间及历史背景	李霖灿先生 1943 年 1 月在云南省丽江市玉龙纳西族自治县鲁甸乡阿时主村调查所得				

收藏标签		书写区域	丽江		
		经书书写特征	象形文（封面）	象形文（内容）	哥巴文（封面）	哥巴文（内容）
			√	√		
			3 栏 4 列			

经书封面	

仪式名称	读音	zɿ³³ tʂu⁵⁵ py²¹
	汉译	求寿

经书名称	读音	to³³ ba²¹ ʂər⁵⁵ lər³³ sa⁵⁵
	汉译	迎东巴什罗

经文内容提要	此册与上册为一问一答之辞，交互对应，不可分离。 　　此册中全为新东巴应对降神灵之各大菩萨之辞，如菩萨曰："今降尤玛护法神之神威于你，你可有地方收纳？"则弟子者答："有。"并修红火篷帐、红火神座以迎接之。于是，菩萨即曰："既如此，便将尤玛之神威降下"。其弟子又对曰："已接到矣。"并跳尤玛舞以示意，如演剧。 　　开始一小段为接神求作东巴，然后对辞开始。其次序如下：先大鹏、青龙、白狮，然后东巴什罗的父母赐之福分，再东巴什罗、各大将官、沙依威德夫妇、恒氏俄盘、庚空都支、莫比日如、莫拍日好、兰咎、那补他各三百六十弟子，土赤尤玛神五方大佛、四方八面龙王之福分，依是比索三大神马、伯乐、打拉名彼，天地东、西、南、北、中各方位之福分，各大本波之福分，皆依以上对答次序而求得。最后谢神降威，总述以上各大神所赐之法器，假其神力如龙如狮而下人间降鬼矣。于是，跳各式东巴舞以示神威。

备注	为求寿经第 46 册。

释读东巴：和文质	注音翻译：李霖灿	数字化：奚可桢
课题名称：国家社会科学基金重大项目（项目批准号：12&ZD234）	音标校注：白庚胜 音标录入：丁春艳 编目数字化：吴国新	统稿：白庚胜 数据技术处理：祁喆

南京博物院东巴经典藏本编目（四十七）

南京博物院 东巴经典藏书编号	47	经书 页数	8	书写经书 东巴署名	无

收藏时间及历史背景	李霖灿先生 1943 年 1 月在云南省丽江市玉龙纳西族自治县鲁甸乡阿时主村调查所得				

收藏 标签		书写 区域	丽江			
		经书 书写 特征	象形文 （封面）	象形文 （内容）	哥巴文 （封面）	哥巴文 （内容）
			√	√		
			3 栏 5 列			

经书 封面	

仪式 名称	读音	zๅ^{33} tʂu^{55} py^{21}
	汉译	求寿

经书 名称	读音	no^{33} ɣo^{21} sa^{55}
	汉译	求福分

经文
内容
提要
	此册通体一贯，皆求赐神威降福分。
	    法器之来历。东巴什罗被请下大地降魔，至居那若罗神山之顶以龙皮蒙鼓，至山腰以象皮蒙鼓，至山脚以魔王皮蒙鼓。敲动时，人神欢喜不尽，鬼怪惊怕欲死。此为东巴小手鼓与大鼓之来历也。由海中抓出海螺作号角，请金匠打出板铃、小钹，请米利董主之铁匠打出三尖钗、白铁刀。此为法螺、板铃、小钹、三尖钗、白铁刀之来历。东巴什罗下大地时即持以上法物而来降神威。
	    求得福分。请东巴什罗及其坐骑、弟子、神兽、雷神护法神等下凡，将其神威降于东巴身上，以求代代有此福分，长命富贵。

备注	为求寿经第 47 册。

释读东巴：和文质	注音翻译：李霖灿	数字化：奚可桢
课题名称：国家社会科学基金重大项目（项目批准号：12&ZD234）	音标校注：白庚胜 音标录入：丁春艳 编目数字化：吴国新	统稿：白庚胜 数据技术处理：祁喆

南京博物院东巴经典藏本编目（四十八）

南京博物院 东巴经典藏书编号	48	经书 页数	9	书写经书 东巴署名	无
收藏时间及历史背景			李霖灿先生 1943 年 1 月在云南省丽江市玉龙纳西族自治县鲁甸乡阿时主村调查所得		

收藏 标签		书写 区域	丽江			
		经书 书写 特征	象形文 （封面）	象形文 （内容）	哥巴文 （封面）	哥巴文 （内容）
			√	√		
			3 栏 5 列			

经书 封面	

仪式 名称	读音	zๅ³³ tşu⁵⁵ py²¹
	汉译	求寿
经书 名称	读音	dzər²¹ sa⁵⁵
	汉译	迎神威

经文 内容 提要	主要述各大本波之名，如天地、日月、云神、各大本波及梅、树、和、尤、四支大东巴，以及鼠罗、永宁、北地各处大东巴之名号，求其神力神威，最后止于和氏东巴。此盖和家之书本。 　　颂愿之辞。愿东巴之神灵父继祖、子继父、孙继祖、侄甥从叔舅，世代相传而不失，末经作加被之法仪式不能受人财物。今成东巴，给我马牛羊以鞭驱行走，有无穷法力可怀装大山，口吞长江；一口吞三节骨头而不噎，一口吞三升炒面而不呛，压鬼时鬼骨皆断；得无所谓经，音好上闻于天，官心正，清明在躬，口言事应，箭到牌裂；东巴之福，千代相继；占巫之命，百代相传；各大神皆请下凡，以受供养。所求皆各如愿。
备注	为求寿经第 48 册。

释读东巴：和文质	注音翻译：李霖灿	数字化：奚可桢
课题名称：国家社会科学基金重大项目（项目批准号：12&ZD234）	音标校注：白庚胜 音标录入：丁春艳 编目数字化：吴国新	统稿：白庚胜 数据技术处理：祁喆

南京博物院东巴经典藏本编目（四十九）

南京博物院东巴经典藏书编号	49	经书页数	10	书写经书东巴署名	无

收藏时间及历史背景	李霖灿先生 1943 年 1 月在云南省丽江市玉龙纳西族自治县鲁甸乡阿时主村调查所得

收藏标签		书写区域	丽江			
		经书书写特征	象形文（封面）	象形文（内容）	哥巴文（封面）	哥巴文（内容）
			√	√		
		3 栏 4 列				

经书封面	

仪式名称	读音	zๅ³³ tʂu⁵⁵ py²¹
	汉译	求寿

经书名称	读音	no³³ ɣo²¹ sa⁵⁵
	汉译	迎福分

经文内容提要	此册之大旨在将他人之富贵福分移加于自己身上。故，篇中所述主要为纳西人富贵人家名录及其富足情况，以之求将彼之富贵福分亦降于本身，故《求富贵、福分降临经》中尤侧重于富。 　　好年好月好日，主人家接来大神求福，但富之来历又如何呢？ 　　天地之初，米利董主之富无与比肩，生九子成九村，生九女开十方，养九种家畜，种九种粮食，坐下吃茶，走起骑马，槽头马满，柱上牛多，以升量珠玉，以箱量金银，珠玉满柜，金银满箱……以下又述崇仁利恩、高勒趣、打者阿乌、尤拉丁端、色色日牌以珊瑚为石基、以玛瑙为柱、以海螺为房顶，金门九道，银门九道，金银用不完，粮食吃不尽。其下述怒煞阿突之富有，独眼能仆一人，八扣铜锅一口；白羊之多，山场有光，篷帐之美，峰峦生色。以下述树、梅、和、尤四支之富，或以羊毛为鸡窝，或以麻布为羊路，以耙割肉，以槽接酒，花牛无数，花马三千。 　　以上所述各人之富贵，请将其福分一并降临，移加于自己，所求如愿。

备注	为求寿经第 49 册。

释读东巴：和文质	注音翻译：李霖灿	数字化：奚可桢
课题名称：国家社会科学基金重大项目（项目批准号：12&ZD234）	音标校注：白庚胜 音标录入：丁春艳 编目数字化：吴国新	统稿：白庚胜 数据技术处理：祁喆

南京博物院东巴经典藏本编目（五十）

南京博物院 东巴经典藏书编号	50	经书 页数	25	书写经书 东巴署名	无
收藏时间及历史背景		李霖灿先生 1943 年 2 月在云南省丽江市玉龙纳西族自治县鲁甸乡阿时主村调查所得			

收藏 标签		书写 区域	丽江			
		经书 书写 特征	象形文 （封面）	象形文 （内容）	哥巴文 （封面）	哥巴文 （内容）
			√	√		
			4 栏 5 列			

经书封面	

仪式 名称	读音	zɿ³³ tʂu⁵⁵ py²¹
	汉译	求寿

经书 名称	读音	hy²¹ dzi⁵⁵ he²¹ ʂu⁵⁵
	汉译	熏香（大）供神

经文内容提要：

　　纳西人家日日以各香叶、糌粑粉熏烟以供其神。本地名曰"烧天香"，实非专供天之意，故译之为熏香供神。此册为其大者，盖特意为之，如新年诵大经时用之。

　　此册述敬神得福。先除秽，然后依天、地、人等各次序（另见下）一一呼神名供养之，最后撒米为各神招魂。

　　在此册中，神名占大部分。本册名东巴手抄本，故多以象形字标之，尚不甚难。其次序如它书大致相同，如开天大神、辟地大神、天父、地母、日月五星、二十八宿、天护将、地护将、米利董主、董神、吾神、各大胜利神、华神、地脉神、村庄房屋神、猎神、威灵神、丰富神，以下为各小将官，此后为各大佛、雷神、护法神、各大本波，以及龙王及山神。山神最详，由木里至昆明碧鸡关皆杂乱述之。若能一一辨识，则为纳西人之地理资料也。最后向神撒供米，为家神等招魂。

备注	为求寿经第 50 册。

释读东巴：和文质	注音翻译：李霖灿	数字化：奚可桢
课题名称：国家社会科学 基金重大项目（项目批准 号：12&ZD234 ）	音标校注：白庚胜 音标录入：丁春艳 编目数字化：吴国新	统稿：白庚胜 数据技术处理：祁喆

南京博物院东巴经典藏本编目（五十一）

南京博物院 东巴经典藏书编号	51	经书 页数	15	书写经书 东巴署名	无

收藏时间及历史背景	李霖灿先生 1943 年 1 月在云南省丽江市玉龙纳西族自治县鲁甸乡阿时主村调查所得

收藏标签		书写区域	丽江			
		经书书写特征	象形文（封面）	象形文（内容）	哥巴文（封面）	哥巴文（内容）
			√	√		
			4 栏 6 列			

经书封面	

仪式名称	读音	zŋ³³ tʂu⁵⁵ py²¹
	汉译	求寿

经书名称	读音	lv²¹ pv⁵⁵
	汉译	送龙

经文内容提要	作求寿仪式时，树五方有龙杆，杆上有鹤，以上天奏书。此册乃送龙拆杆之经也。 　　此册共分两段： 　　第一段：咒语。此项咒语为汉语，乃以纳西文记汉音，不十分准确，唯东巴口授尚可存其大概。内中所述，为五方大将军之服饰保佑等语，后又各依方位送去。纳西人不通汉语者，只得称为咒语。因不十分完全，尚不能确定为汉人民间何经，然当为语言研究比较之一资料也。 　　第二段：送龙及神。龙杆上置纸鹤，中挂龙灯，下插纸旗以送之。使白鹤上天为主人家奏书，龙则各归本位。先为之除秽，使不丧失日后飞腾变化之能力，然后以各物供养，送各归原来住处。如先送白鹤回印度，再送龙归五方，再送青龙、白狮、黄金象、黄金蛙、天地护将各还原家。

备注	为求寿经第 51 册。

释读东巴：和文质	注音翻译：李霖灿	数字化：奚可桢
课题名称：国家社会科学基金重大项目（项目批准号：12&ZD234）	音标校注：白庚胜 音标录入：丁春艳 编目数字化：吴国新	统稿：白庚胜 数据技术处理：祁喆

南京博物院东巴经典藏本编目（五十二）

南京博物院东巴经典藏书编号	52	经书页数	15	书写经书东巴署名	无
收藏时间及历史背景	李霖灿先生 1942 年 12 月在云南省丽江市玉龙纳西族自治县鲁甸乡阿时主村调查所得					

收藏标签		书写区域	丽江			
		经书书写特征	象形文（封面）	象形文（内容）	哥巴文（封面）	哥巴文（内容）
			√	√		
			3 栏 4 列			

经书封面	

仪式名称	读音	z̩³³ tṣu⁵⁵ py²¹
	汉译	求寿

经书名称	读音	çy²¹ phiə⁵⁵ dʑi⁵⁵ phv³³ la²¹ ṣu⁵⁵
	汉译	烧香叶供养菩萨

经文内容提要	第一段云此主人家以香木鲜花、净水五宝等物，洁物净身供养菩萨，以求福寿。 　　第二段述各大神之名号，其次序如下：天地大神及其九子七女，天地之护将、都多神、吾神及其神女、将官。于此又述历代神及祖先杀敌制胜之事，又华神、地脉神及其神女、将官、房屋神、猎神、五谷神、灵威之神，然后及祖先。皆附其神女及将官。供养既毕，求福得福，求寿得寿。 　　以上为本经，纳西人门外或墙头多以小石砌一小灶烧柏叶香，俗谓之烧天香即此也，日日为之。 　　第三段为送菩萨经。云此次下来多多仗福，今事已毕谨送，各送其复原位。 　　第四段述送祖先之仪。作斋时既请祖先来，今又送其复返原位。纳西人之祖先另有一住处，既不在神所，又不在人间。

备注	为求寿经第 52 册。

释读东巴：和文质	注音翻译：李霖灿	数字化：奚可桢
课题名称：国家社会科学基金重大项目（项目批准号：12&ZD234）	音标校注：白庚胜 音标录入：丁春艳 编目数字化：吴国新	统稿：白庚胜 数据技术处理：祁喆

南京博物院东巴经典藏本编目（五十三）

南京博物院 东巴经典藏书编号	53	经书 页数	8	书写经书 东巴署名	无

收藏时间及历史背景	李霖灿先生 1942 年 12 月在云南省丽江市玉龙纳西族自治县鲁甸乡阿时主村调查所得

收藏 标签		书写 区域	丽江			
		经书 书写 特征	象形文 （封面）	象形文 （内容）	哥巴文 （封面）	哥巴文 （内容）
			√	√		
			4 栏 4 列			

经书 封面	

仪式 名称	读音	$z\mathtt{l}^{33}$ tʂu^{55} py^{21}
	汉译	求寿

经书 名称	读音	$z\mathtt{l}^{33}$ tʂu^{55} du^{33} mu^{21}
	汉译	求寿仪规

经文 内容 提要	凡作求寿法仪，所须之牺牲、供养、用物，乃一账目单。此后述诵经作法，先作何法仪，先诵何经典。如，先一日除秽，再一日接神，再一日生献、占卜，再一日燃灯给菩萨献饭、睡觉、起床等。又，先接何神，先送何神，如何修塔，如何供养，皆一一详细说明。此册非诵念之经典，而是令人依之行事之经书也。东巴有此一册，则方便许多。此为东巴之一进步，而此间仍有若干经典未立"规模"。故，表示既可免忘记，又可不致彼此走作也。且内所记音逐字而列，非如经典之速记符号式，依之读音，便能通其意，又一大进步也。

备注	为求寿经第 53 册。

释读东巴：和文质	注音翻译：李霖灿	数字化：奚可桢
课题名称：国家社会科学基金重大项目（项目批准号：12&ZD234）	音标校注：白庚胜 音标录入：丁春艳 编目数字化：吴国新	统稿：白庚胜 数据技术处理：祁喆

南京博物院东巴经典藏本编目（五十四）

南京博物院 东巴经典藏书编号	54	经书 页数	7	书写经书 东巴署名	无
收藏时间及历史背景			李霖灿先生 1942 年 12 月在云南省丽江市玉龙纳西族自治县鲁甸乡阿时主村调查所得		

收藏 标签		书写 区域	丽江		
		经书 书写 特征	象形文 （封面）	象形文 （内容）	哥巴文 （封面）	哥巴文 （内容）
			√	√		
		3 栏 5 列			

经书 封面	

仪式 名称	读音	z̩³³ tṣu⁵⁵ py²¹
	汉译	求寿

经书 名称	读音	tɕhi³³ khu³³ khu²¹ le⁵⁵ thv³³ pu⁵⁵ tṣhə⁵⁵ tshɿ²¹ zɘr²¹
	汉译	刺门、草块皮之来历·压秽鬼

经文 内容 提要	东巴作法事时以棘刺作门形，摆草皮块若干方，供琵琶肉。其意为以此可以除魔压鬼。中间虽述其来历，但仅为历史上之根据，仍述其太古各祖先时曾如此，以刺门草块作法，使一般鬼怪不敢变化作乱，故今日又依之而行。至于刺门草块何以能压鬼、有何神话传说，则未述及。 　　此册分三部分：第一部分述刺门等之来历，第二部分插入一小段接菩萨的内容，第三部分为压魔鬼的内容。 　　第一部分大意已见上述，唯此册远古祖先之名更详尽，如打者阿乌、尤拉丁端等，然后方及崇仁利恩知太古时代纳西人传说祖先名尚有此数位。至此，数位之确切次序与创世次序是否可相并合，则今日尚不可得其结论也。 　　接菩萨一段后又接各大神之坐骑，且拒斥各菩萨之仇敌及其坐骑。 　　最后一段为压魔鬼的过程，使之不得作乱。

备注	为求寿经第 54 册。

释读东巴：和文质	注音翻译：李霖灿	数字化：奚可桢
课题名称：国家社会科学基金重大项目（项目批准号：12&ZD234）	音标校注：白庚胜 音标录入：丁春艳 编目数字化：吴国新	统稿：白庚胜 数据技术处理：祁喆

南京博物院东巴经典藏本编目（五十五）

南京博物院东巴经典藏书编号	55	经书页数	10	书写经书东巴署名	无

收藏时间及历史背景	李霖灿先生 1943 年 1 月在云南省丽江市玉龙纳西族自治县鲁甸乡阿时主村调查所得

收藏标签		书写区域	丽江			
		经书书写特征	象形文（封面）	象形文（内容）	哥巴文（封面）	哥巴文（内容）
			√	√		
		3 栏 5 列				

经书封面	

仪式名称	读音	zๅ³³ tʂu⁵⁵ py²¹
	汉译	求寿

经书名称	读音	çy⁵⁵ tha⁵⁵ nɯ³³ zๅ³³ tʂú⁵⁵ py²¹
	汉译	以柏塔求岁求寿

经文内容提要	求各菩萨之福分。此段直呼各菩萨之名，而云欲得彼等之福分，各神山、神水、神木、神石、山川日月星宿、护法、祖先皆同。 　　讲各祖先杀仇人得福历史。当米利董主想杀米利术主时，沙依威德来保佑，使米利董主长寿多子。此主人家乃米利董主之后裔，亦供养大神求得福寿，方式皆同此。米利董主之后，打者阿武、尤拉丁端、乌若九子、木里卢色、崇仁利恩、再都萨阿突盖，皆昔日纳西人之祖先或名人也。 　　以柏塔接寿。昔日，米利董主请余世阿佐东巴求寿，把神山、神水、神海、神石之寿命接至家中。今日作斋之主人家亦依法炮制，请东巴把不死寿山、不落叶神木、不干神水、不裂神石之寿分由柏塔梯上接至家中，结于父母、子女身上，以求得福、得寿。在作此法仪式上，东巴以线联拴犁板至香塔各处，以示将各神山、神水之寿命接至家中矣。

备注	为求寿经第 55 册。

释读东巴：和文质	注音翻译：李霖灿	数字化：奚可桢
课题名称：国家社会科学基金重大项目（项目批准号：12&ZD234）	音标校注：白庚胜 音标录入：丁春艳 编目数字化：吴国新	统稿：白庚胜 数据技术处理：祁喆

315

南京博物院东巴经典藏本编目（五十六）

南京博物院东巴经典藏书编号	56	经书页数	14	书写经书东巴署名	无
收藏时间及历史背景	李霖灿先生 1943 年 2 月在云南省丽江市玉龙纳西族自治县鲁甸乡阿时主村调查所得				

收藏标签		书写区域	丽江		
		经书书写特征	象形文（封面）	象形文（内容）	哥巴文（封面）	哥巴文（内容）
			√	√		
		3 栏 4 列				

经书封面	

仪式名称	读音	z̩³³ tʂu⁵⁵ py²¹
	汉译	求寿

经书名称	读音	gu³³ ga³³ s̩³³ bu²¹ thv³³ kv³³ puɿ⁵⁵ kv³³
	汉译	贡嘎三峰之来历

经文内容提要	贡嘎三峰在木里北有贡嘎雪岭者，泸沽湖一带东巴即称之为居那若罗神山。此说大有问题，然亦非全无来历之说。由其迁移路线考之，颇似有趋向此名山之可能。故纳西象形字文化或可能由此山之附近开始。此册即述此山之传说，云天地之初由声气变出三岛，此三岛各有三塔，三塔各踞一山，即乃东巴及喇嘛佛画上所常见之图画。其名称亦相同。贡嘎雪山有三雪峰，由此知其必不误也。余则云昔日米利董主以之得福，今接之来亦求福云。此东巴之惯例文章，无足多道。 　　接富裕神、家神。云富裕等神由五大本波开五方天门而放至主人家中，后一小段为接家神，仍由五大本波赐福。

备注	为求寿经第 56 册。

释读东巴：和文质	注音翻译：李霖灿	数字化：奚可桢
课题名称：国家社会科学基金重大项目（项目批准号：12&ZD234）	音标校注：白庚胜 音标录入：丁春艳 编目数字化：吴国新	统稿：白庚胜 数据技术处理：祁喆

南京博物院东巴经典藏本编目（五十七）

南京博物院 东巴经典藏书编号	57	经书 页数	12	书写经书 东巴署名	无
收藏时间及历史背景		李霖灿先生 1943 年 2 月在云南省丽江市玉龙纳西族自治县鲁甸乡阿时主村调查所得			

收藏 标签		书写 区域	丽江			
		经书 书写 特征	象形文 （封面）	象形文 （内容）	哥巴文 （封面）	哥巴文 （内容）
			√	√		
		3 栏 5 列				

经书 封面	

仪式 名称	读音	zๅ³³ tʂu⁵⁵ py²¹
	汉译	求寿
经书 名称	读音	zo³³ mi⁵⁵ no³³ ɣo²¹ tsๅ³³ tsæ³³
	汉译	移子女福，移富福经

经文 内容 提要	1. 移子女福。此一小段列述昔日纳西某女人嫁于何处、生几子几女，求将彼等之福亦同样移至此日作斋之家。内中多为地名，如木里之鼠罗、北地、大具，有其迁移次序之遗意。 2. 移富。此一小段与上同，唯列述各地各大富人，以求将彼等之富福移入此主人家。内多称述尤家一支，盖木氏之一支。尤氏于彼时为纳西人政治领袖也，故多富而贵者。 3. 接五谷神（纳西人昔日多好养畜，此册述粮食丰富）。此小段述接五谷神，满架满仓如山之高、水之深，即稼穑如云之意也。 4. 封仓。此为延寿求福经之结尾，云由四大天将封锁四仓门。封锁有福分永不外泄之意。中央者则为其教主东巴什罗所守，最后又有大吉大利、华之欢呼，全典礼以成。

备注	为求寿经第 57 册。

释读东巴：和文质	注音翻译：李霖灿	数字化：奚可桢
课题名称：国家社会科学基金重大项目（项目批准号：12&ZD234）	音标校注：白庚胜 音标录入：丁春艳 编目数字化：吴国新	统稿：白庚胜 数据技术处理：祁喆

南京博物院东巴经典藏本编目（五十八）

南京博物院 东巴经典藏书编号	58	经书 页数	20	书写经书 东巴署名	无

收藏时间及历史背景	李霖灿先生 1943 年 2 月在云南省丽江市玉龙纳西族自治县鲁甸乡阿时主村调查所得

收藏标签	21：58	书写区域	丽江			
		经书书写特征	象形文（封面）	象形文（内容）	哥巴文（封面）	哥巴文（内容）
			√	√		
			3 栏 4 列			

经书封面	

仪式名称	读音	zɿ³³ tʂu⁵⁵ py²¹
	汉译	求寿

经书名称	读音	çy²¹ dʑi⁵⁵ he²¹ ʂu⁵⁵ he²¹ sa⁵⁵
	汉译	熏香供神送神

经文内容提要	1. 熏香供神。此册述熏香供神之历史。以尤拉丁端、五大本波等为例，述其供神压仇得福，然后述此家为彼等后裔，依法为之，使鬼怪被压服而得福寿。 2. 送神。云由东巴法器供品接，又依法送各神各依其方位、住址、坐骑一一回原位，最后为送其中央犁板。

备注	为求寿经第 58 册。

释读东巴：和文质	注音翻译：李霖灿	数字化：竺可桢
课题名称：国家社会科学基金重大项目（项目批准号：12&ZD234）	音标校注：白庚胜 音标录入：丁春艳 编目数字化：吴国新	统稿：白庚胜 数据技术处理：祁喆

南京博物院东巴经典藏本编目（五十九）

南京博物院 东巴经典藏书编号	59	经书 页数	11	书写经书 东巴署名	无

收藏时间及历史背景	李霖灿先生 1943 年 3 月在云南省丽江市玉龙纳西族自治县鲁甸乡阿时主村调查所得

收藏 标签		书写 区域	丽江			
		经书 书写 特征	象形文 （封面）	象形文 （内容）	哥巴文 （封面）	哥巴文 （内容）
			√	√		
		3 栏 5 列				

经书 封面	

仪式 名称	读音	ṣər⁵⁵ lər³³ ŋv⁵⁵
	汉译	祭什罗

经书 名称	读音	khu³³ khɯ⁵⁵ nɯ³³ ṣər⁵⁵ lər³³ tsη³³
	汉译	门前接东巴

经文 内容 提要	东巴死后，依此部法仪葬之。此为超度东巴教主东巴什罗之法仪也。东巴死后亦依此法仪而葬，超度之，与普通人之丧礼不同。内多述东巴什罗之生平。 　　第一段仅一页，述卢、色大神、东巴、巫觋以及各事物之由来地。 　　第二段为门前接东巴经。东巴死后，须请其他东巴来行丧仪，于门外设香案，跳绳以迎之。于是，各东巴于门外换法服后，跳而入门，即此册之内容也。 　　再述东巴服装、法器之来历，如铁冠、雕毛、法帽、绸衣以及小鼓、板铃、坐褥、黑靴、箭猪刺等，盖以之说明其法力及由来也。装束既毕，遂摇动板铃，跳而压鬼，如云间之鹰以压飞鬼，如山上之虎以压纹鬼，如场上牦牛以压蹄鬼……于是且跳且压，入主人门内矣。

备注	祭东巴什罗第 1 册。

释读东巴：和文质	注音翻译：李霖灿	数字化：奚可桢
课题名称：国家社会科学基金重大项目（项目批准号：12&ZD234）	音标校注：白庚胜 音标录入：丁春艳 编目数字化：吴国新	统稿：白庚胜 数据技术处理：祁喆

南京博物院东巴经典藏本编目（六十）

南京博物院东巴经典藏书编号	60	经书页数	17	书写经书东巴署名	无
收藏时间及历史背景	李霖灿先生 1943 年 3 月在云南省丽江市玉龙纳西族自治县鲁甸乡调查所得				

收藏标签		书写区域	丽江			
		经书书写特征	象形文（封面）	象形文（内容）	哥巴文（封面）	哥巴文（内容）
			√	√		
			3 栏 4 列			

经书封面	

仪式名称	读音	ʂər⁵⁵ lər³³ ŋv⁵⁵
	汉译	祭什罗
经书名称	读音	phv³³ la²¹ sa⁵⁵
	汉译	接菩萨

经文内容提要	前一段述安神座撒米供养，下与除秽经第三册同。 　　接菩萨。接菩萨亦须有历史根据，故历述开天九兄弟起直至人类近世祖高勒趣止，各接菩萨而得福之历史，并附各人各代大东巴名称。既有以上之根据，遂今日此家乃开天九子之后嗣，亦依法祈福，依次一一述祖，直至近祖高勒趣止。一一呼各神名号而请其下降。详述各大神、各护法、各龙神、各本波、各祖先之名。施药水，求保佑主人家，降威力于东巴。昔日米利董主将指甲等掷入海中变作五方石神以压鬼，今供石神以求保佑主人家，降威东巴。

备注	祭东巴什罗第 2 册

释读东巴：和文质	注音翻译：李霖灿	数字化：奚可桢
课题名称：国家社会科学基金重大项目（项目批准号：12&ZD234）	音标校注：白庚胜 音标录入：丁春艳 编目数字化：吴国新	统稿：白庚胜 数据技术处理：祁喆

南京博物院东巴经典藏本编目（六十一）

南京博物院 东巴经典藏书编号	61	经书 页数	14	书写经书 东巴署名	无
收藏时间及历史背景	李霖灿先生 1943 年 3 月在云南省丽江市玉龙纳西族自治县鲁甸乡调查所得				

收藏 标签		书写 区域	丽江			
		经书 书写 特征	象形文 （封面）	象形文 （内容）	哥巴文 （封面）	哥巴文 （内容）
			√	√		
		3 栏 5 列				

经书 封面	

仪式 名称	读音	ṣər⁵⁵ lər³³ ŋv⁵⁵
	汉译	祭什罗

经书 名称	读音	phv³³ la²¹ sa⁵⁵ hua⁵⁵ ly³³
	汉译	接神咒语

经文 内容 提要	此册与除秽经第四册同。 　　此册被东巴奉为古本经典，云来自印度边境一带。其语虽由东巴象形文字标出，而其意已不可识释，唯若干神名，如萨依威德、五大本波可识。故，此册意不可睹，然或为东巴教来源于后藏之一证端，且知东巴教其来有自，非如我等所想之，为时甚近也。

备注	祭东巴什罗第 3 册。

释读东巴：和文质	注音翻译：李霖灿	数字化：奚可桢
课题名称：国家社会科学基金重大项目（项目批准号：12&ZD234）	音标校注：白庚胜 音标录入：丁春艳 编目数字化：吴国新	统稿：白庚胜 数据技术处理：祁喆

南京博物院东巴经典藏本编目（六十二）

南京博物院 东巴经典藏书编号	62	经书 页数	13	书写经书 东巴署名	无
收藏时间及历史背景	李霖灿先生1943年3月在云南省丽江市玉龙纳西族自治县鲁甸乡调查所得				

收藏 标签		书写 区域	丽江			
		经书 书写 特征	象形文 （封面）	象形文 （内容）	哥巴文 （封面）	哥巴文 （内容）
			√	√		
			3栏5列			

经书 封面	

仪式 名称	读音	ṣər⁵⁵ lər³³ ŋv⁵⁵
	汉译	祭什罗
经书 名称	读音	phv³³ la²¹ du²¹ sa⁵⁵
	汉译	接大菩萨

经文 内容 提要	此册与除秽经第三册同，唯神名较多、较详细，故名"大接菩萨经"也。

备注	祭东巴什罗第4册。

释读东巴：和文质	注音翻译：李霖灿	数字化：奚可桢
课题名称：国家社会科学 基金重大项目（项目批准 号：12&ZD234）	音标校注：白庚胜 音标录入：丁春艳 编目数字化：吴国新	统稿：白庚胜 数据技术处理：祁喆

南京博物院东巴经典藏本编目（六十三）

南京博物院 东巴经典藏书编号	63	经书 页数	16	书写经书 东巴署名	无
收藏时间及历史背景			李霖灿先生 1943 年 3 月在云南省丽江市玉龙纳西族自治县鲁甸乡调查所得		

收藏 标签		书写 区域	云南丽江县			
		经书 书写 特征	象形文 （封面）	象形文 （内容）	哥巴文 （封面）	哥巴文 （内容）
			√	√		
			3 栏 5 列			

经书 封面	

仪式 名称	读音	ʂər^{55} lər^{33} ŋv^{55}
	汉译	祭什罗
经书 名称	读音	çy^{21} dzi^{55} he^{21} ʂu^{55}
	汉译	熏香供神

经文 内容 提要	此册与求寿经第五十册同。 　　纳西人家日日以各香叶、糌粑粉、熏烟以供其神人。在本地名之曰"烧天香"，实非专供天之意，故译之为熏香供神。盖特意为之，如新年诵大经时用之。

备注	祭东巴什罗第 5 册。

释读东巴：和文质	注音翻译：李霖灿	数字化：奚可桢
课题名称：国家社会科学基金重大项目（项目批准号：12&ZD234）	音标校注：白庚胜 音标录入：丁春艳 编目数字化：吴国新	统稿：白庚胜 数据技术处理：祁喆

南京博物院东巴经典藏本编目（六十四）

南京博物院 东巴经典藏书编号	64	经书 页数	13	书写经书 东巴署名	无
收藏时间及历史背景		李霖灿先生 1943 年 3 月在云南省丽江市玉龙纳西族自治县鲁甸 乡调查所得			

收藏 标签		书写 区域	丽江		
		经书 书写 特征	象形文 （封面）	象形文 （内容）	哥巴文 （封面）	哥巴文 （内容）
			√	√		
			3 栏 4 列			

经书 封面	

仪式 名称	读音	ʂər⁵⁵ lər³³ ŋv⁵⁵
	汉译	祭什罗

经书 名称	读音	tv⁵⁵ zər²¹ tsɿ²¹
	汉译	立顶竿

经文 内容 提要	作东巴葬仪时，须以各色彩带（以白色为多）立成旗杆树于庭中。上插纸旗、悬明镜，谓之顶竿。此册乃论此事之经典也。 　　述事。云此家有一东巴作古，故将其送入祖先旁边，送入佛地，送入东巴什罗边，使其不入地狱，不留鬼地。 　　立顶竿经。顶竿有十八面、十八手，以之压十八地狱之鬼。以下为各代立顶竿压鬼之史实。如，奴大神死时由其东巴为其立顶竿以压各鬼，再述开天九兄弟，辟地七姐妹……昔日，东巴什罗死时由其三大弟子为其立五彩顶竿以压鬼，高勒趣死时由其东巴立顶竿压鬼，遂得四子。故，今日此家请东巴以珠宝彩布立顶竿压鬼。 　　以下述竿之纸旗、五色布、明镜（有阴阳镜之意，以之照在生时之善恶者）以招魂，使死者不落地狱，不留鬼地，并由各东巴为之开路、除阻，送向祖先边、佛地、东巴什罗旁边，却将遗泽留于家中。
备注	祭东巴什罗第 6 册。

释读东巴：和文质	注音翻译：李霖灿	数字化：奚可桢
课题名称：国家社会科学 基金重大项目（项目批准 号：12&ZD234）	音标校注：白庚胜 音标录入：丁春艳 编目数字化：吴国新	统稿：白庚胜 数据技术处理：祁喆

南京博物院东巴经典藏本编目（六十五）

南京博物院 东巴经典藏书编号	65	经书 页数	12	书写经书 东巴署名	无
收藏时间及历史背景		李霖灿先生 1943 年 3 月在云南省丽江市玉龙纳西族自治县鲁甸 乡调查所得			

收藏 标签		书写 区域	丽江			
		经书 书写 特征	象形文 （封面）	象形文 （内容）	哥巴文 （封面）	哥巴文 （内容）
			√	√		
			3 栏 6 列			

经书 封面	

仪式 名称	读音	şər⁵⁵ lər³³ ŋv⁵⁵
	汉译	祭什罗

经书 名称	读音	ga³³ la³³ ua⁵⁵ kv³³ sa⁵⁵
	汉译	接五大菩萨

经文 内容 提要	此册与求寿经第五册同。 此册分作三部：第一部接五大菩萨，第二部接五大鸟王，第三部为其除秽。

备注	祭东巴什罗第 7 册。

释读东巴：和文质	注音翻译：李霖灿	数字化：奚可桢
课题名称：国家社会科学 基金重大项目（项目批准 号：12&ZD234）	音标校注：白庚胜 音标录入：丁春艳 编目数字化：吴国新	统稿：白庚胜 数据技术处理：祁喆

南京博物院东巴经典藏本编目（六十六）

南京博物院东巴经典藏书编号	66	经书页数	13	书写经书东巴署名	无
收藏时间及历史背景	李霖灿先生 1943 年 3 月在云南省丽江市玉龙纳西族自治县鲁甸乡调查所得				

收藏标签		书写区域	丽江			
		经书书写特征	象形文（封面）	象形文（内容）	哥巴文（封面）	哥巴文（内容）
			√	√		
			3 栏 5 列			

经书封面	

仪式名称	读音	ʂər^{55} lər^{33} ŋv^{55}
	汉译	祭什罗
经书名称	读音	ɣo^{21} ʂər^{55} no^{33} ɣo^{21} sa^{55}
	汉译	招魂求福分

经文内容提要	1. 招魂。当日东巴什罗在世时，不会有失魂落魄的事，今日死了，说不定会失魂落魄，今为之向东方鬼王处招魂，不让他留在东边白山、白崖、白海上。以白羊白牛为之招魂。南、西、北、中各方位皆如此，唯颜色不同，南方尚青，西方尚黑，北方尚黄，中央尚花。 　　2. 求福分。当日东巴什罗降生时，各神皆予以大福分，头顶铁冠，如顶天之柱，毡帽如神山，箭尖刺如护法神，雕毛领有羽之将，生虎皮领有纹之将……其声如天雷地震。由盘孜沙美赐予无所不能，无所不晓，以手挟山，以手阻海……今日由弟子等为死者开丧，仍求如斯之福分。 　　3. 跳而压鬼。先作龙跳，压短角孽龙；大鹏跳，压黑妖鸡鬼；作狮子金象跳，作牦牛牦羊跳……作东巴跳以压众鬼，使死者魂安。
备注	祭东巴什罗第 8 册。

释读东巴：和文质	注音翻译：李霖灿	数字化：奚可桢
课题名称：国家社会科学基金重大项目（项目批准号：12&ZD234）	音标校注：白庚胜 音标录入：丁春艳 编目数字化：吴国新	统稿：白庚胜 数据技术处理：祁喆

南京博物院东巴经典藏本编目（六十七）

南京博物院 东巴经典藏书编号	67	经书 页数	10	书写经书 东巴署名	无
收藏时间及历史背景		李霖灿先生 1943 年 3 月在云南省丽江市玉龙纳西族自治县鲁甸乡阿时主村调查所得			

收藏 标签		书写 区域	丽江			
		经书 书写 特征	象形文 （封面）	象形文 （内容）	哥巴文 （封面）	哥巴文 （内容）
			√	√		
			3 栏 4 列			

经书 封面	

仪式 名称	读音	ʂər⁵⁵ lər³³ ŋv⁵⁵
	汉译	祭什罗

经书 名称	读音	ɣo²¹ ʂər⁵⁵ tʂhər³³ khɯ⁵⁵
	汉译	找魂·点药水

经文 内容 提要	1. 找魂。年好月好日好，有一老人死了，要将其送向三代祖宗、三代东巴什罗祖先旁边。但此人之魂魄不知失落何处，东巴弟子便振法器四面八方寻找。然非东巴什罗无人能压众鬼，故诵一段《接什罗经》。结果，东巴什罗答应送羽类鬼给羽类神将吃，送纹鬼给纹将吃，自己亲自下凡压鬼。 2. 点药水。以药箭射崖，遂生乐。以之为各神施点，皆大欢喜！

备注	祭东巴什罗第 9 册。

释读东巴：和文质	注音翻译：李霖灿	数字化：奚可桢
课题名称：国家社会科学基金重大项目（项目批准号：12&ZD234）	音标校注：白庚胜 音标录入：丁春艳 编目数字化：吴国新	统稿：白庚胜 数据技术处理：祁喆

南京博物院东巴经典藏本编目（六十八）

南京博物院东巴经典藏书编号	68	经书页数	10	书写经书东巴署名	无
收藏时间及历史背景					

收藏时间及历史背景	李霖灿先生 1943 年 3 月在云南省丽江市玉龙纳西族自治县鲁甸乡打米杵村调查所得

收藏标签		书写区域	丽江		
		经书书写特征	象形文（封面）	象形文（内容）	哥巴文（封面）	哥巴文（内容）
			√	√		
		3 栏 4 列				

经书封面	

仪式名称	读音	ʂər⁵⁵ lər³³ ŋv⁵⁵
	汉译	祭什罗
经书名称	读音	ʂu²¹ ha³³ ʂʅ²¹
	汉译	供署饭

经文内容提要：

人类与署同父异母，后各自分家。东巴者，生前水边宰杀，石边伐木，恐有触犯署处。因恐死后魂魄拘留于龙地，故今以面偶饭团木牌偿还之，使魂魄归来。

送面偶等情节与祭署仪式中之除秽经第六册同。

施食之来历。欲以饭团施食，须先述其来历。昔日，米利董主手种稻麦，其夫人脚春成粉，由其东巴手捏成饭团供神得福。崇仁利恩、高勒趣皆依法为之而得福。今日，此主人家乃三者之后嗣，皆依法为之，以敬天下龙神。以下述各署神之名称，然后述饭团已放好，五方龙王各依方位而装，望各来取受。

为施食愿辞：经此施食，望勿予风作雨，发水冲田，一片善意，全无恶心，多方保佑主人家，此后无病无痛，长命富贵。诵毕，将各饭团供于一高处，任老鸦啄食之，且以老鸦集之多少占神之喜怒而定此家之吉凶也。

备注	祭东巴什罗第 10 册。

释读东巴：和文质	注音翻译：李霖灿	数字化：奚可桢
课题名称：国家社会科学基金重大项目（项目批准号：12&ZD234）	音标校注：白庚胜 音标录入：丁春艳 编目数字化：吴国新	统稿：白庚胜 数据技术处理：祁喆

南京博物院东巴经典藏本编目（六十九）

南京博物院 东巴经典藏书编号	69	经书 页数	8	书写经书 东巴署名	无
收藏时间及历史背景					

李霖灿先生 1943 年 3 月在云南省丽江市玉龙纳西族自治县鲁甸乡打米杵村调查所得

收藏 标签		书写 区域	丽江		
		经书 书写 特征	象形文 （封面）	象形文 （内容）	哥巴文 （封面）	哥巴文 （内容）
			√	√		
		3 栏 4 列			

经书 封面	

仪式 名称	读音	ʂər⁵⁵ lər³³ ŋv⁵⁵
	汉译	祭什罗

经书 名称	读音	pa³³ kə²¹ bæ²¹ mæ³³ to⁵⁵
	汉译	"巴格"占卜

经文 内容 提要	此册依巴格方位而占东巴什罗出生之事。非占其生于何方，而是占其今投生何方。纳西人有金龟八面，占法与八卦有同意。 　　此家东巴死后，魂魄不知走向何方。于是，此群东巴弟子向上喊三声，由金龟传白狮，白狮传大鹏，被天上的盘孜沙美听到。到金龟巴格八面的东方一看，就要由东方生出了；到东南方一看，差不多就要到东南方投生出来。南、西、北、西南、西北、东北皆同此。地上东巴弟子问投生何方呢？盘孜沙美说，到金龟八面之东面去看。一看，东巴什罗由东方降生了。南、西、北、东南、西南、东北、西北七面皆同此。以下，一一述其四面八方投生之名，凡八个。故，东巴什罗转世九代，有九名。

备注	为祭东巴什罗第 11 册。

释读东巴：和文质	注音翻译：李霖灿	数字化：奚可桢
课题名称：国家社会科学 基金重大项目（项目批准 号：12&ZD234）	音标校注：白庚胜 音标录入：丁春艳 编目数字化：吴国新	统稿：白庚胜 数据技术处理：祁喆

南京博物院东巴经典藏本编目（七十）

南京博物院 东巴经典藏书编号	70	经书 页数	18	书写经书 东巴署名	无
收藏时间及历史背景		李霖灿先生 1943 年 3 月在云南省丽江市玉龙纳西族自治县鲁甸乡打米杵村调查所得			

收藏标签		书写区域	丽江			
		经书书写特征	象形文（封面）	象形文（内容）	哥巴文（封面）	哥巴文（内容）
			√	√		
			3 栏 7 列			

经书封面	

仪式名称	读音	şər⁵⁵ lər³³ ŋv⁵⁵
	汉译	祭什罗

经书名称	读音	to³³ ba²¹ şər⁵⁵ lər³³ pɯ⁵⁵ kv³³
	汉译	东巴什罗之来历

经文内容提要	1. 解鬼拦路经。东巴什罗生前为人做东巴时，杀牲畜压鬼魔，容有错误之处。今日死去，恐不免有各鬼阻路，故特来还鬼债，送入天宫佛地，然而东巴什罗之来历如何？ 　　2. 东巴什罗之生平来由。由开天辟地起至米利董主创天地止，是为例话。以下，对东巴什罗经历可分作： 　　①其世家及降生，共有九代老祖、七代老祖母，合天九地七之数也，由各本波大神先赐福分，由其母左肋生，有压鬼之目、口、手、脚。 　　②与喇嘛抄书，以风乱其经页，赚得袖口马蹄袖，故而喇嘛只有背心、坎肩。 　　③下大地压固斯麻事，先与之结婚，后背约杀之。唯放一小鬼，遂至众鬼遍地，只好修经塔以压之。 　　④遇白鹏鸟做斋禳秽记。请五方东巴还固斯麻债而又得平安。

备注	祭东巴什罗第 12 册。

释读东巴：和文质	注音翻译：李霖灿	数字化：奚可桢
课题名称：国家社会科学基金重大项目（项目批准号：12&ZD234）	音标校注：白庚胜 音标录入：丁春艳 编目数字化：吴国新	统稿：白庚胜 数据技术处理：祁喆

南京博物院东巴经典藏本编目（七十一）

南京博物院东巴经典藏书编号	71	经书页数	16	书写经书东巴署名	无
收藏时间及历史背景	李霖灿先生 1943 年 3 月在云南省丽江市玉龙纳西族自治县鲁甸乡打米杵村调查所得				

收藏标签		书写区域	丽江			
		经书书写特征	象形文（封面）	象形文（内容）	哥巴文（封面）	哥巴文（内容）
			√	√		

经书封面	

仪式名称	读音	ʂər⁵⁵ lər³³ ŋv⁵⁵
	汉译	祭什罗
经书名称	读音	kv⁵⁵ sŋ³³ ma³³ pv⁵⁵
	汉译	送固斯麻

经文内容提要	1. 为东巴什罗放替身。前一段述东巴什罗与固斯麻之来历，同前。至杀死固斯麻后，东巴什罗身心不安。于是，听白鹇鸟之劝告，请东巴来做替身（于此又述饭团之来历），以黑猪还固斯麻口舌债，使鬼神两分开。 2. 送固斯麻经。由东巴什罗之三大弟子以黑猪还固斯麻之债，并予以酒食（于此又述猪之来历），将口舌是非驮去，将固斯麻驮去鬼地做鬼王。以下又述毒鬼之来历，并还毒鬼之债。固斯麻者，乃毒鬼，乔巴拉里之妻也。还各鬼王债，还十八地狱债。 若昔日东巴什罗生前作法仪有错，皆于此次由其弟子代为偿清。

备注	祭东巴什罗第 13 册。

释读东巴：和文质	注音翻译：李霖灿	数字化：奚可桢
课题名称：国家社会科学基金重大项目（项目批准号：12&ZD234）	音标校注：白庚胜 音标录入：丁春艳 编目数字化：吴国新	统稿：白庚胜 数据技术处理：祁喆

南京博物院东巴经典藏本编目（七十二）

南京博物院东巴经典藏书编号	72	经书页数	16	书写经书东巴署名	无
收藏时间及历史背景	李霖灿先生 1943 年 3 月在云南省丽江市玉龙纳西族自治县鲁甸乡调查所得				

收藏标签		书写区域	丽江			
		经书书写特征	象形文（封面）	象形文（内容）	哥巴文（封面）	哥巴文（内容）
			√	√		
			3 栏 5 列			

经书封面	

仪式名称	读音	ʂər⁵⁵ lər³³ ŋv⁵⁵
	汉译	祭什罗

经书名称	读音	ɲi³³ uo³³ hu⁵⁵ na²¹ lv²¹ na⁵⁵ lv²¹ me³³ lu⁵⁵ khu³³ phu³³
	汉译	开地狱黑海黑石四大龙王门

经文内容提要	东巴什罗死于毒鬼黑海之中。黑海也由食肉之四龙王守之，更佐以各鬼卒。此册即开此四龙王之门而救东巴什罗之灵魂也。先述各鬼怪之来历，然后述东巴什罗死后，即由此鬼怪将其魂魄偷去，放于地狱黑海中，令其魂魄不见。 由吕世马打东巴请来东方大本波格折折谋还龙王之债，将东巴什罗之魂魄由东方救出。 南方、西方、北方皆与此同，唯本波及龙王等名号各异。 以下为破黑海及十八地狱，内多咒语。 将东巴什罗魂魄领来大地压鬼，于是东巴什罗魂魄安逸了，马鬃好看了。

备注	祭东巴什罗第 14 册。

释读东巴：和文质	注音翻译：李霖灿	数字化：奚可桢
课题名称：国家社会科学基金重大项目（项目批准号：12&ZD234）	音标校注：白庚胜 音标录入：丁春艳 编目数字化：吴国新	统稿：白庚胜 数据技术处理：祁喆

南京博物院东巴经典藏本编目（七十三）

南京博物院 东巴经典藏书编号	73	经书 页数	16	书写经书 东巴署名	无

收藏时间及历史背景	李霖灿先生 1943 年 3 月在云南省丽江市玉龙纳西族自治县鲁甸乡调查所得

收藏标签		书写区域	丽江			
		经书书写特征	象形文（封面）	象形文（内容）	哥巴文（封面）	哥巴文（内容）
			√	√		
			3 栏 5 列			

经书封面	

仪式名称	读音	ṣər⁵⁵ lər³³ ŋv⁵⁵
	汉译	祭什罗

经书名称	读音	tṣhə⁵⁵ tshŋ²¹ ha³³ phi⁵⁵
	汉译	送秽鬼饭食

经文内容提要	此册与祭龙经第六册大致相同，唯多开丧及破地狱咒语等。

备注	祭东巴什罗第 15 册。

释读东巴：和文质	注音翻译：李霖灿	数字化：奚可桢
课题名称：国家社会科学基金重大项目（项目批准号：12&ZD234）	音标校注：白庚胜 音标录入：丁春艳 编目数字化：吴国新	统稿：白庚胜 数据技术处理：祁喆

南京博物院东巴经典藏本编目（七十四）

南京博物院 东巴经典藏书编号	74	经书 页数	15	书写经书 东巴署名	无
收藏时间及历史背景					

收藏时间及历史背景	李霖灿先生 1943 年 3 月在云南省丽江市玉龙纳西族自治县鲁甸乡调查所得

收藏标签		书写区域	丽江			
		经书书写特征	象形文（封面）	象形文（内容）	哥巴文（封面）	哥巴文（内容）
			√	√		
		3 栏 6 列				

经书封面	

仪式名称	读音	ʂər⁵⁵ lər³³ ŋv⁵⁵
	汉译	祭什罗

经书名称	读音	a⁵⁵ y²¹ bi³³ bə²¹ khu³³ ȵi³³ nu³³ dər³³ phi⁵⁵ tʂər²¹
	汉译	令猴、蝙蝠、狗背过失

经文内容提要	使猴、蝠等背过失，与其他各部经中者同。虽东巴什罗下降荡平各鬼地及杀固斯麻一段，仍据白鹇鸟指示请东巴作法。东巴经典例行结构法也。

备注	祭东巴什罗第 16 册。

释读东巴：和文质	注音翻译：李霖灿	数字化：奚可桢
课题名称：国家社会科学基金重大项目（项目批准号：12&ZD234）	音标校注：白庚胜 音标录入：丁春艳 编目数字化：吴国新	统稿：白庚胜 数据技术处理：祁喆

南京博物院东巴经典藏本编目（七十五）

南京博物院 东巴经典藏书编号	75	经书 页数	13	书写经书 东巴署名	无
收藏时间及历史背景	李霖灿先生 1943 年 3 月在云南省丽江市玉龙纳西族自治县鲁甸乡打米杵村调查所得				

收藏 标签		书写 区域	丽江		
		经书 书写 特征	象形文 （封面）	象形文 （内容）	哥巴文 （封面）	哥巴文 （内容）
			√	√		
			3 栏 5 列			

经书 封面	

仪式 名称	读音	ṣər⁵⁵ lər³³ ŋv⁵⁵
	汉译	祭什罗

经书 名称	读音	thi³³ tṣhæ⁵⁵ to³³ ma³³ phi⁵⁵
	汉译	送体猜多玛经·上

经文 内容 提要	此部分上、中、下三册。东巴葬经以外亦每用之。 此册中所述乃各大本波放面团替身禳鬼以得平安之事。试举一例：当初各毒鬼（如石都纳补）作乱，东巴什罗心神不宁，遂以面团放替身，装酒肉为食，穿以金银衣裳还鬼债，送走毒鬼后，遂得平安。 此外，如五方大本波等皆如此。 最后述今日主人家依法炮制，以多玛还毒鬼债，使之不阻路作乱。

备注	祭东巴什罗第 17 册。

释读东巴：和文质	注音翻译：李霖灿	数字化：奚可桢
课题名称：国家社会科学基金重大项目（项目批准号：12&ZD234）	音标校注：白庚胜 音标录入：丁春艳 编目数字化：吴国新	统稿：白庚胜 数据技术处理：祁喆

南京博物院东巴经典藏本编目（七十六）

南京博物院 东巴经典藏书编号	76	经书 页数	9	书写经书 东巴署名	无
收藏时间及历史背景		李霖灿先生 1943 年 3 月在云南省丽江市玉龙纳西族自治县鲁甸 乡打米杵村调查所得			

收藏 标签		书写 区域	丽江		
		经书 书写 特征	象形文 （封面）	象形文 （内容）	哥巴文 （封面）	哥巴文 （内容）
			√	√		
		3 栏 5 列				

经书 封面	

仪式 名称	读音	ʂər⁵⁵ lər³³ ŋv⁵⁵
	汉译	祭什罗

经书 名称	读音	thi³³ tshæ⁵⁵ to³³ ma³³ phi⁵⁵
	汉译	送体猜多玛经·中

经文 内容 提要	此册乃述以多玛敬神（龙王等在内），令三十三层天之下、十八层地狱之上 之神皆来享受，以求一切吉利顺遂。

备注	祭东巴什罗第 18 册。

释读东巴：和文质	注音翻译：李霖灿	数字化：奚可桢
课题名称：国家社会科学 基金重大项目（项目批准 号：12&ZD234）	音标校注：白庚胜 音标录入：丁春艳 编目数字化：吴国新	统稿：白庚胜 数据技术处理：祁喆

南京博物院东巴经典藏本编目（七十七）

南京博物院 东巴经典藏书编号	77	经书 页数	11	书写经书 东巴署名	无
收藏时间及历史背景		李霖灿先生 1943 年 3 月在云南省丽江市玉龙纳西族自治县鲁甸 乡打米杵村调查所得			

收藏 标签		书写 区域	丽江			
		经书 书写 特征	象形文 （封面）	象形文 （内容）	哥巴文 （封面）	哥巴文 （内容）
			√	√		
			3 栏 5 列			

经书 封面	

仪式 名称	读音	ʂər⁵⁵ lər³³ ŋv⁵⁵
	汉译	祭什罗

经书 名称	读音	thi³³ tshæ⁵⁵ to³³ ma³³ phi⁵⁵
	汉译	送体猜多玛经·下

经文 内容 提要	此册分三部分。第一部分送多玛于地狱之"六道"（每道分为三，成十八层地狱）。第二部分送四方之毒鬼仄鬼及地龙王。第三部分送各种不祥之鬼，以求家事吉利。

备注	祭东巴什罗第 19 册。

释读东巴：和文质	注音翻译：李霖灿	数字化：奚可桢
课题名称：国家社会科学 基金重大项目（项目批准 号：12&ZD234）	音标校注：白庚胜 音标录入：丁春艳 编目数字化：吴国新	统稿：白庚胜 数据技术处理：祁喆

南京博物院东巴经典藏本编目（七十八）

南京博物院 东巴经典藏书编号	78	经书 页数	10	书写经书 东巴署名	无
收藏时间及历史背景			李霖灿先生 1943 年 3 月在云南省丽江市玉龙纳西族自治县鲁甸乡打米杵村调查所得		

收藏 标签		书写 区域	丽江			
		经书 书写 特征	象形文 （封面）	象形文 （内容）	哥巴文 （封面）	哥巴文 （内容）
			√	√		
		3 栏 5 列				

经书封面	

仪式 名称	读音	şər⁵⁵ lər³³ ŋv⁵⁵
	汉译	祭什罗

经书 名称	读音	to³³ ba²¹ mu⁵⁵ pv⁵⁵ du³³ mu²¹
	汉译	东巴葬法规程

经文内容提要：

1. 还鬼债。当日东巴什罗为人作法，容有不合之处，因而死后为口舌是非鬼所劫持，致魂魄迷失，故而由其三大弟子在火葬场上还各鬼债，使其魂魄安宁。以下，依六道而一一述之。

2. 招魂给下马饭。用各种法器向各处招魂，使之不留于各鬼地。招至大门口时，以饭肉供养。于此，述粮食之来历，并与之饮食。

3. 送魂（燃灯）。今日为东巴亡者还鬼债，送魂至东巴什罗、各代祖先之旁，直向佛地而去。于是，魂魄安宁了，马鬃好看了！

备注：祭东巴什罗第 20 册。

释读东巴：和文质	注音翻译：李霖灿	数字化：奚可桢
课题名称：国家社会科学基金重大项目（项目批准号：12&ZD234）	音标校注：白庚胜 音标录入：丁春艳 编目数字化：吴国新	统稿：白庚胜 数据技术处理：祁喆

南京博物院东巴经典藏本编目（七十九）

南京博物院 东巴经典藏书编号	79	经书 页数	6	书写经书 东巴署名	无
收藏时间及历史背景	李霖灿先生 1943 年 3 月在云南省丽江市玉龙纳西族自治县鲁甸乡调查所得					

收藏标签		书写区域	丽江		
		经书书写特征	象形文 （封面）	象形文 （内容）	哥巴文 （封面）	哥巴文 （内容）
			√	√		
			3 栏 4 列		

经书封面	

仪式名称	读音	ʂər⁵⁵ lər³³ ŋv⁵⁵
	汉译	祭什罗

经书名称	读音	ɣɯ³³ ɣɯ³³ tɕæ²¹ nu³³ bæ³³ mi³³ tʂɿ⁵⁵ tshɿ²¹ me⁵⁵
	汉译	牛皮上燃灯求鬼

经文内容提要	1. 求告各鬼王经。作东巴超度法仪须杀牛一头，此册所述乃牛皮上燃灯求告各鬼王，勿持捉东巴什罗之魂魄也。 　　东巴在世时，虽未必开罪东方鬼王，然恐欠其账，招致拘留死者魂魄。故今持香燃灯来求告，请其不要在东巴什罗身上作祟。今燃灯求告，望予解脱。 　　南方、西方、北方、中央各鬼王亦皆与此方式同，最后以咒语压鬼。 　　2. 破六道地狱经。与上同，燃香求告，领出东巴什罗。每一道各有咒语一段，凡六道六段。于是，东巴什罗出地狱，魂魄安宁了。

备注	祭东巴什罗第 21 册。

释读东巴：和文质	注音翻译：李霖灿	数字化：奚可桢
课题名称：国家社会科学基金重大项目（项目批准号：12&ZD234）	音标校注：白庚胜 音标录入：丁春艳 编目数字化：吴国新	统稿：白庚胜 数据技术处理：祁喆

南京博物院东巴经典藏本编目（八十）

南京博物院 东巴经典藏书编号	80	经书 页数	11	书写经书 东巴署名	无
收藏时间及历史背景		李霖灿先生 1943 年 3 月在云南省丽江市玉龙纳西族自治县鲁甸乡打米杵村调查所得			

收藏 标签		书写 区域	丽江			
		经书 书写 特征	象形文 （封面）	象形文 （内容）	哥巴文 （封面）	哥巴文 （内容）
			√	√		
			3 栏 5 列			

经书 封面	

仪式 名称	读音	şər⁵⁵ lər³³ ŋv⁵⁵
	汉译	祭什罗

经书 名称	读音	tɕi⁵⁵ khu³³ py²¹ tʂʂhə⁵⁵ tshʅ²¹ dzu³³ zua²¹
	汉译	还口舌是非鬼、秽鬼债

经文 内容 提要	杀鸡一只以还口舌是非秽鬼之债。 　1. 由法仪而来之口舌是非秽鬼，如祭木、沾血、占卜不吉、手沾血皮，身穿皮衣以及由退口舌及放替身而来之口舌是非秽鬼之债，生前未还，今日一并还之。还之既毕，遂关各秽鬼之门。 　2. 由历代而来之口舌是非秽鬼，如兄杀弟、叔杀侄等是非秽鬼。今一并偿还之。 　3. 由木、石、牲畜而来之口舌是非秽鬼。东巴作法仪不离木、石、水、土及各种牲畜，今特如此声明，生前作斋，未有错误，今还各债，以求魂魄平安。

备注	祭东巴什罗第 22 册。

释读东巴：和文质	注音翻译：李霖灿	数字化：奚可桢
课题名称：国家社会科学 基金重大项目（项目批准 号：12&ZD234）	音标校注：白庚胜 音标录入：丁春艳 编目数字化：吴国新	统稿：白庚胜 数据技术处理：祁喆

南京博物院东巴经典藏本编目（八十一）

南京博物院 东巴经典藏书编号	81	经书 页数	8	书写经书 东巴署名	无
收藏时间及历史背景		李霖灿先生 1943 年 3 月在云南省丽江市玉龙纳西族自治县鲁甸乡打米杵村调查所得			

收藏 标签		书写 区域	丽江			
		经书 书写 特征	象形文 （封面）	象形文 （内容）	哥巴文 （封面）	哥巴文 （内容）
			√	√		
		3 栏 4 列				

经书封面

仪式 名称	读音	şər⁵⁵ lər³³ ŋv⁵⁵
	汉译	祭什罗

经书 名称	读音	di³³ dz̩³³ dz̩²¹ guə³³
	汉译	弟子计议

经文内容提要：
东巴什罗既死，其魂魄不知失落何方，三百六十弟子一齐聚集商议，但天上地下、四面八方皆寻不见。于是，他们上居那若罗神山上打卦，知东巴什罗死于毒地黑海之中。大家酌议，在九十九人中挑出最能干之八十八人，又七十七人，六十六人……直至最后选出其大弟子三人去找什罗魂魄。

此三人至毒地黑海边，各诵咒语，致水干，见什罗魂魄显现。他们以法器来拉，不足；由里尺鸟（一种长尾山鸟）之长尾接之，未出；又请来东方大本波压鬼，而带什罗从地狱出。招魂归后，将其送入天上佛地各祖先旁！

备注：祭东巴什罗第 23 册。

释读东巴：和文质	注音翻译：李霖灿	数字化：奚可桢
课题名称：国家社会科学基金重大项目（项目批准号：12&ZD234）	音标校注：白庚胜 音标录入：丁春艳 编目数字化：吴国新	统稿：白庚胜 数据技术处理：祁喆

南京博物院东巴经典藏本编目（八十二）

南京博物院 东巴经典藏书编号	82	经书 页数	8	书写经书 东巴署名	无
收藏时间及历史背景			李霖灿先生 1943 年 3 月在云南省丽江市玉龙纳西族自治县鲁甸乡调查所得		

收藏 标签		书写 区域	丽江			
		经书 书写 特征	象形文 （封面）	象形文 （内容）	哥巴文 （封面）	哥巴文 （内容）
			√	√		
			3 栏 4 列			

经书 封面	

仪式 名称	读音	ʂər⁵⁵ lər³³ ŋv⁵⁵
	汉译	祭什罗

经书 名称	读音	ʂər⁵⁵ lər³³ ʂu²¹
	汉译	找寻神罗

经文 内容 提要	1. 东巴什罗之失落与寻找。此段已见前文。 　　2. 破毒地黑海记，由神山晨虹中照见东巴什罗死于毒地黑海中。三百六十弟子至海边大哭，撒米供养大神，以里尺鸟尾接什罗出，借仗神力，将各鬼杀死、将鬼地踏平，将东巴什罗送入天宫祖先旁边。

备注	祭东巴什罗第 23 册。

释读东巴：和文质	注音翻译：李霖灿	数字化：奚可桢
课题名称：国家社会科学基金重大项目（项目批准号：12&ZD234）	音标校注：白庚胜 音标录入：丁春艳 编目数字化：吴国新	统稿：白庚胜 数据技术处理：祁喆

南京博物院东巴经典藏本编目（八十三）

南京博物院 东巴经典藏书编号	83	经书 页数	12	书写经书 东巴署名	无
收藏时间及历史背景					

收藏时间及历史背景	李霖灿先生 1943 年 3 月在云南省丽江市玉龙纳西族自治县鲁甸乡打米杵村调查所得

收藏 标签		书写 区域	丽江			
		经书 书写 特征	象形文 （封面）	象形文 （内容）	哥巴文 （封面）	哥巴文 （内容）
			√	√		
			3 栏 5 列			

经书 封面	

仪式 名称	读音	ṣər⁵⁵ lər³³ ŋv⁵⁵
	汉译	祭什罗

经书 名称	读音	kv⁵⁵ sɿ³³ ma²¹ pv⁵⁵
	汉译	送固斯麻

经文 内容 提要	东巴什罗死后，固斯麻来寻仇，领鬼断什罗魂魄之路。于是，东巴什罗的弟子作法还鬼之债，使固斯麻心喜，将之送入九道黑山黑崖，而由各大本波诵念咒语，将东巴什罗与固斯麻分开，将什罗魂魄送入天宫。

备注	祭东巴什罗第 25 册。

释读东巴：和文质	注音翻译：李霖灿	数字化：奚可桢
课题名称：国家社会科学 基金重大项目（项目批准 号：12&ZD234）	音标校注：白庚胜 音标录入：丁春艳 编目数字化：吴国新	统稿：白庚胜 数据技术处理：祁喆

南京博物院东巴经典藏本编目（八十四）

南京博物院 东巴经典藏书编号	84	经书 页数	18	书写经书 东巴署名	无
收藏时间及历史背景		李霖灿先生 1943 年 3 月在云南省丽江市玉龙纳西族自治县鲁甸乡打米杵村调查所得			

收藏 标签		书写 区域	丽江			
		经书 书写 特征	象形文 （封面）	象形文 （内容）	哥巴文 （封面）	哥巴文 （内容）
			√	√		
			3 栏 5 列			

经书 封面	

仪式 名称	读音	şər⁵⁵ lər³³ ŋv⁵⁵
	汉译	祭什罗

经书 名称	读音	dzo²¹ phər²¹ tsʅ³³
	汉译	接过白桥

经文 内容 提要	此册乃救东巴什罗出毒地黑海，以白桥接其魂魄上岸之经。所谓白桥者，乃白布一条。诵经引渡后，此白布遂为东巴所有。 前一段述东巴什罗到地狱毒地，天上出九个太阳，热不可耐，他遂脱衣下海洗澡，并将帽子放在底下，靴子放在上面，以靴压念珠，生罪过——老鸦头白了，麂子尾黑了，生出七个毒鬼，将东巴什罗拉下海中溺死。东巴什罗的弟子来黑海搭救尸身，并以里尺之长尾将其灵魂救出，由白桥上接过燃灯供养，再由白桥上送入佛地去。 中间一大段为东巴生前作法仪容有不合处，死后各屈死鬼遂来阻路。今由各东巴撒米还鬼债、诵咒语，使鬼不得再阻路，进而将东巴送入天宫。 最后一段详述东巴什罗魂魄由白桥上一一送上天宫各大神旁边、其师傅旁边、九代老祖七代祖母旁边。于是，魂魄安宁了，马鬃美丽了，福泽留在人间了。

备注	祭东巴什罗第 26 册。

释读东巴：和文质	注音翻译：李霖灿	数字化：奚可桢
课题名称：国家社会科学基金重大项目（项目批准号：12&ZD234）	音标校注：白庚胜 音标录入：丁春艳 编目数字化：吴国新	统稿：白庚胜 数据技术处理：祁喆

南京博物院东巴经典藏本编目（八十五）

南京博物院 东巴经典藏书编号	85	经书 页数	8	书写经书 东巴署名	无
收藏时间及历史背景		李霖灿先生 1943 年 3 月在云南省丽江市玉龙纳西族自治县鲁甸乡打米杵村调查所得			

收藏 标签		书写 区域	丽江		
		经书 书写 特征	象形文（封面）	象形文（内容）	哥巴文（封面）	哥巴文（内容）
			√	√		
		3 栏 4 列			

经书 封面	

仪式 名称	读音	ʂər⁵⁵ lər³³ ŋv⁵⁵
	汉译	祭什罗

经书 名称	读音	khu³³ kɨ³³ tʂhə⁵⁵ ʂu⁵⁵ ha³³ ʂɿ²¹
	汉译	门前除秽给饭经

经文内容提要

此册乃接东巴什罗至大门口给下马饭之经。内分三段：

1. 迎接。不要留在地狱黑海中，东方鬼王不要拘留魂魄，南方、西方、北方、中央各式各样鬼皆同此。由其三大弟子以白牛一千、黑马一万来还鬼债，诵咒语压鬼，将什罗灵魂接到各祖先旁边！

2. 除秽。昔日东巴什罗死于毒地黑海中，衣服、靴、帽子、念珠皆为秽污，法器、经书皆为秽魔，故请来除秽吉牌东巴为之除秽，烧柏香，以净水洗涤，除器物及身上之不洁。于是，一切清洁，魂魄安宁了，马鬃好看了！

3. 敬酒饭。魂魄由远处而来，累亦累了，饿亦饿了，冷亦冷了，请到神灯香火上烘手用饭（于此又述天女种谷出饭之来历），请魂魄在此取暖吃饱。

备注 祭东巴什罗第 27 册。

释读东巴：和文质	注音翻译：李霖灿	数字化：奚可桢
课题名称：国家社会科学基金重大项目（项目批准号：12&ZD234）	音标校注：白庚胜 音标录入：丁春艳 编目数字化：吴国新	统稿：白庚胜 数据技术处理：祁喆

南京博物院东巴经典藏本编目（八十六）

南京博物院 东巴经典藏书编号	86		经书 页数	13	书写经书 东巴署名		无
收藏时间及历史背景		李霖灿先生1943年3月在云南省丽江市玉龙纳西族自治县鲁甸乡打米杵村调查所得					

收藏 标签		书写 区域	丽江			
		经书 书写 特征	象形文 （封面）	象形文 （内容）	哥巴文 （封面）	哥巴文 （内容）
			∨	∨		
			3栏4列			

经书 封面	

仪式 名称	读音	ʂər⁵⁵ lər³³ ŋv⁵⁵
	汉译	祭什罗
经书 名称	读音	gv³³ tʂhə⁵⁵ to³³ ba²¹ ʂər⁵⁵ lər⁵⁵ tsɿ³³
	汉译	接九代东巴什罗

经文 内容 提要	此册乃于大门口接九代东巴什罗之经。据东巴经云，什罗凡投生九代。此册主要者亦在此九名，余则不过接来供养而已。将此九名列表于下： 第一代名：都支乌布，生于东方。 第二代名：依石乌布，生于南方。 第三代名：彼玛乌布，生于西方。 第四代名：钮牛乌布，生于北方。 第五代名：罗沙几牛，生于中央。 第六代名：几猜乌布，生于东南方。 第七代名：玉节乌布，生于西南方。 第八代名：那牛乌布，生于西北方。 第九代名：苟土格罗，生于东北方。 后有一段接其九代祖父、七代祖母及其师父语。
备注	祭东巴什罗第28册。

释读东巴：和文质	注音翻译：李霖灿	数字化：奚可桢
课题名称：国家社会科学基金重大项目（项目批准号：12&ZD234）	音标校注：白庚胜 音标录入：丁春艳 编目数字化：吴国新	统稿：白庚胜 数据技术处理：祁喆

南京博物院东巴经典藏本编目（八十七）

南京博物院东巴经典藏书编号	87	经书页数	8	书写经书东巴署名	无

| 收藏时间及历史背景 | 李霖灿先生 1943 年 3 月在云南省丽江市玉龙纳西族自治县鲁甸乡打米杵村调查所得 ||||||

收藏标签		书写区域	丽江			
		经书书写特征	象形文（封面）	象形文（内容）	哥巴文（封面）	哥巴文（内容）
			√	√		
			3 栏 4 列				

经书封面	

仪式名称	读音	ṣər⁵⁵ lər³³ ŋv⁵⁵
	汉译	祭什罗

经书名称	读音	tsho⁵⁵ tshŋ²¹ pv⁵⁵ kua²¹ le³³ sʅ³³
	汉译	代送错鬼之经

经文内容提要	此册内乃述东巴作法仪容有错误，由此而生之屈死鬼在路上阻拦，因而代送错鬼等各回各地，令其不作乱。举一段以见例：当日东巴什罗在世时，以牦牛、黄牛作斋念经有错误，故其死后，在去往祖先之路上有牛头鬼来阻路。今日，由各通晓经典之东巴代为作法，将牦牛、黄牛各送回己地，求其不阻路。 　　以下念咒一句以压鬼。余皆与此方式相同。

备注	祭东巴什罗第 29 册。

释读东巴：和文质	注音翻译：李霖灿	数字化：奚可桢
课题名称：国家社会科学基金重大项目（项目批准号：12&ZD234）	音标校注：白庚胜 音标录入：丁春艳 编目数字化：吴国新	统稿：白庚胜 数据技术处理：祁喆

南京博物院东巴经典藏本编目（八十八）

南京博物院 东巴经典藏书编号	88	经书 页数	9	书写经书 东巴署名	无
收藏时间及历史背景					

李霖灿先生 1943 年 3 月在云南省丽江市玉龙纳西族自治县鲁甸乡打米杵村调查所得

收藏标签		书写区域	丽江			
		经书书写特征	象形文（封面）	象形文（内容）	哥巴文（封面）	哥巴文（内容）
			√	√		
			3 栏 5 列			

经书封面	

仪式名称	读音	ʂər⁵⁵ lər³³ ŋv⁵⁵
	汉译	祭什罗

经书名称	读音	bæ³³ mi³³ tʂʅ⁵⁵ tɕiə²¹ tʂhu³³
	汉译	燃灯诵经

经文内容提要	昔日东巴什罗死时，有其三百六十弟子燃灯相送。又，开天九兄弟为其东巴燃灯送魂，遂得福利……以致崇仁利恩为其久不突赤本波燃灯，得三子，高勒趣为其几阿什罗燃灯，得四子。 　　今日主人家东巴死，亦依法为其燃灯求福泽！ 　　于是，各大本波为各大神燃灯。每呼一名号，请其受供奉，继之呼一句六字真言"唵嘛咪叭嘛吽"。

备注	祭东巴什罗第 30 册。

释读东巴：和文质	注音翻译：李霖灿	数字化：奚可桢
课题名称：国家社会科学基金重大项目（项目批准号：12&ZD234）	音标校注：白庚胜 音标录入：丁春艳 编目数字化：吴国新	统稿：白庚胜 数据技术处理：祁喆

南京博物院东巴经典藏本编目（八十九）

南京博物院 东巴经典藏书编号	89	经书 页数	9	书写经书 东巴署名	无

收藏时间及历史背景	李霖灿先生 1943 年 3 月在云南省丽江市玉龙纳西族自治县鲁甸乡调查所得

收藏 标签		书写 区域	丽江			
		经书 书写 特征	象形文 （封面）	象形文 （内容）	哥巴文 （封面）	哥巴文 （内容）
			√	√		
			4 栏 3 列			

经书 封面	

仪式 名称	读音	şər⁵⁵ lər³³ ŋv⁵⁵

読音 $şər^{55}$ $lər^{33}$ $ŋv^{55}$

仪式 名称	读音	$şər^{55}\ lər^{33}\ ŋv^{55}$
	汉译	祭什罗

经书 名称	读音	$hua^{55}\ ly^{33}$
	汉译	咒语

经文 内容 提要	咒语，内容不详。

备注	祭东巴什罗第 31 册。

释读东巴：和文质	注音翻译：李霖灿	数字化：奚可桢
课题名称：国家社会科学基金重大项目（项目批准号：12&ZD234）	音标校注：白庚胜 音标录入：丁春艳 编目数字化：吴国新	统稿：白庚胜 数据技术处理：祁喆

南京博物院东巴经典藏本编目（九十）

南京博物院 东巴经典藏书编号	90	经书 页数	9	书写经书 东巴署名	无
收藏时间及历史背景		李霖灿先生 1943 年 3 月在云南省丽江市玉龙纳西族自治县鲁甸乡调查所得			

收藏 标签		书写 区域	丽江			
		经书 书写 特征	象形文 （封面）	象形文 （内容）	哥巴文 （封面）	哥巴文 （内容）
			√	√		
		4 栏 5 列				

经书 封面	

仪式 名称	读音	ʂər⁵⁵ lər³³ ŋv⁵⁵
	汉译	祭什罗
经书 名称	读音	hua⁵⁵ ly³³
	汉译	咒语
经文 内容 提要	咒语，内容不详。	
备注	祭东巴什罗第 32 册。	

释读东巴：和文质	注音翻译：李霖灿	数字化：奚可桢
课题名称：国家社会科学基金重大项目（项目批准号：12&ZD234）	音标校注：白庚胜 音标录入：丁春艳 编目数字化：吴国新	统稿：白庚胜 数据技术处理：祁喆

南京博物院东巴经典藏本编目（九十一）

南京博物院东巴经典藏书编号	91	经书页数	12	书写经书东巴署名	无
收藏时间及历史背景	李霖灿先生 1943 年 3 月在云南省丽江市玉龙纳西族自治县鲁甸乡调查所得				

收藏标签		书写区域	丽江		
		经书书写特征	象形文（封面）	象形文（内容）	哥巴文（封面）	哥巴文（内容）
			√	√		
		5 栏 4 列				

经书封面	

仪式名称	读音	ṣər⁵⁵ lər³³ ŋv⁵⁵
	汉译	祭什罗

经书名称	读音	la³³ sæ³³ tɕi⁵⁵ tɕi³³ hua⁵⁵ ly³³ kv³³ tṣu⁵⁵
	汉译	"拉山几几"咒语·上

经文内容提要	此咒语有二名，内容不详。

备注	祭东巴什罗第 33 册。

释读东巴：和文质	注音翻译：李霖灿	数字化：奚可桢
课题名称：国家社会科学基金重大项目（项目批准号：12&ZD234）	音标校注：白庚胜 音标录入：丁春艳 编目数字化：吴国新	统稿：白庚胜 数据技术处理：祁喆

351

南京博物院东巴经典藏本编目（九十二）

南京博物院 东巴经典藏书编号	92	经书 页数	9	书写经书 东巴署名	无
收藏时间及历史背景	李霖灿先生 1943 年 3 月在云南省丽江市玉龙纳西族自治县鲁甸乡调查所得				

收藏 标签		书写 区域	丽江		
		经书 书写 特征	象形文 （封面）	象形文 （内容）	哥巴文 （封面）	哥巴文 （内容）
			√	√		
			4 栏 3 列			

经书 封面	

仪式 名称	读音	ʂər⁵⁵ lər³³ ŋv⁵⁵
	汉译	祭什罗

经书 名称	读音	la³³ sæ³³ tɕi⁵⁵ tɕi³³ hua⁵⁵ ly³³ ly⁵⁵ tʂu⁵⁵
	汉译	"拉山敬几"咒语·中册

经文 内容 提要	咒语，内容不详。

备注	祭东巴什罗第 34 册。

释读东巴：和文质	注音翻译：李霖灿	数字化：奚可桢
课题名称：国家社会科学基金重大项目（项目批准号：12&ZD234）	音标校注：白庚胜 音标录入：丁春艳 编目数字化：吴国新	统稿：白庚胜 数据技术处理：祁喆

南京博物院东巴经典藏本编目（九十三）

南京博物院 东巴经典藏书编号	93	经书 页数	6	书写经书 东巴署名	无
收藏时间及历史背景		李霖灿先生 1943 年 3 月在云南省丽江市玉龙纳西族自治县鲁甸 乡调查所得			

收藏 标签		书写 区域	丽江			
		经书 书写 特征	象形文 （封面）	象形文 （内容）	哥巴文 （封面）	哥巴文 （内容）
			√	√		
		5 栏 3 列				

经书 封面	

仪式 名称	读音	ʂər⁵⁵ lər³³ ŋv⁵⁵
	汉译	祭什罗
经书 名称	读音	la³³ sæ³³ tɕi⁵⁵ tɕi³³ hua⁵⁵ ly³³ mæ³³ tʂu⁵⁵
	汉译	"拉山几几"咒语·下册
经文 内容 提要		咒语，内容不详。

备注	祭东巴什罗第 35 册。

释读东巴：和文质	注音翻译：李霖灿	数字化：奚可桢
课题名称：国家社会科学 基金重大项目（项目批准 号：12&ZD234）	音标校注：白庚胜 音标录入：丁春艳 编目数字化：吴国新	统稿：白庚胜 数据技术处理：祁喆

南京博物院东巴经典藏本编目（九十四）

南京博物院 东巴经典藏书编号	94	经书 页数	24	书写经书 东巴署名	无
收藏时间及历史背景					

李霖灿先生 1943 年 3 月在云南省丽江市玉龙纳西族自治县鲁甸乡调查所得

书写区域	丽江			
	象形文 （封面）	象形文 （内容）	哥巴文 （封面）	哥巴文 （内容）
经书书写特征	√	√		

4 栏 5 列

经书封面

仪式 名称	读音	şər⁵⁵ lər³³ ŋv⁵⁵

仪式名称 读音 $ṣər^{55} lər^{33} ŋv^{55}$
仪式名称 汉译 祭什罗

经书名称 读音 $ṇi^{33} uo^{33} dy^{21} hua^{55} ly^{33} kv^{33} tṣu^{55}$
经书名称 汉译 地域咒语·上册

经文内容提要

　　东巴将地狱分作十八层，以六道分之。此其第一道之咒语也。

　　此道共二十二地，各有一神管之。其象于咒语篇前，六册皆同。此道中以东巴什罗之第三大弟子为主。诵此册咒语时，心中须默念此人在心。

备注 祭东巴什罗第 36 册。

释读东巴：和文质	注音翻译：李霖灿	数字化：奚可桢
课题名称：国家社会科学 基金重大项目（项目批准 号：12&ZD234）	音标校注：白庚胜 音标录入：丁春艳 编目数字化：吴国新	统稿：白庚胜 数据技术处理：祁喆

南京博物院东巴经典藏本编目（九十五）

南京博物院东巴经典藏书编号	95	经书页数	23	书写经书东巴署名	无
收藏时间及历史背景	李霖灿先生1943年3月在云南省丽江市玉龙纳西族自治县鲁甸乡调查所得				

收藏标签		书写区域	丽江		
		经书书写特征	象形文（封面）	象形文（内容）	哥巴文（封面）	哥巴文（内容）
			√	√		
		4栏3列			

经书封面	

仪式名称	读音	ʂər⁵⁵ lər³³ ŋv⁵⁵
	汉译	祭什罗

经书名称	读音	yi³³ da²¹ dy²¹ hua⁵⁵ ly³³ ly⁵⁵ tʂu⁵⁵
	汉译	依打地咒语·中册

经文内容提要	此道近于饿鬼道，凡二十地，须心中默念之。

备注	祭东巴什罗第37册。

释读东巴：和文质	注音翻译：李霖灿	数字化：奚可桢
课题名称：国家社会科学基金重大项目（项目批准号：12&ZD234）	音标校注：白庚胜 音标录入：丁春艳 编目数字化：吴国新	统稿：白庚胜 数据技术处理：祁喆

355

南京博物院东巴经典藏本编目(九十六)

南京博物院 东巴经典藏书编号	96	经书 页数	22	书写经书 东巴署名	无
收藏时间及历史背景					

收藏时间及历史背景	李霖灿先生 1943 年 3 月在云南省丽江市玉龙纳西族自治县鲁甸乡调查所得

收藏标签		书写区域	丽江		
		经书书写特征	象形文(封面)	象形文(内容)	哥巴文(封面)	哥巴文(内容)
			√	√		
		6 栏 3 列			

经书封面	

仪式名称	读音	ʂər⁵⁵ lər³³ ŋv⁵⁵
	汉译	祭什罗

经书名称	读音	sy²¹ so³³ dy²¹ hua⁵⁵ ly³³
	汉译	须索地咒语

经文内容提要	凡二十地,须心中默念之。

备注	祭东巴什罗第 38 册。

释读东巴:和文质	注音翻译:李霖灿	数字化:奚可桢
课题名称:国家社会科学基金重大项目(项目批准号:12&ZD234)	音标校注:白庚胜 音标录入:丁春艳 编目数字化:吴国新	统稿:白庚胜 数据技术处理:祁喆

南京博物院东巴经典藏本编目（九十七）

南京博物院 东巴经典藏书编号	97	经书 页数	25	书写经书 东巴署名	无
收藏时间及历史背景	李霖灿先生 1943 年 3 月在云南省丽江市玉龙纳西族自治县鲁甸乡调查所得				

收藏标签		书写区域	丽江			
		经书书写特征	象形文（封面）	象形文（内容）	哥巴文（封面）	哥巴文（内容）
			√	√		
			4 栏 4 列			

经书封面	

仪式名称	读音	ʂər⁵⁵ lər³³ ŋv⁵⁵
	汉译	祭什罗

经书名称	读音	bi³³ tsho⁵⁵ ri²¹ dy³³ hua⁵⁵ ly³³
	汉译	彼错日地咒语

经文内容提要	此册有"劳生世界"之意，即吾等今日之大好世界。 须心中默念之，共二十三地。

备注	祭东巴什罗第 39 册。

释读东巴：和文质	注音翻译：李霖灿	数字化：奚可桢
课题名称：国家社会科学基金重大项目（项目批准号：12&ZD234）	音标校注：白庚胜 音标录入：丁春艳 编目数字化：吴国新	统稿：白庚胜 数据技术处理：祁喆

南京博物院东巴经典藏本编目（九十八）

南京博物院 东巴经典藏书编号	98	经书 页数	10	书写经书 东巴署名	无
收藏时间及历史背景	李霖灿先生 1943 年 3 月在云南省丽江市玉龙纳西族自治县鲁甸乡调查所得					

收藏 标签		书写 区域	丽江			
		经书 书写 特征	象形文 （封面）	象形文 （内容）	哥巴文 （封面）	哥巴文 （内容）
			√	√		
			4 栏 5 列				

经书 封面	

仪式 名称	读音	ʂər⁵⁵ lər³³ ŋv⁵⁵
	汉译	祭什罗

经书 名称	读音	bi³³ to²¹ dy³³ hua⁵⁵ ly³³
	汉译	彼多地咒语

经文 内容 提要	诵此册咒语，须默念在心。 凡十七地。

备注	祭东巴什罗第 40 册。

释读东巴：和文质	注音翻译：李霖灿	数字化：奚可桢
课题名称：国家社会科学基金重大项目（项目批准号：12&ZD234）	音标校注：白庚胜 音标录入：丁春艳 编目数字化：吴国新	统稿：白庚胜 数据技术处理：祁喆

南京博物院东巴经典藏本编目（九十九）

南京博物院 东巴经典藏书编号	99	经书 页数	24	书写经书 东巴署名	无
收藏时间及历史背景		李霖灿先生 1943 年 3 月在云南省丽江市玉龙纳西族自治县鲁甸乡调查所得			

收藏 标签		书写 区域	丽江			
		经书 书写 特征	象形文 （封面）	象形文 （内容）	哥巴文 （封面）	哥巴文 （内容）
			√	√		
			4 栏 4 列			

经书 封面	

仪式 名称	读音	ʂər⁵⁵ lər³³ ŋv⁵⁵
	汉译	祭什罗

经书 名称	读音	la³³ mi³³ dy²¹ hua⁵⁵ ly³³
	汉译	拉米地咒语

经文 内容 提要	此地乃神地也，凡二十二地。 须心中默念之。

备注	祭东巴什罗第 41 册。

释读东巴：和文质	注音翻译：李霖灿	数字化：奚可桢
课题名称：国家社会科学基金重大项目（项目批准号：12&ZD234）	音标校注：白庚胜 音标录入：丁春艳 编目数字化：吴国新	统稿：白庚胜 数据技术处理：祁喆

南京博物院东巴经典藏本编目（一〇〇）

南京博物院 东巴经典藏书编号	100	经书 页数	12	书写经书 东巴署名	无

收藏时间及历史背景	李霖灿先生1943年3月在云南省丽江市玉龙纳西族自治县鲁甸乡打米杵村调查所得

收藏 标签		书写 区域	丽江			
		经书 书写 特征	象形文 （封面）	象形文 （内容）	哥巴文 （封面）	哥巴文 （内容）
			√	√		
		3栏6列				

经书 封面	

仪式 名称	读音	ʂər⁵⁵ lər³³ ŋv⁵⁵
	汉译	祭什罗

经书 名称	读音	tʂhə⁵⁵ tshŋ²¹ dzu³³ zua²¹
	汉译	还秽鬼账

经文 内容 提要	1. 还来秽鬼债。东巴生时有祭鬼送鬼、之福分。因祭鬼须杀牲畜，故因此招秽鬼。且各式法仪容有错误，遂有过失。东巴死后各鬼皆来作乱，致其亡魂不能到佛地去，死魂不宁。故由今日各东巴代为还债，使秽鬼不来阻路（于此又述秽鬼之来历一小段）。立起黑色神座，杀黑羊黑鹅等以还账（于此又述各牺牲之来历）。凡东巴当日，杀牛、羊、鸡、猪，占卜错误，头尾颠倒、不会念经、不会写字、不会烧香、不会作各法仪之错误，今一一代为还之……于是，以下呼各鬼王及各鬼来取债物，如牦牛头秽鬼、蛙头秽鬼、骑黄马鬼、骑青马鬼……代偿还天地日月一切债欠，令鬼吃饭吃饱、喝酒喝醉，背亦足载，看亦满眼，将各鬼送回各方本位。 2. 退罪过经。 3. 关秽鬼门砍鬼树经。

备注	祭东巴什罗第42册。

释读东巴：和文质	注音翻译：李霖灿	数字化：奚可桢
课题名称：国家社会科学基金重大项目（项目批准号：12&ZD234）	音标校注：白庚胜 音标录入：丁春艳 编目数字化：吴国新	统稿：白庚胜 数据技术处理：祁喆

南京博物院东巴经典藏本编目（一〇一）

南京博物院东巴经典藏书编号	101	经书页数	11	书写经书东巴署名	无
收藏时间及历史背景					

收藏时间及历史背景	李霖灿先生 1943 年 3 月在云南省丽江市玉龙纳西族自治县鲁甸乡打米杵村调查所得。

收藏标签		书写区域	丽江			
		经书书写特征	象形文（封面）	象形文（内容）	哥巴文（封面）	哥巴文（内容）
			√	√		
		3 栏 4 列				

经书封面	

仪式名称	读音	şər⁵⁵ lər³³ ŋv⁵⁵
	汉译	祭什罗

经书名称	读音	n̠i³³ uo³³ tshe²¹ ho⁵⁵ dy²¹ dzʯ³³ zua²¹
	汉译	还十八地狱鬼债

经文内容提要	此册述东巴死后在地狱十八地还鬼债之经过。 1. 东巴什罗之来历。东巴死后成为东巴什罗，故须先述其来历。事迹甚略，已重复见前。 2. 十八地狱之来历。由不真不实变化，遂成十八地狱。有黑鼠黑鸦地狱、争战地狱、饿鬼地狱等，共十八层，各有一鬼王主之。 3. 还十八地狱鬼债。东巴在世时恐有错事，死时遂为十八地狱各鬼王所阻，在第一层有鸡头鬼王阻之曰："你生前拿人家帽子，把帽子快交给我！"于是，由今日各东巴代为还鬼债，遂得通过。 以下十八层地狱皆如此，唯鬼王敲诈之东西不同，皆为东巴之利市。如珠宝、米粮等，或东巴亦自知其来由耶？ 十八地狱过完后，送入神地。于是，魂魄安宁，马鬃好看！最后结以一句咒语。

备注	祭东巴什罗第 43 册。

释读东巴：和文质	注音翻译：李霖灿	数字化：奚可桢
课题名称：国家社会科学基金重大项目（项目批准号：12&ZD234）	音标校注：白庚胜 音标录入：丁春艳 编目数字化：吴国新	统稿：白庚胜 数据技术处理：祁喆

361

南京博物院东巴经典藏本编目（一〇二）

南京博物院 东巴经典藏书编号	102	经书 页数	8	书写经书 东巴署名	无
收藏时间及历史背景	李霖灿先生 1943 年 3 月在云南省丽江市玉龙纳西族自治县鲁甸乡调查所得				

收藏标签		书写区域	丽江			
		经书书写特征	象形文（封面）	象形文（内容）	哥巴文（封面）	哥巴文（内容）
			√	√		
			3 栏 4 列			

经书封面	

仪式名称	读音	ṣər⁵⁵ lər³³ ŋv⁵⁵
	汉译	祭什罗

经书名称	读音	ni³³ uo³³ gv²¹ bu³³ lo⁵⁵
	汉译	过地狱九道坡

经文内容提要	当日东巴在生时，杀禽鸟而生秽鬼。其死后至第一坡，遂有牛头鬼王来封阻魂路，使其不得入神地，遂由吕史毛大本波来变化，以鸟皮变化，以酒食等饷鬼，遂过第一黑坡；第二黑坡有虎头鬼王索债，又依法以虎兽皮变多玛还之，遂过第二黑坡……如此直过地狱九道黑坡。 　　最后，压鬼关地狱鬼门，终以吕史毛大一句咒语。

备注	祭东巴什罗第 44 册。

释读东巴：和文质	注音翻译：李霖灿	数字化：奚可桢
课题名称：国家社会科学基金重大项目（项目批准号：12&ZD234）	音标校注：白庚胜 音标录入：丁春艳 编目数字化：吴国新	统稿：白庚胜 数据技术处理：祁喆

南京博物院东巴经典藏本编目（一〇三）

南京博物院 东巴经典藏书编号	103		经书 页数	9	书写经书 东巴署名	无
收藏时间及历史背景	李霖灿先生 1943 年 3 月在云南省丽江市玉龙纳西族自治县鲁甸 乡打米杵村调查所得					

收藏 标签		书写 区域	丽江			
		经书 书写 特征	象形文 （封面）	象形文 （内容）	哥巴文 （封面）	哥巴文 （内容）
			√	√		
			3 栏 5 列			

经书 封面	

仪式 名称	读音	ʂər⁵⁵ lər³³ ŋv⁵⁵
	汉译	祭什罗
经书 名称	读音	gæ²¹ dzər²¹ ʂu²¹ dzɿ²¹
	汉译	剑树铁城衣

经文 内容 提要	1. 破剑树。先述剑树之来历：黑意大神作变化，由地狱鳌鱼口中生出。剑树由各鬼王上下四方看守，牛头鬼王将死者灵魂拘留于此树上。萨依威德变化，生出各大将神兽，使魂魄得救。 　　2. 破九道铁门。牛头鬼王将死者魂魄关于九道铁门内，致死者魂魄不安。遂请来四方大本波开各铁门，将魂魄放出——死者安宁了，马鬃好看了。 　　3. 破铁城。由皮比米赤地多诵咒语，令亡魂远离各方剑树、各地鬼经。黑坡鬼王又将死者魂魄拘去放于铁城中，四面令各鬼看守（于此又述铁城之来历）。于是，仍由四方大本波下降压鬼，打开铁门将各鬼压伏，再将亡魂送往神地——魂魄安宁了，马鬃好看了。
备注	祭东巴什罗第 45 册。

释读东巴：和文质	注音翻译：李霖灿	数字化：奚可桢
课题名称：国家社会科学 基金重大项目（项目批准 号：12&ZD234 ）	音标校注：白庚胜 音标录入：丁春艳 编目数字化：吴国新	统稿：白庚胜 数据技术处理：祁喆

南京博物院东巴经典藏本编目（一〇四）

南京博物院 东巴经典藏书编号	104		经书 页数		15		书写经书 东巴署名		无
收藏时间及历史背景	李霖灿先生 1943 年 3 月在云南省丽江市玉龙纳西族自治县鲁甸乡调查所得								

收藏 标签		书写 区域	丽江			
		经书 书写 特征	象形文 （封面）	象形文 （内容）	哥巴文 （封面）	哥巴文 （内容）
			√	√		
			3 栏 4 列			

经书 封面	

仪式 名称	读音	ʂər⁵⁵ lər³³ ŋv⁵⁵
	汉译	祭什罗

经书 名称	读音	kho⁵⁵ lv³³ thv³³ pɯ⁵⁵
	汉译	科鲁出处等

经文内容提要：

　　1. 科鲁之来由。有人称科鲁为法轮，又似生物之基型，分为火、水、土、木、金。由此而生五行、万物，人亦在其中。人由五行而生，死后仍归五行。

　　2. 变地狱六地。东巴死后灵魂不到神地，遂由今日各东巴为之作法，诵咒语压各鬼，又照阴阳之镜以明量罪，然后作法在地狱中将剑树变为灯树，使死者免受苦，将铁索变为银线，将刀枪剑叉变金花银花，将铁城等变为金桥银桥……由皮巴米次丁多将鬼王镇压。

　　至饿鬼地、须左地亦如此。于是，到旁生界内，即我人之现世，遂杀一牛以祭禳鬼王（其头为牛），魂魄安宁。

备注	祭东巴什罗第 46 册。

释读东巴：和文质	注音翻译：李霖灿	数字化：奚可桢
课题名称：国家社会科学基金重大项目（项目批准号：12&ZD234）	音标校注：白庚胜 音标录入：丁春艳 编目数字化：吴国新	统稿：白庚胜 数据技术处理：祁喆

南京博物院东巴经典藏本编目（一〇五）

南京博物院东巴经典藏书编号	105	经书页数	20	书写经书东巴署名	无

收藏时间及历史背景	李霖灿先生1943年3月在云南省丽江市玉龙纳西族自治县鲁甸乡打米杵村调查所得

收藏标签		书写区域	丽江			
		经书书写特征	象形文（封面）	象形文（内容）	哥巴文（封面）	哥巴文（内容）
			√	√		
			3栏5列			

经书封面	

仪式名称	读音	ṣər⁵⁵ lər³³ ŋv⁵⁵
	汉译	祭什罗
经书名称	读音	ȵi³³ uo³³ tṣhua⁵⁵ dy³³ lo⁵⁵
	汉译	过地狱六地

经文内容提要	1. 过地域。此册凡六部，六地各有城，于篇头写出一字。此字外像城形，内为其符号（疑为藏文或梵文，待证）。 此一地狱内有剑树，使之变为神灯。有照过失镜，使之不照见过失。由米次赤底多诵咒语关地狱门，压鬼王，救灵魂出此地狱。 2. 过依达地。其城由九头狗头魔王守之，亦由米赤底多领过咒语而终。如第一段。 3. 须索地。其地有羊头鬼王守之，余同。 4. 彼此日地。其地由蛇头鬼王守之，由此地遂入我等之世界也。 5. 哈玛衣地。其地由猪头鬼王守之，余同。 6. 拉米地。乃大神地也，有牛头鬼王守之，余同上。
备注	祭东巴什罗第47册。

释读东巴：和文质	注音翻译：李霖灿	数字化：奚可桢
课题名称：国家社会科学基金重大项目（项目批准号：12&ZD234）	音标校注：白庚胜 音标录入：丁春艳 编目数字化：吴国新	统稿：白庚胜 数据技术处理：祁喆

南京博物院东巴经典藏本编目（一〇六）

南京博物院 东巴经典藏书编号	106	经书 页数	14	书写经书 东巴署名	无
收藏时间及历史背景			李霖灿先生 1943 年 3 月在云南省丽江市玉龙纳西族自治县鲁甸乡调查所得		

收藏标签		书写区域	丽江			
		经书书写特征	象形文（封面）	象形文（内容）	哥巴文（封面）	哥巴文（内容）
			√	√		
			3 栏 4 列			

经书封面	

仪式名称	读音	ʂər^{55} lər^{33} ŋv^{55}
	汉译	祭什罗
经书名称	读音	he^{33} dy^{33} pv^{55} no^{33} yo^{24} sa^{55}
	汉译	送神地迎福泽

经文内容提要	此册也由哈玛衣起，乃述今日行祭之东巴乃东巴什罗后代，亦依法仪送入其九代、七代祖先旁。恐昔与人有争战之事，仍由东巴代为诵念咒语，压秽鬼，送入神地。 　　以下为送入神地。云其地之好，一件衣服一生穿不破，种一次粮食一生吃不完，骑白云为马，以日月为床，不劳作而食，不放牧而饮……唯有好而无坏。以下为各神之名，遂入纳西人心中之西方极乐世界矣。以下一段为将福泽留于后人，已见于前。因死者为东巴，故求其将为巫为觋之福分留于后代也。

备注	祭东巴什罗第 48 册。

释读东巴：和文质	注音翻译：李霖灿	数字化：奚可桢
课题名称：国家社会科学基金重大项目（项目批准号：12&ZD234）	音标校注：白庚胜 音标录入：丁春艳 编目数字化：吴国新	统稿：白庚胜 数据技术处理：祁喆

南京博物院东巴经典藏本编目（一〇七）

南京博物院 东巴经典藏书编号	107	经书 页数	8	书写经书 东巴署名	无
收藏时间及历史背景		李霖灿先生 1943 年 3 月在云南省丽江市玉龙纳西族自治县鲁甸乡调查所得			

收藏 标签		书写 区域	丽江			
		经书 书写 特征	象形文 （封面）	象形文 （内容）	哥巴文 （封面）	哥巴文 （内容）
			✓	✓		
			3 栏 4 列			

经书 封面	

仪式 名称	读音	ʂər⁵⁵ lər³³ ŋv⁵⁵
	汉译	祭什罗

经书 名称	读音	no³³ ɣo²¹ sa⁵⁵ phv³³ la²¹ sa⁵⁵ hua⁵⁵ ly³³
	汉译	迎福泽与送菩萨咒语

经文 内容 提要	1. 留福泽于后人经。见前。 2. 古宗语也，有送菩萨之意。为咒语，依字而读。 后一小段仍有求东巴福分不断之意。

备注	祭东巴什罗第 49 册。

释读东巴：和文质	注音翻译：李霖灿	数字化：奚可桢
课题名称：国家社会科学 基金重大项目（项目批准 号：12&ZD234）	音标校注：白庚胜 音标录入：丁春艳 编目数字化：吴国新	统稿：白庚胜 数据技术处理：祁喆

南京博物院东巴经典藏本编目（一〇八）

南京博物院 东巴经典藏书编号	108	经书 页数	8	书写经书 东巴署名	无
收藏时间及历史背景			李霖灿先生 1943 年 3 月在云南省丽江市玉龙纳西族自治县鲁甸乡调查所得		

收藏 标签		书写 区域	丽江			
		经书 书写 特征	象形文 （封面）	象形文 （内容）	哥巴文 （封面）	哥巴文 （内容）
			√	√		
			3 栏 4 列			

经书 封面	

仪式 名称	读音	şər⁵⁵ lər³³ ŋv⁵⁵
	汉译	祭什罗

经书 名称	读音	te³³ zər²¹ lɯ²¹
	汉译	放倒旗杆

经文 内容 提要	作东巴超度法仪须以各色布作旗杆，有十八旗，含有压十八地狱之意，今十八地狱已尽，故放卸之，将布取下而烧之。 　　1. 旗杆之来历。见上二行压十八地狱之意也。 　　2. 旗杆放卸之史实。举天、地、龙王、米利董主、东巴什罗、阿高力等立旗杆放卸旗杆为例。 　　3. 于是行祭人家依法为之放卸旗杆压各鬼，将死者送入神地，将福泽留于人间（于此将布等取下）。

备注	祭东巴什罗第 50 册。

释读东巴：和文质	注音翻译：李霖灿	数字化：奚可桢
课题名称：国家社会科学基金重大项目（项目批准号：12&ZD234）	音标校注：白庚胜 音标录入：丁春艳 编目数字化：吴国新	统稿：白庚胜 数据技术处理：祁喆

南京博物院东巴经典藏本编目（一○九）

南京博物院 东巴经典藏书编号	109	经书 页数	14	书写经书 东巴署名	无
收藏时间及历史背景	李霖灿先生 1943 年 3 月在云南省丽江市玉龙纳西族自治县鲁甸乡调查所得				

收藏标签		书写区域	丽江			
		经书书写特征	象形文（封面）	象形文（内容）	哥巴文（封面）	哥巴文（内容）
			√	√		
		3 栏 4 列				

经书封面	

仪式名称	读音	ʂər⁵⁵ lər³³ ŋv⁵⁵
	汉译	祭什罗

经书名称	读音	mu²¹ dzi⁵⁵
	汉译	火葬

经文内容提要	1. 东巴什罗之火葬。东巴什罗既死，遂送其魂魄入天宫，到九代祖父、七代祖母旁边。其遗体由三百六十弟子以五宝八宝鲜花、药水来火化，依五方五行寻来东方之木、南方之火、西方之金、北方之水、中央之土（于此述五行之来历），燃灯（于此述其来历），述石之火链。由其三大弟子、五大本波（五方）举火，令火烟直送天上。于是，东巴什罗魂魄安宁，将灵威福泽留于人间。 2. 当日之火葬。行祭之家乃东巴什罗之后代，死后行火葬。以各好木、五宝八宝鲜花药水火葬，头上出烟如青龙入天。从此，青龙之好声好音留于人间不绝传递，其手变狮变大鹏，下身变作虎……福泽留于后代。 3. 接遗泽。以羊毛线连接各人，意为将遗泽结于身。
备注	祭东巴什罗第 51 册。

释读东巴：和文质	注音翻译：李霖灿	数字化：奚可桢
课题名称：国家社会科学基金重大项目（项目批准号：12&ZD234）	音标校注：白庚胜 音标录入：丁春艳 编目数字化：吴国新	统稿：白庚胜 数据技术处理：祁喆

南京博物院东巴经典藏本编目（一一〇）

南京博物院 东巴经典藏书编号	110	经书 页数	11	书写经书 东巴署名	无
收藏时间及历史背景			李霖灿先生 1943 年 3 月在云南省丽江市玉龙纳西族自治县鲁甸 乡打米杵村调查所得		

收藏 标签		书写 区域	丽江			
		经书 书写 特征	象形文 （封面）	象形文 （内容）	哥巴文 （封面）	哥巴文 （内容）
			√	√		
		3 栏 4 列				

经书 封面	

仪式 名称	读音	ʂər⁵⁵ lər³³ ŋv⁵⁵
	汉译	祭什罗

经书 名称	读音	to³³ ba²¹ ʂər⁵⁵ lər³³ ŋv⁵⁵
	汉译	超度东巴什罗

经文 内容 提要	此册先述东巴什罗投生之经过及八方八世之名字，然后于其死之日以金刀银刀为之剃发，使之入佛界，盖变为喇嘛之意，再将其送入天上，高唱六字真言。 　　以下又述寻得五方五行，积木为薪，击石出火，在佛地，每见一佛便念六字真言一句，使什罗魂魄安宁。 　　将东巴什罗的魂魄送入八宝之地，为之超度，送入不死、不落、不老、不熄、不病、不惊、不哑、不干之八宝金地。

备注	祭东巴什罗第 52 册。

释读东巴：和文质	注音翻译：李霖灿	数字化：奚可桢
课题名称：国家社会科学 基金重大项目（项目批准 号：12&ZD234）	音标校注：白庚胜 音标录入：丁春艳 编目数字化：吴国新	统稿：白庚胜 数据技术处理：祁喆

南京博物院东巴经典藏本编目（一一一）

南京博物院东巴经典藏书编号	111	经书页数	8	书写经书东巴署名	无
收藏时间及历史背景	李霖灿先生 1943 年 3 月在云南省丽江市玉龙纳西族自治县鲁甸乡调查所得				

收藏标签		书写区域	丽江			
		经书书写特征	象形文（封面）	象形文（内容）	哥巴文（封面）	哥巴文（内容）
			√	√		
		3 栏 4 列				

经书封面	

仪式名称	读音	ʂər⁵⁵ lər³³ ŋv⁵⁵
	汉译	祭什罗

经书名称	读音	mu²¹ dʑi⁵⁵ kua²¹ tɕhi³³ tɕhi³³
	汉译	护守葬地

经文内容提要	火葬时须各神护佑，此为该经之主要意旨。 　　无各神各将护佑，无青龙白狮大鹏等护佑，无护法、各龙王各大神护佑，则东巴什罗之魂魄不喜欢。有各神将护佑，则东巴什罗喜欢。将东巴什罗的魂魄送入天宫。见前。
备注	祭东巴什罗第 53 册。

释读东巴：和文质	注音翻译：李霖灿	数字化：奚可桢
课题名称：国家社会科学基金重大项目（项目批准号：12&ZD234）	音标校注：白庚胜 音标录入：丁春艳 编目数字化：吴国新	统稿：白庚胜 数据技术处理：祁喆

南京博物院东巴经典藏本编目（一一二）

南京博物院 东巴经典藏书编号	112	经书 页数	22	书写经书 东巴署名	无
收藏时间及历史背景			李霖灿先生 1943 年 3 月在云南省丽江市玉龙纳西族自治县鲁甸乡调查所得		

收藏标签		书写区域	丽江			
		经书书写特征	象形文（封面）	象形文（内容）	哥巴文（封面）	哥巴文（内容）
			√	√		
			4 栏 5 列			

经书封面	

仪式名称	读音	şər⁵⁵ lər³³ ŋv⁵⁵
	汉译	祭什罗

经书名称	读音	dzər²¹ tsæ⁵⁵ me⁵⁵
	汉译	教加威灵

经文内容提要	此册与求寿经第四十五册同。此册共分四部分： 1. 未求加被威灵之前。 2. 求各神、各大本波、各大幽玛护法、各多格神、各地历史上大东巴来加被灵威。 3. 各法器之来历。 4. 加被灵威之后。

备注	祭东巴什罗第 54 册。

释读东巴：和文质	注音翻译：李霖灿	数字化：奚可桢
课题名称：国家社会科学基金重大项目（项目批准号：12&ZD234）	音标校注：白庚胜 音标录入：丁春艳 编目数字化：吴国新	统稿：白庚胜 数据技术处理：祁喆

南京博物院东巴经典藏本编目（一一三）

南京博物院 东巴经典藏书编号	113	经书 页数	22	书写经书 东巴署名	无

收藏时间及历史背景	李霖灿先生 1943 年 3 月在云南省丽江市玉龙纳西族自治县鲁甸乡调查所得

收藏 标签		书写 区域	丽江			
		经书 书写 特征	象形文 （封面）	象形文 （内容）	哥巴文 （封面）	哥巴文 （内容）
			√	√		
		3 栏 4 列				

经书 封面	

仪式 名称	读音	ʂər⁵⁵ lər³³ ŋv⁵⁵
	汉译	祭什罗

经书 名称	读音	to³³ ba²⁴ ʂər⁵⁵ lər³³ no³³ ɣo²⁴ sa⁵⁵
	汉译	求东巴福分

经文 内容 提要	东巴死后，成为东巴什罗。故，向之求福分。 此册与延寿经中同，乃上座问语之经，与下册相对答。

备注	祭东巴什罗第 55 册。

释读东巴：和文质	注音翻译：李霖灿	数字化：奚可桢
课题名称：国家社会科学基金重大项目（项目批准号：12&ZD234）	音标校注：白庚胜 音标录入：丁春艳 编目数字化：吴国新	统稿：白庚胜 数据技术处理：祁喆

南京博物院东巴经典藏本编目（一一四）

南京博物院 东巴经典藏书编号	114	经书 页数	8	书写经书 东巴署名	无
收藏时间及历史背景			李霖灿先生 1943 年 3 月在云南省丽江市玉龙纳西族自治县鲁甸乡调查所得		

收藏 标签		书写 区域	丽江			
		经书 书写 特征	象形文 （封面）	象形文 （内容）	哥巴文 （封面）	哥巴文 （内容）
			√	√		
		3 栏 3 列				

经书 封面	

仪式 名称	读音	ṣər⁵⁵ lər³³ ŋv⁵⁵
	汉译	祭什罗

经书 名称	读音	to³³ ba²⁴ no³³ ɣo²⁴ sa⁵⁵
	汉译	求东巴福分

经文 内容 提要	此乃各弟子之答语之经。

备注	祭东巴什罗第 56 册。

释读东巴：和文质	注音翻译：李霖灿	数字化：奚可桢
课题名称：国家社会科学基金重大项目（项目批准号：12&ZD234）	音标校注：白庚胜 音标录入：丁春艳 编目数字化：吴国新	统稿：白庚胜 数据技术处理：祁喆

南京博物院东巴经典藏本编目（一一五）

南京博物院 东巴经典藏书编号	115	经书 页数	7	书写经书 东巴署名	无
收藏时间及历史背景					

李霖灿先生 1943 年 3 月在云南省丽江市玉龙纳西族自治县鲁甸乡调查所得（收藏时间及历史背景）

收藏 标签		书写 区域	丽江			
		经书 书写 特征	象形文 （封面）	象形文 （内容）	哥巴文 （封面）	哥巴文 （内容）
			√	√		
			3 栏 5 列			

经书 封面	

仪式 名称	读音	şər⁵⁵ lər³³ ŋv⁵⁵
	汉译	祭什罗

经书 名称	读音	to³³ ba²⁴ şər⁵⁵ lər³³ ne²⁴ la³³ mu³³ şu⁵⁵
	汉译	祭东巴什罗夫妻

经文 内容 提要	此册注重描述东巴夫人。若只超度东巴本人，则不用以下六卷经书。 　　东巴生前原无口舌是非，其妻亦然。及至死后，欲入天宫，遂有各鬼阻路。于是，昔日受人金钱各物皆成为鬼初来阻路之由，使东巴夫人遂不得至天宫各祖、各神边，遂由各东巴代为作法，以羊、牛等开路，送东巴夫人入天宫。 　　以下为东巴什罗夫人名。初若拉支即吉姆之传略。 　　今日行祭人家之夫人乃初若拉支吉姆之后代，死后恐坠入十八地狱血海中，遂请各东巴代为作法，送其入佛地。

备注	祭东巴什罗第 57 册。

释读东巴：和文质	注音翻译：李霖灿	数字化：奚可桢
课题名称：国家社会科学基金重大项目（项目批准号：12&ZD234）	音标校注：白庚胜 音标录入：丁春艳 编目数字化：吴国新	统稿：白庚胜 数据技术处理：祁喆

南京博物院东巴经典藏本编目（一一六）

南京博物院 东巴经典藏书编号	116	经书 页数	10	书写经书 东巴署名	无
收藏时间及历史背景	李霖灿先生 1943 年 3 月在云南省丽江市玉龙纳西族自治县鲁甸乡调查所得				

收藏 标签		书写 区域	丽江			
		经书 书写 特征	象形文 （封面）	象形文 （内容）	哥巴文 （封面）	哥巴文 （内容）
			√	√		
		3 栏 5 列				

经书 封面	

仪式 名称	读音	ʂər⁵⁵ lər³³ ŋv⁵⁵
	汉译	祭什罗

经书 名称	读音	la³³ mu³³ thv³³ kv³³ kv³³ tʂu⁵⁵
	汉译	拉姆来历·上册

经文 内容 提要	1. 超度拉姆。 2. 拉姆之来历。先述天地之初，萨依威德大神夫妇变化后，先有其九代老祖、七代老母，遂生出拉姆，与东巴什罗二人做一家，遂生三子，长子为古宗东巴，中子为纳西东巴，三子为民家东巴，各有其名，长子名堆索初布，二子曰吕史马打，三子曰色布色鲁。

备注	祭东巴什罗第 58 册。

释读东巴：和文质	注音翻译：李霖灿	数字化：奚可桢
课题名称：国家社会科学基金重大项目（项目批准号：12&ZD234）	音标校注：白庚胜 音标录入：丁春艳 编目数字化：吴国新	统稿：白庚胜 数据技术处理：祁喆

376

南京博物院东巴经典藏本编目（一一七）

南京博物院 东巴经典藏书编号	117	经书 页数	11	书写经书 东巴署名	无
收藏时间及历史背景	李霖灿先生 1943 年 3 月在云南省丽江市玉龙纳西族自治县鲁甸乡调查所得				

收藏 标签		书写 区域	丽江			
		经书 书写 特征	象形文 （封面）	象形文 （内容）	哥巴文 （封面）	哥巴文 （内容）
			√	√		
			3 栏 5 列			

经书 封面	

仪式 名称	读音	ʂər⁵⁵ lər³³ ŋv⁵⁵
	汉译	祭什罗

经书 名称	读音	la³³ mu³³ thv³³ kv³³ mæ³³ tʂu⁵⁵
	汉译	拉姆之来历·下

经文 内容 提要	此册注重描述十八地狱血湖海。由此超度东巴夫人。 　1. 十八地狱之来历。由黑声、黑气变成大黑石、黑雾天，成坏气、坏音，成黑意大神，成各大鬼王，遂成十八地狱，成十八血湖海。以下一一述此十八地狱之名。 　2. 超度十八地狱。东巴夫人死后，其魂魄被留拘于十八地狱血湖海内，恐不能往天界祖先大神旁边，遂请各大本波来领路，作法引出十八血湖海，经白桥领入佛国，直至祖先旁边。 　3. 今日行祭人家之依法炮制。

备注	祭东巴什罗第 59 册。

释读东巴：和文质	注音翻译：李霖灿	数字化：奚可桢
课题名称：国家社会科学基金重大项目（项目批准号：12&ZD234）	音标校注：白庚胜 音标录入：丁春艳 编目数字化：吴国新	统稿：白庚胜 数据技术处理：祁喆

南京博物院东巴经典藏本编目(一一八)

南京博物院 东巴经典藏书编号	118	经书 页数	8	书写经书 东巴署名	无
收藏时间及历史背景		李霖灿先生 1943 年 3 月在云南省丽江市玉龙纳西族自治县鲁甸乡调查所得			

收藏 标签		书写 区域	丽江			
		经书 书写 特征	象形文 (封面)	象形文 (内容)	哥巴文 (封面)	哥巴文 (内容)
			√	√		
			3 栏 5 列			

经书 封面	

仪式 名称	读音	ṣər⁵⁵ lər³³ ŋv⁵⁵
	汉译	祭什罗

经书 名称	读音	dv²⁴ dzɿ³³ zua²⁴ kv³³ tṣu⁵⁵
	汉译	还毒鬼债·上册

经文 内容 提要	1. 毒鬼之来历。哉堆乌乌支者,毒鬼之父也;白堆须须玛者,毒鬼之母也。由此二人做一家,生出毒鬼三十三人。于此一一述其名。 2. 毒鬼与拉姆。当日东巴什罗之夫人拉姆放牧,见九日并出,热不可耐,遂持金梳银箆入毒海洗发,因此有过,为毒鬼抛入黑海中。 3. 十八血湖海之超度。于此,又述十八地狱之来历,然后述由其三子、三大本波仗各大神之力欲将其母魂魄救出。

备注	祭东巴什罗第 60 册。

释读东巴:和文质	注音翻译:李霖灿	数字化:奚可桢
课题名称:国家社会科学基金重大项目(项目批准号:12&ZD234)	音标校注:白庚胜 音标录入:丁春艳 编目数字化:吴国新	统稿:白庚胜 数据技术处理:祁喆

南京博物院东巴经典藏本编目（一一九）

南京博物院 东巴经典藏书编号	119	经书 页数	9	书写经书 东巴署名	无
收藏时间及历史背景	李霖灿先生 1943 年 3 月在云南省丽江市玉龙纳西族自治县鲁甸乡调查所得				

收藏标签		书写区域	丽江			
		经书书写特征	象形文（封面）	象形文（内容）	哥巴文（封面）	哥巴文（内容）
			√	√		
			3 栏 4 列			

经书封面	

仪式名称	读音	ʂər⁵⁵ lər³³ ŋv⁵⁵
	汉译	祭什罗

经书名称	读音	dv²⁴ dzɿ³³ zua²⁴ mæ⁵⁵ tʂu⁵⁵
	汉译	还毒鬼债·下册

经文内容提要	1. 以猪还毒鬼之债。因拉姆生前有过，被毒鬼拉入黑海血湖中，使其魂魄不宁、马鬃不美。其三子遂来找寻母亲，并仗各神力以猪一头还毒鬼债。于此，述猪之来历，再一一呼各毒鬼、各鬼王、各地狱。 2. 超度。以猪还债，遂救拉姆灵魂出十八地狱，至佛地及各代祖先大神旁边。
备注	祭东巴什罗第 61 册。

释读东巴：和文质	注音翻译：李霖灿	数字化：奚可桢
课题名称：国家社会科学基金重大项目（项目批准号：12&ZD234）	音标校注：白庚胜 音标录入：丁春艳 编目数字化：吴国新	统稿：白庚胜 数据技术处理：祁喆

南京博物院东巴经典藏本编目（一二〇）

南京博物院 东巴经典藏书编号	120	经书 页数	13	书写经书 东巴署名	无
收藏时间及历史背景		李霖灿先生 1943 年 3 月在云南省丽江市玉龙纳西族自治县鲁甸乡调查所得			

收藏标签		书写区域	丽江			
		经书书写特征	象形文（封面）	象形文（内容）	哥巴文（封面）	哥巴文（内容）
			√	√		
			3 栏 5 列			

经书封面	

仪式名称	读音	ʂər⁵⁵ lər³³ ŋv⁵⁵
	汉译	祭什罗

经书名称	读音	sæ³³ huɯ⁵⁵ phv²⁴
	汉译	破血海

经文内容提要

1. 拉姆为毒鬼拉入黑湖海之经过。见前。

2. 此行祭人家之夫人乃其后代，因请来东巴，祈愿仰仗各神力以破血海、砍鬼树，使十八血海干涸，诵咒语使魂魄离十八地狱，以净水洗涤使其魂魄清洁。

3. 超度六道经。昔日东巴夫人受人钱财而导致秽鬼，秽鬼将其魂魄拘于地狱各葬地。现由三大本波以法器一一领过，替其还鬼债。于是，六道皆不沾染，以金花银花接来，由法器相送，直至三十三天界。

备注	祭东巴什罗第 62 册。

释读东巴：和文质	注音翻译：李霖灿	数字化：奚可桢
课题名称：国家社会科学基金重大项目（项目批准号：12&ZD234）	音标校注：白庚胜 音标录入：丁春艳 编目数字化：吴国新	统稿：白庚胜 数据技术处理：祁喆

南京博物院东巴经典藏本编目（一二一）

南京博物院 东巴经典藏书编号	121	经书 页数	7	书写经书 东巴署名	无
收藏时间及历史背景	李霖灿先生 1943 年 3 月在云南省丽江市玉龙纳西族自治县鲁甸乡调查所得				

收藏标签		书写区域	丽江			
		经书书写特征	象形文（封面）	象形文（内容）	哥巴文（封面）	哥巴文（内容）
			√	√		
			3 栏 4 列			

经书封面	

仪式名称	读音	ʂər⁵⁵ lər³³ ŋv⁵⁵
	汉译	祭什罗

经书名称	读音	ʂɿ³³ dy²⁴ to³³ ma³³ khæ⁵⁵
	汉译	死地射面偶

经文内容提要	此经书常用于火葬场上，即以多玛还五方鬼之经。 　在年好、月好、日好之际，有好亲好戚，好男好女到此家，由八人抬棺、多人开路，将亡魂送向佛国。 　事为各鬼所悉，东、南、西、北、中各鬼王领鬼来阻路。死者昔日在世为东巴时，曾用未生蛋之鸡、未出牙之猪、未上场之羊祭鬼，故今日众鬼纷纷来索债。于是，由东巴以面偶九个还东方鬼王之债，使之不阻路。射鬼、压鬼以求葬路清洁。南、西、北、中皆同此。 　射各鬼王既毕，遂送入三十三天界，九代老祖、七代老母旁边。
备注	祭东巴什罗第 63 册。

释读东巴：和文质	注音翻译：李霖灿	数字化：奚可桢
课题名称：国家社会科学基金重大项目（项目批准号：12&ZD234）	音标校注：白庚胜 音标录入：丁春艳 编目数字化：吴国新	统稿：白庚胜 数据技术处理：祁喆

南京博物院东巴经典藏本编目（一二二）

南京博物院 东巴经典藏书编号	122	经书 页数	9	书写经书 东巴署名	无
收藏时间及历史背景	李霖灿先生 1943 年 3 月在云南省丽江市玉龙纳西族自治县鲁甸乡调查所得				

收藏 标签		书写 区域	丽江			
		经书 书写 特征	象形文 （封面）	象形文 （内容）	哥巴文 （封面）	哥巴文 （内容）
			√	√		
		3 栏 3 列				

经书 封面	

仪式 名称	读音	ʂər⁵⁵ lər³³ ŋv⁵⁵
	汉译	祭什罗

经书 名称	读音	phv³³ la²⁴ pv⁵⁵
	汉译	送菩萨

经文 内容 提要	此册主要者为两部分，即熏香供神和送神。 　1.熏香供神。此册述熏香供神之历史。由龙拉丁端、五大本波等为例，述其供神、压仇、得福各史实，然后述此家为彼等后裔，依法为之，使鬼怪压服而得福寿。 　2.送神。由东巴用法器将各神各依其方位、住址、坐骑一一送还原位。

备注	祭东巴什罗第 64 册。

释读东巴：和文质	注音翻译：李霖灿	数字化：奚可桢
课题名称：国家社会科学基金重大项目（项目批准号：12&ZD234）	音标校注：白庚胜 音标录入：丁春艳 编目数字化：吴国新	统稿：白庚胜 数据技术处理：祁喆

非释读、翻译、编目部分 ≫≫≫

说明：本部分收录了进行田野调研、全本释读、翻译的部分馆藏东巴经典。台湾"中央研究院历史语言研究所"藏东巴经典编目涵盖了馆藏编号、象形文书名、国际音标标音、汉文译名、内容提要、页数等内容。云南民族大学图书馆藏东巴经典只收录象形文封面和书名。

一、台湾"中央研究院历史语言研究所"藏东巴经典

台湾"中央研究院历史语言研究所"傅斯年图书馆所藏的东巴经典主要由著名民族学、社会学家陶云逵于 1935 年收集，还有一部分可能是由李霖灿 1942—1943 年收集后所转藏，共入库 373 本。

台湾"中央研究院"东巴经典藏本编目（一）

东巴经典藏书编号	1	经书页数	17页	书写经书东巴	无

收藏标签	无	书写区域	白地
		经书书写特征	这是份纯标音文字书写的经书，在封面及其背页，仍按照传统的象形文书写

经书封面	

仪式名称	读音	la^{33} mu^{33} ŋvn̩^{55}
	汉译	超度拉姆

经书名称	读音	kha^{33} li^{55} tshŋ^{21} o^{55}
	汉译	抛弃卡利面偶

经文内容提要	卡利是用青稞面做成的猴、狗、蝙蝠动物面偶。东巴将一生罪过转移其上后，一边念诵此经文，一边将它们抛弃。

备注	

释读东巴：木琛	注音翻译：李在其　木琛	音标录入：丁春艳
课题名称：国家社科基金重大项目（项目批准号：12&ZD234）	编辑：丁春艳 国际音标标注：李在其	数据技术处理：吴国新

二、云南民族大学图书馆藏东巴经典

云南民族大学原称云南民族学院,其东巴经典分藏于图书馆和博物馆。博物馆所藏皆为古本经书。图书馆所藏经书共 760 余本,其中,原本 560 余本,抄件共 150 余本,另有 48 本原本复印件。

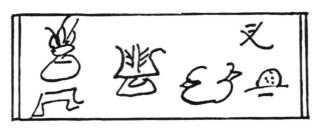

书名:《祭畜神》(之一)

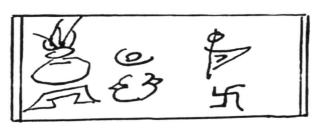

书名:《祭畜神》(之二)

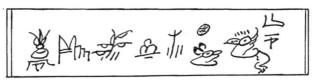

书名:《祭村寨神》

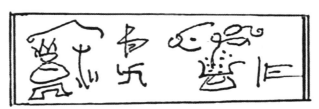

书名:《祭天:求取长生不老药》

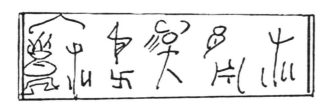

书名:《祭天: 祭雷神电神》

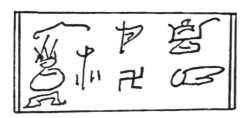

书名:《祭天: 熟献牺牲》

书名:《祭胜利神》

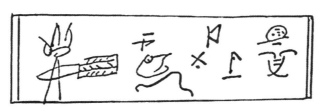

书名:《迎请家神·媒歌》

书名:《祭天:生献牺牲·人类繁衍》

书名:《祭天:放生》

书名:《神路图》(首卷)

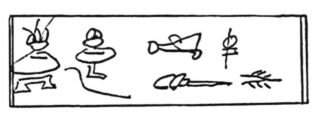

书名:《神路图》(中卷)

书名:《神路图》(末卷)

书名:《神路图:茨辛魔树的来历》

书名:《神路图:揭开章督魔窟》

书名:《祭龙:祭署仪式除秽规程》

书名:《祭署:署的来历》

书名:《祭署:鸡鸣唤署经》

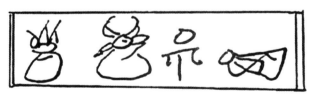

书名:《祭署:驱孽署经》

书名:《祭武士:甲胄的来历》

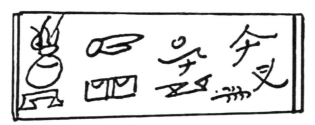

书名:《祭东巴什罗:东巴什罗传》

书名:《创世纪》

书名:《祭风:鲁般鲁饶》

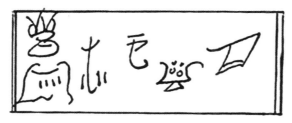

书名:《白蝙蝠取经记》

书名:《祭死者仪式规程》

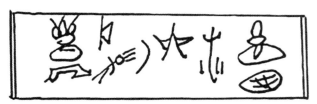

书名:《关死门仪式规程》

书名:《祭武士:分虎皮》

附　录 >>>

一、国内东巴经典馆藏表

地区	收藏机构	数量
北京	国家博物馆	1300
	中国国家图书馆	3810
	中央民族大学	1744
	北京信息科技大学	41
	北京东巴文化艺术发展促进会	430
江苏	南京博物院	1800
台湾	台湾"故宫博物院"	5
	台湾"中央研究院历史语言研究所"	373
云南	云南省图书馆	516
	云南省博物馆	278
	云南民族博物馆	35
	云南省少数民族古籍整理出版规划办公室	180
	云南民族大学	500
	云南省丽江市图书馆	1098
	云南省丽江市东巴文化研究院	658
	云南省丽江东巴文化博物馆	1000
	云南省丽江玉龙纳西族自治县图书馆	4000
	云南省维西县档案馆	3
	云南省香格里拉市三坝纳西族乡文化站	650
	西南民族大学	60
合计		18481

二、《国内馆藏东巴经典编目举要》入选统计表

区域		收藏机构名称	举要数量（册）
国内	北京	国家图书馆	50
		中央民族大学图书馆	4
		中央民族大学博物馆	54
		北京东巴文化艺术发展促进会	14
	江苏	南京博物院	122
	台湾	"中央研究院"	1
	云南	云南省丽江市东巴文化研究院	60
		云南省香格里拉市三坝纳西族乡文化站	50
合计			355

三、东巴文化大事记（20 世纪初—2003 年）

20 世纪初　法国东方学家沙畹（Emnanuel Edouard Chavannes）在《通报》上发表《有关丽江的历史地理文献研究》。

1904 年　美籍德国人劳佛（Berthold Laufer）与 F.H. 尼科尔斯在云南维西一带进行考察。

1904 年　英国植物学家福莱斯（G. Forrest）开始进入滇西搜集标本，将 135 册东巴经书卖给英国曼彻斯特博物馆。在此之前，法国传教士德斯古丁斯曾将一本《高勒趣赎魂》从云南寄回巴黎。

1907—1909 年　法国学者巴克（J. Bacot 1877—1967）曾于 1907 年两次前往丽江考察，收集到东巴经中的 5 页经版样品并对经文内容进行了法语、纳西语及汉语的翻译。

1913 年　巴克在两次亲赴西藏、云南、四川等地考察的基础上出版了《么些研究》。全书 217 页，另附有沙畹的长篇论文。

1916 年　美籍德国人劳佛（Berthold Laufer 1874—1934）在美国国家地理学会刊物《地学评论》上发表了《论纳西文写本》。

1922 年　洛克（Joseph Francis Charles Rock 1884—1962）进入滇西北及川西纳西、藏族地区，其主要兴趣由植物标本收集逐渐转向纳西文化研究。

1924 年　洛克发表《中国云南省腹地土著民族纳西人举行的驱逐病魔仪式》。到 1935 年时，一共在美国《国家地理》杂志上发表了 10 篇纳西文化研究文章。

1933 年　杨仲鸿在东巴和华亭的帮助下编纂成第一部纳西族象形文字及标音文字字典——《么些文东巴字及哥巴字汉译译字注音》。

1933 年　方国瑜从北京大学回到丽江调查东巴文化,邀纳西族同族青年周汝诚、杨品超到金沙江岸及中甸、永宁等地考察,并于丽江上桥头北首次发现了明代万历四十七年(1619 年)用哥巴文、藏文和汉文合写的题铭浅刻。

1934 年　方国瑜在金庄上桥头村古吊桥北发现明万历十七年(1589 年)东巴标音文、汉文和藏文对照石刻。

1935 年　方国瑜初步写成《纳西象形文字谱》,对 1340 个象形东巴字及 582 个标音字(哥巴文)作了解说。

1934—1936 年　周汝诚受陶云逵之聘为民俗采访员,对纳西族地区进行系统考察,收集东巴经书千余册,并在实地考察的基础上写成《永宁见闻录》,在历经 35 年后由郭大烈整理发表。

1937 年　陶云逵发表长篇论文《么些族之羊骨卜及贝巴卜》,全文翻译了 3 本东巴占卜经典,开国内外翻译和研究东巴占卜经典之先河。

1939 年　赵银棠着手翻译《创世纪》《卜筮术的故事》《高楼超》等东巴神话故事。

1939 年　李霖灿前往滇西丽江进行纳西文化的实地考察,收集了 1231 册东巴经书。

1939 年　董作宾在《中国文化研究所集刊》第 8 卷第 2 期上发表《方(国瑜)编〈么些文字典〉》。

1940 年　傅懋勣在《中国文化研究集刊》第 1 卷第 4 期上发表了《维西么些语研究》。

1940 年　闻宥在《人类学集刊》第 2 卷第 1、第 2 期上发表《么些象形文字之初步研究》。

1941 年　闻宥在《人类学集刊》第 2 卷第 2 期上发表《么些象形文初步研究》。

1942 年　丽江鲁甸打米杵大东巴和仲恒主编《音字汇编》。

1943 年　丽江长水东巴和泗泉木刻《音字形字对照表》(现存于丽

江东巴文化博物馆），收集象形文字 477 个，标音字 427 个。

1944 年　方国瑜在《民族研究集刊》第 4 期上发表《么些民族考》。美国罗斯福总统长孙亭·罗斯福在丽江搜集东巴经 861 本带回美国。

1945 年　李霖灿编著、和才读音、张琨记音的《么些象形文字字典》由"中央博物馆"筹备处在四川南溪县李庄石印。

1945 年　吴泽霖在《边政公论》第 4 卷第 4 期上发表《么些人之社会组织与宗教信仰》。

1946 年　李霖灿、张琨、和才译著的《么些经典译注六种》初步完成，1957 年在台湾出版。

1947 年　哈佛大学出版社出版了洛克的代表作之一《中国西南的古纳西王国》。此书曾于 1977 年由云南大学历史研究所翻译油印，1999 年由云南美术出版社精印出版。书中附有作者拍摄的 250 多张照片。

1948 年　傅懋勣著《丽江么些象形文〈大事记〉研究》由武昌华中大学发行，五成天成印书馆印刷出版。

1948 年　吴泽霖在《社会科学》第 4 卷第 2 期上发表《么些人的婚丧习俗》。

1949 年　洛克与顾彼得乘飞机离开丽江回国。洛克共带走 1000 多卷东巴经及东巴教文物。

1952 年　董作宾在《大陆杂志》第 3 卷第 1、第 2、第 3 期上发表《从么些文看甲骨文》。

1958 年　云南省作协昆明分会和云南大学共同组织的云南省民族民间文学丽江调查队编成《纳西族文学史》(初稿)，发掘整理出以东巴经为基础的《创世纪》，由云南人民出版社出版。

1960 年　云南省民族民间文学丽江调查队搜集翻译整理的纳西族民间史诗《创世纪》由云南人民出版社出版。

1962 年　洛克应德国国家图书馆邀请前往联邦德国讲学并在雅纳特（K.L. Janet）博士的协助下编撰东巴经目录及撰写经书内容提要，

编成《德国东方手稿目录》第 7 套第 1 部,《纳西手写本目录》第 1、第 2 卷。

1962 年　洛克去世,之后雅纳特教授又在曾与洛克一起工作过的伯利斯特夫人的多方帮助下完成了《纳西手写本目录》的第 3、第 4 卷。

1962—1963 年　中央民院调查组通过对丽江、中甸、维西、宁蒗等县的考察调研,收集到近千册东巴经和有关文物,用国际音标忠实记录了近百本东巴经。

1962 年　文化馆工作人员从民间收集东巴文化文物,先后收集了总计 5000 多册东巴教经书和相当数量的东巴法器和神轴画。

1962—1963 年　丽江县文化馆聘请著名大东巴,选译了近百本东巴经,内部石印了四对照的东巴经译注本 22 册。

1963 年　意大利罗马东方学研究所出版了洛克代表作之一《纳西语英语百科辞典》(第一卷),收纳西象形文字 3414 个,照片 28 幅。

1965 年　英国人类学家杰克逊(A. Jackson)在英国曼彻斯特约翰·赖兰博物馆学刊上发表《么些巫术手稿》。

1966 年　日本学者西田龙雄出版日本纳西文化研究的奠基之作——《活着的象形文字——纳西文化》。

1970 年　李霖灿在《亚洲民俗、社会、生活专刊》第 3 辑上发表《么些族的故事》。

1970 年　著名东巴和芳(1897—1970)去世。

1971 年　英国人类学家杰克逊《中国西南纳西族亲属制、殉情和象形文字》一书出版。

1971 年　郭沫若致函方国瑜,提出对《纳西象形文字谱》一书"责成早日改好,影印出版"。

1972 年　洛克《纳西语英语百科辞典》第 2 卷出版,收录了 4600 多个纳西象形文,并附照片 29 张。

1975 年　英国人类学家杰克逊在《民族学》上发表《洪水、繁殖和享受》等文。

1976 年　李霖灿所著的《玉龙大雪山——西南游记》由台湾杨明出版社出版。

1978 年　李霖灿、张琨、和才译注的《么些经典译注九种》由台湾中华丛书编审委员会出版。

1979 年　牛相奎、木丽春著《玉龙第三国》由云南人民出版社修订再版。

1979 年　英国学者杰克逊的《纳西宗教》出版。

1980 年　和志武在《中央民族学院学报》第 2 期上发表了《从象形文东巴经看纳西族社会历史发展的几个问题》。

1980 年　戈阿干著的叙事长诗《格拉茨姆》由云南民族出版社出版。

1980 年　经丽江地区行署批准，"丽江东巴经翻译整理委员会"成立。

1981 年　和志武在《云南社会科学》第 3 期上发表《试论纳西族象形文字的特点》。

1981 年　云南省社会科学院东巴文化研究室（1991 年更名为东巴文化研究所，现名丽江市东巴文化研究院）成立。

1981 年　方国瑜、和志武在《中央民族学院学报》第 1 期上发表《纳西族古文字的创始和构造》。

1981 年　方国瑜编撰、和志武参订的《纳西象形文字谱》由云南人民出版社出版。

1981 年　李国文在《中国哲学史研究》上发表《纳西族古代哲学思想初探》。

1981 年　傅懋勣撰写的《纳西族图画文字〈白蝙蝠取经记〉研究》上册由日本东京外国语大学亚非语言文化研究所发行。

1981 年　丽江县图书馆成立，其东巴经书收藏量为 3000 多册。

1982 年　李子贤在《民族文化》第 6 期上发表《谈纳西族的神话和

史诗》。

1982 年　杨德鋆、和发源在《舞蹈论》第 4 期上发表《纳西族古代舞蹈与东巴跳神经书》。

1982 年　著名学者、原中国社科院世界宗教研究所所长任继愈一行考察东巴文化。

1982 年　丽江东巴文化研究所发现东巴象形文舞谱。

1983 年　戈阿干译著的《查热丽恩》叙事长诗由民族出版社出版。

1983 年　方国瑜在《北京师范大学学报》上发表《"古"之本义为"苦"说——汉字甲骨文、金文、篆文与纳西族象形文字比较研究一例》。

1983 年　杨福泉应邀赴联邦德国科隆大学与雅纳特教授一起编撰"纳西研究"系列丛书，这是 1949 年以来纳西学者首次走出国门与国外学者进行大型的合作研究项目。

1983 年　李国文在《哲学研究》第 1 期发表《从象形文字看古代纳西族时间观念的形成》。

1983 年　李国文在《云南社会科学》第 3 期发表《从象形文字看古代纳西族空间观念的形成》。

1983 年　东巴、达巴座谈会在丽江召开，有 61 位东巴和 29 位省内外学者参加。著名东巴舞蹈家戴爱莲对东巴舞谱给予了高度评价。

1983 年　方国瑜（1903—1983）病逝于昆明，生前曾任丽江东巴文化研究室顾问等职。

1983 年　郭大烈在《世界宗教研究》第 4 期上发表《东巴教的教派和现状》。

1983 年　宋兆麟在《世界宗教研究》第 1 期上发表《原始社会的石祖崇拜（俄亚么些人）》。

1983 年　和志武在《世界宗教研究》第 1 期上发表《略论纳西族的东巴教和东巴文化》。

1983 年　杨德鋆、和发源在《舞蹈论》第 1 期上发表《东巴跳神舞蹈》。

1983 年　杨德鋆在《民族舞蹈》第 2 期上发表《艺术奇珍——东巴舞谱》。

1983 年　杨福泉在《民间文学论坛》上发表《纳西族人猴婚配神话刍议》。

1984 年　白庚胜在《民族文学研究》第 3 期上发表《纳西族〈猎歌〉试辩》。

1984 年　傅懋勣在日本东京外国语大学亚非语言研究所出版了《纳西族图画文字〈白蝙蝠取经记〉研究》上、下册。有的学者认为这是迄今为止最科学、最详尽的东巴经译注范本。

1984 年　姜竹仪在由中国社会科学出版社出版的《中国民族古文字研究》上发表《纳西族的象形文字》。

1984 年　牛相奎、赵净修整理的纳西族叙事长诗《鲁般鲁饶》由云南人民出版社出版。

1984 年　李霖灿著的《么些研究论文集》由台北"故宫博物院"出版。

1984 年　云南省第一家县级博物馆——丽江县博物馆成立（后更名为"东巴文化博物馆"）。

1984 年　李国文在《社会科学战线》第 3 期发表《纳西族象形文字东巴经中关于人类自然产生的朴素观》。

1984 年　王承权在民族出版社出版的《民族学研究》第 7 辑上发表《纳西族的山神崇拜初析》。

1984 年　白庚胜在《民族文学研究》第 3 期上发表《纳西族〈猎歌〉试辨》。

1985 年　朱宝田向"中国民族学研究会第二届年会"提交论文《木里纳西族自然崇拜观念》。

1985 年　宋兆麟在《世界宗教研究》第 2 期上发表《左所纳日人的葬礼》。

1985 年　郭大烈、杨世光主编的《东巴文化论集》由云南人民出版社出版。

1985 年 白庚胜在人民出版社出版的《中国少数民族文学》上发表《纳西族的〈创世纪〉》《纳西族〈黑白战争〉》。

1985 年 丽江县博物馆正式开放。

1985 年 丽江东巴文化研究所复原祭风仪式。

1986 年 《纳西东巴古籍译注（一）》由云南人民出版社出版。

1986 年 白庚胜在《民族文学研究》第 5 期上发表《话说"大调"》。

1986 年 由和志武编、纳西文版的《创世纪》由云南民族出版社出版。

1986 年 丽江首庆"三多节"，并召开以东巴文化为重点的学术研讨会。美籍纳西族企业家杨丹桂、日本学习院大学诹访哲郎及省内外学者出席会议。

1986 年 国家民委古籍整理出版规划小组负责人李鸿范、英国学者杰克逊访问丽江东巴文化研究室。

1987 年 白庚胜在《民间文学论坛》第 3 期上发表《〈黑白战争〉象征意义辩》。

1987 年 《纳西东巴古籍译注（二）》由云南民族出版社出版。

1987 年 李即善、和学才搜集整理的《猎歌》由云南民族出版社出版。

1987 年 戈阿干在《云南民俗集刊》第五辑上发表《纳西族东巴教祭祀仪式和东巴经书》。

1987 年 白庚胜在《中国民族》1987 年第 3 期上发表《纳西族姓氏趣谈》。

1987 年 白庚胜在《民族团结》1987 年第 11 期上发表《纳西族色彩崇拜考》。

1987 年 白庚胜赴日本大阪大学留学，开拓在日本的纳西学传播工作。

1987 年 王元鹿在《辞书研究》第 4 期上发表《〈纳西族象形文字

谱〉评介》。

1987 年 挪威奥斯陆大学东亚语言系勃克曼（Harald Bockman）博士发表《中国的纳西学的研究》，1989 年他在《新亚洲学术会刊》第 8 卷上发表《纳西族研究的过去、现在和将来》。

1987 年 白庚胜在《民间文学论坛》1987 年第 3 期上发表《黑白战争象征意义辨》。

1988 年 英国爱丁堡大学杰克逊博士与挪威奥斯陆大学东亚语言系勃克曼教授在两次考察丽江的基础上发表《中国的纳西学研究》，并共同发起、组织成立"国际纳西文化研究会"。

1988 年 李国文在《云南社会科学》第 1 期上发表《纳西族东巴文化中的阴阳观念》。

1988 年 白庚胜在《国际东方学者会议纪要》第 33 期上发表《纳西文化阶段论》。

1988 年 德国学者雅纳特曾于 1983 年和 1986 年两次邀请我国纳西族学者杨福泉赴德进行合作研究，并在此基础上于 1988 年由波恩科学出版社出版了《联邦德国亚洲研究文集》第 7 套《纳西研究》丛书中的《现代纳西文稿翻译和语法分析》《现代纳西语语法》《纳西语—英语词典》等著作。

1988 年 戈阿干在《定位法舞蹈及其运用国际会议论文集》上发表《纳西族象形文舞谱的现状及其新生前景》。

1988 年 李静生在《古籍整理研究》第 2 期上发表《纳西族东巴文化研究的过去与现在》。

1988 年 王元鹿著《汉古文字与纳西东巴文字比较研究》由华东师范大学出版社出版。

1988 年 由东巴和开祥读经、李之春记音、戈阿干译注的《祭天古歌》由中国民间文艺出版社出版。

1988 年 诹访哲郎撰写的《西南中国纳西族的农耕民性与畜牧民性》印发。

1989 年　《纳西族古籍译注（三）》由云南民族出版社出版。

1989 年　白庚胜在《日本学报》第 8 号上发表《黑色白色的象征性——以中国云南纳西族史诗〈东岩术岩〉为中心》。

1989 年　戈阿干在中国民间文艺出版社出版的《纳西族东巴文学集成·祭天古歌》上发表《东巴小传》。

1989 年　白庚胜在《民族文学研究》第 5 期上发表《谈谈日本的纳西族文学研究》。

1989 年　纳西族原始宗教及社会思想学术讨论会召开。

1989 年　和志武著的《纳西东巴文化》由吉林教育出版社出版。

1989 年　李国文在《云南民族学院学报》第 3 期上发表《纳西族先民对宇宙结构的哲学思考》。

1990 年　和志武在《海峡两岸中华民族文化学术讨论会论文集》上发表《纳西族原始巫教古代文化之渊源》。

1990 年　杨福泉在《民族研究》上发表《纳西族的崇尚勇武精神及其源流探索》。

1990 年　戈阿干在《民间文学论坛》第 1 期上发表《古纳西族象形文舞蹈源流考》。

1990 年　和志武的《东巴文和哥巴文》发表于中国社会科学出版社出版的《中国古文字图录》。

1990 年　杨德鋆、和发源、和云彩著的《纳西族古代舞蹈和舞谱》由文化艺术出版社出版。

1990 年　召开东巴文化与纳西族专题学术讨论会。

1990 年　伍雄武编的《纳西族哲学思想史论集》由民族出版社出版。

1990 年　云南省社会科学院东巴文化研究所刊印出版《滇川纳西族地区民俗和宗教调查》。

1990 年　美国人类学博士生赵省华（Emily Chao）在丽江实地考察后，在该大学人类学论集第 9 卷上发表《殉情、仪式和两性角色的转变》。

1991 年　云南社会科学院东巴文化研究所成立，藏东巴古籍 4000 多册。

1991 年　和志武著的《东巴文化概述》一文在《台湾同学会学术讨论会论文》上发表。

1991 年　李国文著的《东巴文化与纳西哲学》由云南人民出版社出版。

1991 年　郭大烈、杨世光编的《东巴文化论》由云南人民出版社出版。

1991 年　杨福泉在《云南社会科学》第 4 期上发表《西方纳西东巴文化研究述评》。

1991 年　白庚胜在《民间文学论坛》第 2 期上发表《揭开"玉龙第三国"的秘密》。

1991 年　和钟华在《云南师范大学学报》第 4 期上发表《论东巴教的女性崇拜及其演变》。

1991 年　云南省人大第七次代表大会通过省政府批准创办丽江东巴文化博物馆的报告。

1991 年　丽江东巴文化博物馆配合中央电视台、北京电视台录制完成纪录片《神秘的东巴文化》。

1991 年　"东巴文化研究室"改为"东巴文化研究所"，国家图书馆馆长任继愈题写所名。

1991—1998 年　澳大利亚佩斯·摩尔多赫大学博士兰诗田（Christian Lumb）于 1991 年和 1998 年两次到丽江进行纳西族宗教和家庭形态比较研究。

1991 年　"中华百绝博览会·纳西东巴文化展"在广州举办。

1992 年　美国芝加哥大学人类学系博士生孟彻理在三年半田野调查的基础上完成其博士论文《骨与肉：纳西宗教中的亲属关系和宇宙论》。

1992 年　由美国地理协会资助，英国河流制片公司制作，菲尔·安格兰德（Phil Agland）导演的《云之南》拍摄完成。1994 年底播放后引起广泛关注。

1992 年　郭大烈编的《纳西族研究论文集》由民族出版社出版。

1992 年　萨顿（S.B. Sutton）编的《喇嘛、王子和土匪》由美国纽约市中国研究院及中国画院出版，此书收集了约瑟夫·洛克在中国西藏边境拍摄的各种图片。

1992 年　白庚胜在《东方学报》1992 年第 2 期上发表《"纳西"考释》。

1992 年　白庚胜率中日民俗考察团赴丽江考察纳西族民俗。

1992 年　戈阿干著的《东巴神系与东巴舞谱》由云南人民出版社出版。

1992 年　顾彼得于 1955 年在伦敦出版的《被遗忘的王国》经李茂春汉译后，由云南人民出版社出版。

1992 年　云南省社会科学院东巴文化研究所编《东巴文化艺术》由云南美术出版社出版，并获第六届中国图书奖。

1992 年　杨福泉在《思想战线》第 3 期上发表《论纳西族生命神"建"》。

1992 年　和志武著的《祭风仪式及木牌画谱》由云南人民出版社出版。

1992 年　和少英在《思想战线》第 2 期上发表《纳西文化研究的拓荒者与奠基者——李霖灿》。

1992 年　和少英在《云南民族学院学报》第 4 期上发表《纳西族东巴教圣地——白地》。

1993 年　白庚胜、杨福泉编译的《国际东巴文化研究集粹》由云南人民出版社出版。

1993 年　郭大烈在《民族学》第 3 期上发表《纳西族东巴教与藏族钵（本）教关系》。

1993 年　陈烈在《中国民间文化》第 3 期上发表《从纳西族东巴神话外来神祇体系看东巴文化的交融》。

1993 年　和志武主编、杨福泉副主编的《中国原始宗教资料丛编·纳西族卷》由上海人民出版社出版。

1993 年　白庚胜、桑吉扎西等著的《纳西文化》由北京大学出版社出版。

1993 年　李国文著的《人神之媒——东巴面面观》由云南人民出版社出版。

1993 年　戴爱莲在《人民舞蹈》第 2 期上发表《在东巴达巴座谈会上的讲话》。

1993 年　丽江东巴文化博物馆破土动工。

1994 年　郭大烈、和志武著的《纳西族史》由四川人民出版社出版，并获云南省人民政府优秀社科著作一等奖。

1994 年　在昆明的纳西族同胞在云南民族村纳西族村欢度"三多节"，东巴和即贵主持祭祀"三多神"的仪式。

1994 年　丽江东巴文化博物馆主体建筑竣工，完成了 4 个展厅的陈列展览工作，开始接待参观者。

1994 年　和志武翻译的《东巴经典选译》由云南人民出版社出版。

1994 年　东巴文化研究所所长和万宝率先提出"筹办民族文化生态村"，"办个东巴培训班，请在世的一位东巴，教二十本书，五十首歌，四至五个仪式"。

1995 年　赵净修编的《东巴象形文常用字词译注》由云南人民出版社出版，共收常用象形字 1000 个。

1995 年　白庚胜在《丽江日报》1995 年 9 月 1 日版上发表《日本的纳西文化研究新动向》。

1995 年　白庚胜在日本《比较民俗研究》第 11 期上发表《三多信仰考察》。

1995 年　杨福泉著的《原始生命神与生命观》由云南人民出版社

出版。

1995 年　白庚胜在《丽江日报》1995 年 9 月 1 日上发表《缅怀抗战话东巴》。

1995 年　木丽春著的《东巴文化揭秘》由云南人民出版社出版。

1995 年　丽江东巴文化博物馆创办东巴文化学校。

1995 年　白庚胜在日本《比较民俗学会报》第 17 卷第 1 号上发表《纳西族殉情研究》。

1995 年　白庚胜在《云南民族学院学报》1995 年第 4 期上发表《东巴文化中的龟蛙之辨》。

1996 年　白庚胜在《古籍整理》1996 年第 3 期上发表《东巴神话之神海象征论》。

1996 年　陈烈在《舞蹈》第 2 期上发表《让东巴舞谱与东巴舞蹈走向世界》。

1996 年　李静生在《云南民族学院学报》第 4 期上发表《功在当代、利在千秋——怀念和万宝同志》。

1996 年　李国文在台湾《宗教哲学》第 2 卷 1 期发表《云南纳西族的东巴教》。

1996 年　白庚胜在《民俗与研究》第 6 期上发表《东巴神话象征及其比较研究（梗概）》。

1996 年　白庚胜在《民族文学研究》第 3 期上发表《东巴神话神山象征及其比较》。

1996 年　白庚胜在《古籍整理》第 3 期上发表《东巴神话之神海象征》。

1996 年　习煜华在日本《比较民俗研究》第 13 期上发表《纳西族婚姻习俗》。

1996 年　白庚胜在《东亚民俗文化国际学术讨论会论文》上发表《中国云南纳西族祭天民俗中的神树象征考译》。

1997 年　白庚胜在《彝族纳西族民俗文化考察报告》上发表《纳西

族树木崇拜民俗考察》。

1997 年　白庚胜在《民俗研究》第 2 期上发表《云南纳西族的蛊信仰之考察》。

1997 年　白庚胜在《曲艺研究》上发表《云南纳西族蛊信仰考察》。

1997 年　白庚胜在《彝族纳西族民俗文化考察报告》上发表《纳西族文化研究目录索引》。

1997 年　郑卫东、郭大烈编的《纳西族文字汉英日对照》由云南民族出版社出版。

1997 年　李国文在台湾《道教学探索》第 10 号上发表《纳西族东巴教与道教内容互渗二三事》。

1997 年　白庚胜在《民族古文献概览》上发表《纳西文文献》。

1997 年　李国文在香港《今日东方》第 1 期（中文版）上发表《纳西文化的精粹　古老的象形文字和东巴经》。

1997 年 12 月—1998 年 5 月　瑞士苏黎世大学民族博物馆举办纳西族东巴文化展览，展出实物、图片近千种，还邀请纳西族学者李静生、和力民、戈阿干、杨福泉和美国学者孟彻理等举行了 10 场学术报告会。

1997 年　李国文著的《东巴文化辞典》由云南教育出版社出版。

1997 年　中甸县三坝纳西族乡白水台"东巴山庄"成立。

1997 年　北京东巴文化艺术发展促进会成立。

1997 年　丽江古城被联合国教科文组织列为世界文化遗产。

1997 年　丽江东巴文化博物馆赴瑞士举办"东巴文化展"。

1997 年　戈阿干著《纳西东巴骨卜和象形文骨卜书》发表，获得云南省第五次社会科学优秀成果一等奖。

1997 年　挪威国王访问丽江东巴文化博物馆。

1997 年　美国语言学家孙堂茂（Thomas M. Pinson）携家到丽江长期居住，学习和研究纳西族语言。并于 1998 年出版了《纳西—汉—英词汇》。

1998 年　白庚胜著的《东巴神话象征论》由云南人民出版社出版。

1998 年　赵琦编文篆刻的《东巴文印谱》由云南人民出版社出版。

1998 年　洛克故居纪念馆成立。纪念馆是在修复丽江县白沙乡玉湖村洛克故居的基础上建立的，设有陈列室。

1998 年　白庚胜著的《东巴神话研究》由社科文献出版社出版。

1998 年　李锡、阿元编著的《东巴文化精选》由广州岭南出版社出版。

1998 年　创办"东巴宫"，融东巴艺术表演和东巴绘画、古籍、道场展演于一体。

1998 年　纳西文化传习馆成立，集中和培养了一批有志于研究纳西文化的学者和文化人。

1998 年　迈克尔·奥皮茨（Michael Oppitz）和伊丽莎白·许编辑的《纳西、摩梭民族志》，由瑞士民俗博物馆出版社出版。

1998 年　《赵有恒现代东巴画》由辽宁美术出版社出版。

1998 年　丽江东巴文化博物馆赴加拿大举办"东巴文化展"。

1998 年　丽江县人民政府公布塔城、鲁甸、太安、大东、大具、鸣音 6 个乡为东巴文化原始生态保护乡。

1998 年　吉布提总统、芬兰总理访问丽江东巴文化博物馆。

1999 年　杨福泉著的《生死绎影·魂路》由深圳海天出版社和云南教育出版社出版。

1999 年　杨正文著的《最后的原始崇拜——白地东巴文化》由云南人民出版社出版。

1999 年　杨福泉著，和品正、和钟泽编辑摄影的《纳西族与东巴文化》，由中国民族摄影出版社出版。

1999 年　戈阿干著的《东巴骨卜文化》由云南人民出版社出版。

1999 年　拉木·嘎吐萨主编的《摩梭达巴文化》由云南民族出版社出版。

1999 年　白庚胜在《民族古籍》1999 年第 2 期上发表《纳西族的酒文化》。

1999 年　白庚胜主持的"'99 中国丽江国际东巴文化艺术节学术研讨会"举行。

1999 年　白庚胜任主席的国际纳西学学会成立，270 余位中外学者和 92 位东巴出席，同时举办东巴音乐、舞蹈、仪式及其书画展活动。

1999 年　白庚胜在《民族古籍》第 2 期上发表《纳西族的地名文化》。

1999 年　白庚胜、和自兴主编的《玉振金声探东巴——国际东巴文化艺术节学术研讨会论文集》，收入"'99 中国丽江国际东巴文化艺术节学术研讨会"论文 66 篇，展示了 20 世纪 90 年代东巴文化研究的最新动态和成果。

1999 年　卜金荣任主编，郭大烈、李锡任副主编的《纳西东巴文化要籍及传承概览》由云南民族出版社出版。

1999 年　李霖灿著的《纳西象形标音文字字典》由云南民族出版社出版。

1999 年　老东巴和即贵、习阿牛、和志本、和文贞获"云南省民族民间高级美术师"称号。

20 世纪 90 年代中后期　德国哥廷根科教片研究所与云南大学合作，在德国大众基金支持下建立了中国第一个影视人类学研究所，其中一名纳西族研究生拍摄的反映"'99 中国国际东巴文化艺术节"的影片入选"哥廷根国际民族电影节"学生组影片展播。

1999 年　白庚胜在《社会科学战线》第 4 期上发表《藏族本教对东巴神话的影响》。

1999—2000 年　100 卷《纳西东巴古籍译注全集》由云南人民出版社陆续出版。

2000 年　白庚胜创办《国际纳西学学会通讯》，并出任主编。

2000 年　杨福泉著的《绿雪歌者——李霖灿与东巴文化》由云南教育出版社出版。

2000 年　和匠宇、和锵宇著的《孤独之旅——植物学家、人类学家约瑟夫·洛克和他在云南的探险经历》由云南教育出版社出版。

2000年　林超民、汪宁生、杨福泉赴瑞典隆德大学参加"中国西南的民族、政治与跨国境文化：'过去与现在'"研讨会，首次发现瑞士藏有14本东巴经书。

2000年　李国文在《中国西南地区与东南亚大陆跨境民族文化动态》上发表《纳西族东巴经中医学》。

2000年　李国文在台湾《三清文化》第4、5期上发表《云南省纳西族东巴教信仰——原始葬俗》(连载)。

2000年　云南民族文化艺术节在石家庄举办，丽江东巴文化博物馆成功举办丽江东巴文化展。

2000年　白庚胜在《香格里拉》第1期上发表《纳西族的虎神话及其信仰》。

2000年　东巴文化研究所开始启动"东巴传人培训项目"，获美国大自然保护协会、福特基金会和日本高山市资助。

2000年　东巴文化研究所赴新加坡举办文化展。

2001年　云南省人大常委会通过《云南省丽江纳西族自治县东巴文化保护条例》。

2001年　东巴文化研究所组织东巴和研究人员赴京整理东巴古籍。

2001年　李霖灿著的《纳西象形文标音文字典》由云南人民出版社出版。

2001年　白庚胜在《民族艺术》2001年第2期上发表《纳西族色彩文化功能研究》。

2001年　白庚胜在《云南社会科学》第1期上发表《纳西族色彩文化制约机制谈》。

2001年　白庚胜在《中国社会科学院院报》2001年3月20日上发表《东巴文化流观》。

2001年　白庚胜在《民间文化》第1期上发表《〈黑白战争〉与〈叶岸战争〉比较研究》。

2001 年　白庚胜在《丽江日报》2001 年 1 月 13 日上发表《"东巴文"正名》。

2001 年　白庚胜在《思想战线》第 5 期上发表《纳西族色彩文化的基本特征》。

2001 年　白庚胜在《丽江日报》2001 年 2 月 3 日上发表《纳西族的色彩语言审美》。

2001 年　白庚胜的著作《色彩与纳西族民俗》由社科文献出版社出版。

2001 年　白庚胜在《民间文化》2000 第 1 期上发表《〈黑白战争〉与〈叶岸战争〉的比较研究》。

2002 年　东巴古籍入选中国档案文献遗产名录。

2002 年　世界遗产年会在丽江召开。

2002 年　丽江东巴文化博物馆李锡主编的《近神之路——神路图》《丽江东巴文化博物馆论文集》出版。

2002 年　白庚胜在《国际纳西学通讯》上发表《中国纳西族萨满教的归宿》。

2002 年　白庚胜、和自兴主编的《玉振金声探东巴》由社会科学文献出版社出版。

2002 年　白庚胜在《北方民族》2002 年第 4 期上发表《纳西学发凡》。

2002 年　云南民族大学民族文化学院纳西文化研究生课程进修班在丽江开学。

2003 年　"纳西东巴艺术及其再创造"展览在美国巡回展出。

2003 年　在昆纳西同胞共庆"三多节"活动,丽江东巴文化博物馆举行了盛大的祭天活动。

2003 年　郭大烈主编,赵世红、李国文副主编的《中国少数民族古籍目录提要·纳西族卷》出版。

2003 年　白庚胜在白庚胜、朗樱主编的《萨满文化解读》上发表

《纳西"萨尼"的萨满本质及其比较》。

  2003 年 丽江东巴文化博物馆李锡主编的《纳西象形文字》(木琛)、《纳西族传统祭祀仪式》(和继全)、《纳西东巴古籍》(戈阿干)作为东巴文化教科书出版。

  2003 年 玉龙县古城区教育局举办"普及东巴文化师资培训班"。

  2003 年 丽江东巴文化博物馆网站通过验收。

  2003 年 世界记忆遗产咨询委员会委员、亚太地区副主席兼秘书长朱福强先生到丽江考察。

  2003 年 联合国教科文组织在波兰召开会议,将东巴古籍收入《世界记忆遗产名录》。

  2003 年 丽江举办第二届国际东巴文化艺术节,由白庚胜主持。

  注:参考甘雪春《走向世界的纳西文化——20 世纪纳西文化研究述评》等。

四、著名东巴信息表

序号	姓名	地域	东巴等级
1	英扎次里	四川省木里藏族自治县俄亚纳西族乡	大东巴
2	杜基次尔	四川省木里藏族自治县屋脚蒙古族乡	大东巴
3	阿甲若	四川省木里藏族自治县依吉乡	大东巴
4	和力民	云南省丽江市古城区金山乡	大东巴
5	杨高汝	云南省宁蒗彝族自治县拉伯乡	大东巴
6	杨公布	云南省宁蒗彝族自治县拉伯乡	大东巴
7	习尚洪	云南省香格里拉市三坝纳西族乡	大东巴
8	和志本	云南省香格里拉市三坝纳西族乡	大东巴
9	和国华	云南省玉龙纳西族自治县大具乡	大东巴
10	和世先	云南省玉龙纳西族自治县塔城乡	大东巴
11	和顺	云南省玉龙纳西族自治县塔城乡	大东巴
12	杨文吉	云南省玉龙纳西族自治县塔城乡	大东巴
13	年若	四川省木里藏族自治县俄亚纳西族乡	东巴
14	瓦布	四川省木里藏族自治县俄亚纳西族乡	东巴
15	古玛次里	四川省木里藏族自治县俄亚纳西族乡	东巴
16	陆斤	四川省木里藏族自治县俄亚纳西族乡	东巴
17	吴伍金	四川省木里藏族自治县俄亚纳西族乡	东巴
18	高土	四川省木里藏族自治县俄亚纳西族乡	东巴
19	边玛	四川省木里藏族自治县俄亚纳西族乡	东巴
20	伊但此厘	四川省木里藏族自治县俄亚纳西族乡	东巴
21	此厘低鹿	四川省木里藏族自治县俄亚纳西族乡	东巴

续表

序号	姓名	地域	东巴等级
22	阿　噶	四川省木里藏族自治县俄亚纳西族乡	东巴
23	甲　若	四川省木里藏族自治县俄亚纳西族乡	东巴
24	嘉　若	四川省木里藏族自治县俄亚纳西族乡	东巴
25	瓜但蹦邓	四川省木里藏族自治县俄亚纳西族乡	东巴
26	纳　扣	四川省木里藏族自治县俄亚纳西族乡	东巴
27	冷　路	四川省木里藏族自治县俄亚纳西族乡	东巴
28	各拉扎西杜基	四川省木里藏族自治县屋脚蒙古族乡	东巴
29	偏　初	四川省木里藏族自治县屋脚蒙古族乡	东巴
30	扎西次尔	四川省木里藏族自治县屋脚蒙古族乡	东巴
31	阿克瓦甲	四川省木里藏族自治县依吉乡	东巴
32	甲阿若	四川省木里藏族自治县依吉乡	东巴
33	鲁　绒	四川省木里藏族自治县依吉乡	东巴
34	杜基夏朗	四川省木里藏族自治县依吉乡	东巴
35	朗　别	四川省木里藏族自治县依吉乡	东巴
36	杨甲阿	四川省盐源县泸沽湖镇	东巴
37	杨嘉阿	四川省盐源县泸沽湖镇	东巴
38	何鲁若	四川省盐源县前所乡	东巴
39	和兆武	云南省丽江市古城区金山白族乡	东巴
40	和志伟	云南省丽江市古城区金山白族乡	东巴
41	和国军	云南省宁蒗彝族自治县拉伯乡	东巴
42	和国荣	云南省宁蒗彝族自治县拉伯乡	东巴
43	石宝寿	云南省宁蒗彝族自治县拉伯乡	东巴
44	石玛宁	云南省宁蒗彝族自治县拉伯乡	东巴
45	五陆五独支	云南省宁蒗彝族自治县拉伯乡	东巴
46	和良新	云南省宁蒗彝族自治县拉伯乡	东巴
47	石　春	云南省宁蒗彝族自治县拉伯乡	东巴

续表

序号	姓名	地域	东巴等级
48	石　春	云南省宁蒗彝族自治县拉伯乡	东巴
49	阿　旦	云南省宁蒗彝族自治县拉伯乡	东巴
50	和哈巴	云南省宁蒗彝族自治县拉伯乡	东巴
51	王　峰	云南省宁蒗彝族自治县拉伯乡	东巴
52	石文良	云南省宁蒗彝族自治县拉伯乡	东巴
53	古马苴	云南省宁蒗彝族自治县拉伯乡	东巴
54	杨扎实	云南省宁蒗彝族自治县拉伯乡	东巴
55	阿此安	云南省宁蒗彝族自治县拉伯乡	东巴
56	杨扎史	云南省宁蒗彝族自治县拉伯乡	东巴
57	阿布·高若	云南省宁蒗彝族自治县拉伯乡	东巴
58	阿哈巴技	云南省宁蒗彝族自治县拉伯乡	东巴
59	哈巴基	云南省宁蒗彝族自治县拉伯乡	东巴
60	达　巴	云南省宁蒗彝族自治县永宁坪乡	东巴
61	杨拖丁	云南省宁蒗彝族自治县永宁坪乡	东巴
62	杨独支	云南省宁蒗彝族自治县永宁坪乡	东巴
63	和志良	云南省维西傈僳族自治县攀天阁乡	东巴
64	和志荣	云南省维西傈僳族自治县攀天阁乡	东巴
65	和家祥	云南省维西傈僳族自治县攀天阁乡	东巴
66	仲文魁	云南省维西傈僳族自治县永春乡	东巴
67	和专为	云南省维西傈僳族自治县永春乡	东巴
68	和开贞	云南省香格里拉市金江镇	东巴
69	和树昆	云南省香格里拉市三坝纳西族乡	东巴
70	和丽军	云南省香格里拉市三坝纳西族乡	东巴
71	墨　虎	云南省香格里拉市三坝纳西族乡	东巴
72	习志国	云南省香格里拉市三坝纳西族乡	东巴
73	习胜华	云南省香格里拉市三坝纳西族乡	东巴

续表

序号	姓名	地域	东巴等级
74	和学仁	云南省香格里拉市三坝纳西族乡	东巴
75	杨文京	云南省香格里拉市三坝纳西族乡	东巴
76	树给若	云南省香格里拉市三坝纳西族乡	东巴
77	和其信	云南省丽江市永胜县	东巴
78	和华强	云南省玉龙纳西族自治县白沙镇	东巴
79	和长红	云南省玉龙纳西族自治县白沙镇	东巴
80	和丽武	云南省玉龙纳西族自治县大具乡	东巴
81	和国伟	云南省玉龙纳西族自治县大具乡	东巴
82	和国伟	云南省玉龙纳西族自治县大具乡	东巴
83	和承德	云南省玉龙纳西族自治县大具乡	东巴
84	和积兴	云南省玉龙纳西族自治县大具乡	东巴
85	和耀毛	云南省玉龙纳西族自治县奉科镇	东巴
86	和要麻	云南省玉龙纳西族自治县奉科镇	东巴
87	木 琛	云南省玉龙纳西族自治县黄山镇	东巴
88	和士钧	云南省玉龙纳西族自治县黄山镇	东巴
89	和文贞	云南省玉龙纳西族自治县黄山镇	东巴
90	和学东	云南省玉龙纳西族自治县巨甸镇	东巴
91	和桂生	云南省玉龙纳西族自治县鲁甸乡	东巴
92	和圣典	云南省玉龙纳西族自治县鲁甸乡	东巴
93	和秀山	云南省玉龙纳西族自治县塔城乡	东巴
94	杨诚晟	云南省玉龙纳西族自治县塔城乡	东巴
95	杨 俊	云南省玉龙纳西族自治县塔城乡	东巴
96	和学武	云南省玉龙纳西族自治县塔城乡	东巴
97	和秀东	云南省玉龙纳西族自治县塔城乡	东巴
98	和旭辉	云南省玉龙纳西族自治县塔城乡	东巴
99	杨玉华	云南省玉龙纳西族自治县塔城乡	东巴

续表

序号	姓名	地域	东巴等级
100	杨建华	云南省玉龙纳西族自治县塔城乡	东巴
101	杨玉勋	云南省玉龙纳西族自治县塔城乡	东巴
102	杨志坚	云南省玉龙纳西族自治县塔城乡	东巴
103	和玉贵	云南省玉龙纳西族自治县塔城乡	东巴
104	和丽宝	云南省玉龙纳西族自治县太安乡	东巴
105	杨学红	云南省玉龙纳西族自治县太安乡	东巴

五、国内部分纳西学学者简介

（一）国内纳西族学者介绍（以姓氏拼音排序）

白庚胜（1957—　　） 云南省丽江市古城区金山乡新团上村人。教授、研究员。1980 年毕业于中央民族学院（今中央民族大学）汉语言文学系，1987—2001 年先后在中央民族大学、日本大阪大学、筑波大学、北京师范大学学习，获中央民族大学文学博士学位和日本筑波大学文学博士学位，并在北京师范大学从事民俗学博士后研究。已在纳西学色彩文化学、民间文艺学、民俗学、文化遗产学领域发表论文 400 多篇，主编丛书近 40 种、10 000 册，先后获 20 多项国内外学术成果及优秀图书大奖，先后被国务院授予"全国民族团结模范"，被中组部等 6 部委授予"优秀回国人员成就奖"，被国务院授予政府特殊津贴，被中国文联授予"全国优秀青年文艺家"。长期致力于纳西学创建与组织纳西族东巴文化研究。在纳西文学作品创作及文艺评论方面出版过《空谷传响》《白庚胜作品选集》《金秋收穗》等专集，已出版《东巴神话象征论》《东巴神话研究》《纳西族民俗志》《纳西文化》《纳西族》及《中国云南纳西族民俗之色彩研究》《纳西文钞》《象形文史诗〈黑白战争〉研究》等数十部专著。曾主编"纳西学丛书""纳西学译著丛书""纳西学资料丛书""纳西族现当代作家作品丛书"及《金沙万里走波澜》《第二届国际纳西文化艺术学术讨论会论文集》。编译出版《国际东巴文化研究集粹》《日本纳西学论集》。翻译出版《日本神话与中国神话——以纳西族为中心》等日本纳西学研究专著。创办丽江师范专科学校纳西学研究院，创建纳西学、纳医学。主要论文、一般文章有《纳西族〈猎歌〉试辨》《揭开"玉龙第三国"的秘密》以及《黑白战争象征意义辩》等数百篇，先后 8 次在全国及中国社会科学院系统评比中获奖。发表译文《蒙古族叙事诗与纳西族神话比较研究》等近 40 篇。创作近百篇文学作品，整理数百篇（件）民间故事、民间长诗。撰写数百篇文学评论、文化随笔。曾组织中日专家学者联合考察彝族、纳西族文化项目，担任秘书长，并在川滇藏各支系纳西族地区做全面考察；参与组织"20 世纪纳西族文学创作讨论会"并任筹备委员会主席；主持策划"'99 中国丽江国际东巴文化艺术节""'99 中国丽江国际东巴文化艺术节学术会议""国际神话学术研讨会"；参加过"国际彝缅语会议"及"23 届国际东方学会议"，多次出访美、日、俄、法、瑞、印等 20 余国，与国际纳西学界保持着频繁的学术交流与合作关系。曾任中国社会科学院少数民族文学研究所副所长，兼任中国少数民族文学学会理事长、国际纳西学学会会长、国际萨满学会副主席、北京纳西学会会长、中国民间文艺家协会常务副主席、中国民俗学会副理事长、中国人口文化促进会副会长，中国文联党组成员、书记处书记、主席团委员，中国作协党组成员、书记处书记、副主席，中共十七大代表，第十三届全国政协常委，兼任中国社会科学院研究生院等 20 余个大专院校、科研机构教授、研究员。

方国瑜（1903—1983）　云南省丽江市古城区人。著名历史学家、民族学家和语言学家。1924 年考入北京师范大学预科。1930 年，在钱玄同先生的鼓励下考入北京大学研究所国学门，同时师从北师大历史系主任陈垣先生。1932 年以优异成绩毕业于北师大国文系。1933 年毕业于北大研究所国学门。同年，在北大研究所所长刘半农先生的鼓励下返回家乡丽江，开始了对纳西历史和东巴象形文字的研究，并因其杰出的研究成果而被西方学者尊称为"纳西历史语言之父"。1935 年写成《纳西象形文字谱》，1981 年经和志武参订后正式由云南人民出版社出版。1944 年发表《么些民族考》。1979 年又与和志武先生合作，在《民族研究》上发表《纳西族的渊源、迁徙和分布》一文，从而说清了纳西族的"源"和"流"的问题。

郭大烈（1941— ） 云南省丽江市古城区黄山乡宏文村人。1964年毕业于中央民族学院（后更名为中央民族大学）历史系。长期致力于纳西族文化的研究，曾主持过多项国家级及省级重点课题。主要著作有《纳西族史》（与和志武合著），主编《纳西族文化大观》《纳西族社会历史调查》（第2辑、第3辑）、《东巴文化论集》《东巴文化论》《东巴文化新论》《纳西族研究论文集》《纳西族风情录》《中国少数民族大辞典·纳西族卷》《中国少数民族文化史·纳西族文化史》等。发表学术论文百余篇。多次成功主持、参与在国内外举行的各类国际学术研讨会，如"'99中国丽江国际东巴文化艺术节学术会议"等，曾任云南民族学会副会长兼秘书长、纳西族研究委员会副主任等职。

戈阿干（1936— ） 云南省丽江市玉龙纳西族自治县人。1962年毕业于中央民族学院历史系。1981年进入鲁迅文学院学习。长期从事纳西象形文和东巴文化的研究，尤长于东巴骨卜研究和东巴舞谱研究。在滇、川、藏长期田野调查的基础上翻译、注释并主编了具有文献性质的文学集成《祭天古歌》，并以此获第二届中国民间文学优秀作品一等奖。主要作品还有《滇川纳西东巴文化及源流考察》《东巴神系与东巴舞谱》《东巴骨卜文化》《纳西东巴骨卜和象形文骨卜书》。其中，《纳西东巴骨卜和象形文骨卜书》被选入北京大学《国学研究》第4卷，成为东巴文化研究进入国学领域的标志。从1957年开始，发表诗歌、小说、翻译作品数十篇。长诗《格拉茨姆》获第一届全国少数民族文学创作奖。《金翅大鹏》入选1984年《中国小说年鉴·少数民族卷》并被编入小说集《夜空，也只有两只眼睛》（台湾）。短篇小说《燃烧的杜鹃花》入选《中国新文学大系》。1989年应邀前往瑞士苏黎世大学文化人类学博物馆，举办了东巴骨卜和东巴舞谱的学术讲座。其纳西象形文书画创作被欧美20多个国家的人士收藏。

和万宝（1923—1996） 云南省丽江市古城区金山乡大来村人。抗日战争时期就读于西南联合大学。十分熟悉、热爱纳西族民族文化，长期致力于传统纳西文化的保护与传承，会唱各种纳西民间调子。与方国瑜教授等一起多方呼吁奔走，于 1981 年在丽江成立了云南省社会科学院东巴文化研究室，兼任主任直到去世。组织纳西学者和东巴协同工作，主持翻译了 1000 多卷东巴古籍，为此后 100 集《纳西东巴古籍译注全集》的出版做了大量的准备工作。曾主编《东巴文化艺术》等画册。

和志武（1930—1994）　云南省丽江市玉龙纳西族自治县黄山镇长水村人。1952 年毕业于中央民族学院第一期军政干部训练班。1971 年以前在中央民族学院民族系从事民族历史、语言文字和东巴文化的教学和科研工作，在云南、四川纳西族地区进行过长期田野调查，收集东巴经近千册，记录了上百万字的石碑资料。长于纳西语言文字和东巴教的研究。其父和学道、其叔和泗泉都是著名的东巴，因此自幼即受东巴文化的熏陶，不仅能读东巴经、识东巴字，而且还能画东巴画，兼通汉语和国际音标。其主要作品有《纳西东巴文化》《东巴经典选译》《创世纪》《祭风仪式及木牌画谱》《纳西基础语法》及《中国原始宗教研究资料丛编·纳西族卷》等 10 余种。1973 年，参订方国瑜教授编撰的《纳西象形文字谱》，后又与郭大烈教授合著《纳西族史》（1994 年）。早在中央民院任教时即编写过《纳西语教材》《纳西族民歌选》《鲁般鲁饶》等 200 多万字的论著。此外，还发表论文 40 余篇。任云南省社科院东巴文化研究所顾问。

和少英（1954—　）　云南省丽江市古城区人。1986 年毕业于中共中央党校，获法学硕士学位。1987 年考入约翰·霍普金斯大学与南京大学联办的"中美文化研究中心"。1989 年至 1991 年，作为访问学者前往美国弗吉尼亚大学研修。1993 至 1994 年，作为高级访问学者前往美国哥伦比亚大学和弗吉尼亚大学考察与研究。曾前往中甸白地考察东巴文化，并指导硕士生进行纳西文化的课题研究。近年主持国家级、省级及与台湾学者合作的多项科研课题。主要专著、译著有《纳西族文化史》《中华文化通志·缅彝语诸族文化志》等。兼任中国西南民族研究会副秘书长、中国影视人类学会常务理事、纳西族研究委员会副主任、丽江市东巴文化博物馆顾问等职。

和钟华（1937— ） 云南省丽江市古城区人。1960 年毕业于西南师范学院中文系。多年来主要从事民族文学、民族文化及民族女性方面的研究，并在民族地区进行过长期的实地调查。主要著作有《在女神的天地里》及《生存和文化的选择》。曾主编《纳西族文学史》《纳西东巴圣地民间文学选》，发表论文数十篇。

和力民（1955— ） 云南省丽江市古城区金山乡贵峰村人。1982 年毕业于云南民族学院汉语语言文学系。1984—1986 年在北京大学哲学系进修宗教学。长期从事东巴教研究，并多次参与东巴仪式的展演。主要译著有《求取祭祀占卜经》及《董述战争》。承担并完成国家和省级重点科研项目《纳西东巴古籍译注全集》中的禳垛鬼仪式经书 70 余本，共 100 余万字。写成调查报告 20 多万字，发表论文 20 余篇，其中，《论东巴教的性质》获"1990—1992 年度云南省青年哲学社会优秀成果三等奖"。1991 年以来沿金沙江边进行实地考察，发现古崖画点 20 多个，并撰写了《虎跳峡发现大面积古崖画》和《长江第一湾发现重要古崖画》等文，引起新闻媒体及学术界广泛关注。1998 年，应邀前往瑞士苏黎世大学进行学术交流活动。现任东巴文化研究所副研究员、学术委员会副主任，兼任中国崖画研究中心特约研究员。

和发源（1930— ） 云南省丽江市古城区白沙乡龙泉村人。1954 年毕业于云南大学历史系。20 世纪 50 至 60 年代曾在国家民委及中央民族学院语文系工作。1972 年调回丽江师范学校任教。1979 年调东巴研究室（后改为云南省社科院东巴文化研究所）。长期以来从事《纳西东巴古籍译注》的翻译整理工作，并与杨德鋆合著《纳西族古代舞蹈和舞谱》等。

李锡（1954— ） 云南省丽江市玉龙纳西族自治县拉市乡人。长期在丽江从事文物的搜集、整理工作。先后创办丽江纳西东巴文化博物馆、丽江纳西东巴文化学校及《东巴文化报》等，为东巴文化的抢救、传承及弘扬做出贡献。1995 年 11 月赴日本，参加纳西族、彝族与日本民俗的比较研究，在日本爱知大学发表《建设中的丽江纳西东巴文化博物馆》。积极推动纳西文化与国际学术团体的交流，促成丽江县博物馆先后与加拿大夏洛特皇后岛博物馆、瑞士苏黎世大学博物馆建立了姊妹博物馆关系。1997年和1998年，分赴瑞士苏黎世大学及加拿大印第安人海达部落，成功进行了东巴文化的展演。1996年，主持联合国教科文组织的课题"恢复束河传统皮革业生产的社会调查"。

木丽春（1936—　）　云南省丽江市玉龙纳西族自治县拉市乡美泉村人。酷爱民间文化，且粗识东巴文，熟悉民俗仪典。1956年在中学时代即与牛相奎一起创作发表了传世之作叙事长诗《玉龙第三国》（后由云南人民出版社出版）。早期主要从事纳西族民间文学的翻译，后期开始从事民族文化研究。1959年参与了《纳西族文学史》（初稿）的资料收集和翻译工作。主要专著有1995年云南人民出版社出版的《东巴文化揭秘》，1996年民族出版社出版的《丽江古城史话》（获全国少数民族文化研究优秀成果奖）。此外，还著有《丽江名胜传说》《丽江旅游博览》及《玉龙山花情》等。小说有《铁核桃》《雪山磐石》《最后有座水磨坊》及《骑龙的人》等50余篇。其中，《铁核桃》获首届云南省少数民族文学创作奖。曾与牛相奎合作发表民间长诗《丛蕊刘偶和天上的公主》，发表过翻译民间故事作品《斯汝命与高勒趣》及《黑白之战》等。

牛相奎（1938—　）　云南省丽江市古城区大研镇萃文村人。喜爱纳西民间文化，熟知纳西民俗风情。1956年中学时代即与木丽春合作发表叙事长诗《玉龙第三国》（后由云南人民出版社出版）。多年从事纳西民间文学的收集、翻译与创作工作。主要作品有短诗《小独玛》《奴隶的女儿》，其中《小独玛》获云南省少数民族文学创作奖；长诗《云妹》《牧象的姑娘》及《赶马之歌》；与木丽春合作发表《丛蕊刘偶和天上的公主》。1984年与赵净修合作、由云南人民出版社出版了《鲁般鲁饶》。此外，还参与《纳西族文学史》"清代作家文学"部分的撰稿。

宣科（1930—　）　云南省丽江市古城区大研镇人。中学就读于昆明教会学校。酷爱音乐艺术，1978年落实政策后在丽江地区中学及地区实验学校教英语。1990年退休后一直从事民族文化，特别是纳西民族音乐文化的挖掘、开发整理与推广工作。1984 年在云南《民族音乐》上发表《白沙细乐小议》。1986 年在天津音乐学院《学报》上发表《音乐起源于恐惧》。1989 年在《民族音乐论集》上发表《白沙细乐探源》,在四川音乐学院学报《音乐探索》上发表《〈热美蹉的来历经〉之研究》等。先后到中央音乐学院、中央美术学院、云南大学、英国伦敦大学亚非学院、赫尔大学和牛津大学进行学术交流。带领丽江大研古乐会前往北京、广东、四川、香港、台湾等地,以及英国、挪威等国家演出。创办纳西古乐宫和传习馆,弘扬纳西音乐文化。曾任丽江大研古乐会会长。

杨世光(1940—) 云南省香格里拉市虎跳峡镇人。长期从事纳西文化研究,尤长于纳西文学的创作与文学艺术评论。散文《玉龙春色》和《夜石林》连获第一、第二届全国少数民族文学创作一等奖。出版散文集《神奇的玉龙山》《爱神在微笑》及《孔雀树》等。《论明清时期纳西族作家文学的崛起》获全国民族文学研究优秀论文奖。收集整理纳西民间长诗 9 部,如《猎歌》《黑白之战》及《赶马之歌》等。合著《纳西族文学史》。此外,多年从事纳西文化的研究,曾与郭大烈一起主编《东巴文化论》及《东巴文化论集》。担任《东巴文化丛书》主编和《纳西东巴古籍译注全集》的责任编辑。

杨福泉(1955—) 云南省丽江市古城区大研镇人。1982 年毕业于云南大学中文系。1996 年考取云南大学历史系民族史专业博士生。1996 年被破格评聘为研究员。长期从事纳西文化研究,具有扎实的文学及人类学功底。主要著作有《现代纳西文稿翻译和语法分析》《神奇的殉情》《灶与灶神》《原始生命神与生命观》《多元文化与纳西社会》《生死绎影·魂路》《生死绎影·殉情》《秘笈古韵》《圣山下的古国》《寻找祖先的灵魂》《火塘文化录》《绿雪歌者——李霖灿与东巴文化》等;发表论文百余篇,部分论著被译成英文、德文,受到国外学界的好评。主持和参与两项国家重点科研项目及多项省级课题,如《中国原始宗教资料丛编·纳西族卷》(副主编)、《丽江玉龙山区域农村发展与生态调查》(副主编)、《纳西文化》及《东巴文化艺术》等。长于国际学术交流与合作，曾多次赴德国、美国、加拿大、瑞士、瑞典、泰国等国讲学和合作科研，并指导来自美国、英国、德国、法国、加拿大、意大利、挪威、丹麦等国的博士、硕士生多名。

杨仲鸿（1903—1983）　云南省丽江市古城区大研镇人。16 岁时考入丽江六属联合中学。20 岁考入二部师范，毕业后受聘为成德中学图书馆主任。还担任过省立中、小学教师、校长。有感于洛克对纳西文化的热爱与钻研，为唤起我国学者对纳西东巴文化的重视和研究，于 20 世纪 30 年代起开始系统收集整理东巴经书，并在洛克的东巴经师和华亭的帮助下研读东巴文。1933 年，编成纳西族东巴文字和哥巴文字字典《么些文东巴字及哥巴字汉译字典》，记载了 1000 多个东巴文字，这是第一部纳西族象形文字及标音文字字典，虽未付印，但在纳西文化，特别是东巴文字的研究领域具有开创之功。20 世纪 80 年代初，又根据东巴经《撒日仲鲁日仲》一书翻译整理了 1300 余行长诗《人生的程途》，此外还撰写了《从和华亭的日记看纳西古文献》等。

杨焕典（1931—　）　云南省丽江市人。1955 年毕业于云南大学中文系。1958 年毕业于中国科学院语音研究班。主要从事纳西语、汉方言及汉语音韵方面的研究。多次出席在国内外召开的各类学术研讨会，并提交纳西语研究的相关论文，如 1981 年在中国语言学会第一届学术讨论会上提交《论纳西语的音位》，为第 15 届国际汉藏语言学会议提交《纳西语的数量词》。1983 年在美国举行的第 16 届国际汉藏语言会议上宣读了论文《纳西语形容词的形态》。1984 年在哈尔滨举行的中国民族语言学会第二次学术讨论会上提交《纳西语异根动词 "lw^{33}"（来）和 "mbw^{33}"（去）》一文。1985 年在泰国曼谷举行的第 18 届国际汉藏语言学会议上提交论文《纳西语动词的时体式范畴》。1987 年在加拿大温哥华举行的第 20 届国际汉藏语言学会议上提交了论文《纳西语代词研究》。

杨正文（1943—　）　云南省香格里拉市三坝纳西族乡白地村人。1968 年毕业于云南大学中文系。出生于纳西族大东巴世家，从小耳濡目染，受到东巴文化的熏陶，长期从事纳西文化研究。主要专著有《东巴圣地白水台》及《最后的原始崇拜》。此外，发表论文译作多篇，如《白地祭天古俗》《东巴圣地的形成和发展》《三坝纳西族族源及文化概要》《试论白地东巴文化在纳西族东巴文化中的地位》《东巴开卷经》及《骏马吟》等。

赵银棠（1904—1993） 云南省丽江市古城区大研镇人。15 岁在丽江县女子师范学习班读书，接触新思想。1929 年到昆明，先就读于昆华女子高等师范班，后又到东陆大学（今云南大学）选修文史。1942 年到重庆，受到郭沫若、邓颖超等人的接见。1943 年参与著名社会学家、民族学家吴泽霖教授组织领导的社会调查工作，采录民俗风情，搜集民间文学，翻译整理纳西族古代神话和诗歌，最终编成《玉龙旧话》，于 1948 年由友人资助出版。此外还有翻译作品，如《创世纪》《高楼趣》《卜巫术的故事》等东巴神话及民间诗歌《柏雪会》《合欢》《情死》《猎歌》等。1956—1957 年翻译了东巴经《东岩术岩——黑白斗争的故事》，1957 年又翻译发表了《鲁般鲁饶》。1965 年撰写了《纳西族青年的殉情悲剧及其时代背景》《石牌坊的故事》，晚年还编辑出版了《纳西族诗选》和《玉龙旧话新编》。

赵净修（1926—　　） 云南省丽江市古城区大研镇人。20 世纪 60 年代初开始参与纳西东巴经的收集与民间文学的翻译，与牛相奎合作翻译整理长诗《鲁般鲁饶》，获云南省民间文学作品奖。整理《阿一旦的故事》《东巴经故事》。参与《纳西族文学史》（初稿）及新版《纳西文学史》部分章节的编写。长于诗歌散文及小说的创作，发表散文《万朵山茶》（获首届云南省少数民族文学创作奖）、《长江第一湾》、《丽江古城花似锦》、《云南的玉龙山》，小说《苗庄》《铜水畅流》等。

周汝诚（1904—1985） 云南省丽江市古城区大研镇人。20 世纪 30 年代即与方国瑜先生一起对中甸、永宁等地的东巴文化进行过实地考察。1934—1936 年，受陶云逵之聘，对纳西族地区的民俗风情进行采录，并着力搜集东巴经书，足迹遍及永宁、木里及盐源等地，对纳日人的民俗、宗教、语言、文字、民间文学等方面进行了深入的调查。曾协助万斯年和李霖灿工作，并在大东巴和才、和芒、和士贵的协助下翻译了不少东巴经。20 世纪 50 年代初曾到中央民族学院图书馆工作，编写纳西语讲义、纳西语词典及民间故事等。1954 年返回云南参加民族识别工作。1963 年受丽江县委之聘，主要从事东巴经书的翻译和纳西族史料的搜集整理工作。翻译了《创世纪》《董述战争》《迎净水》《崇搬图》《俄尹都努杀水怪的故事》等重要东巴经书。1964 年，他将开挖漾弓江时出土的人骨化石寄往有关部门，被鉴定为距今十万年前的丽江人。主要著述有《永宁见闻录》(后经郭大烈整理，于 1986 年收入《纳西族社会历史调查 (二)》，由云南人民出版社出版)、《纳西族史料编年》、《纳西族的婚礼》及《巴格图说明》等。曾任云南社科院东巴文化研究室顾问。

周霖（1902—1977）　云南省丽江市古城区石鼓镇人。毕业于省立丽江中学。自幼酷爱艺术，1926 年曾一度考入上海刘海粟创办的美术专科学校，可惜学习时间甚短，后在苏州、南京、武汉等地游历。20 世纪 30 年代末到 40 年代末，倡导组织 "雪山画社"，组织爱好诗、书、画、乐的青年定期联欢会，切磋画艺，相互观摩，临摹白沙壁画，开办美术学习班，培养美术爱好者。50—60 年代初，组织领导了东巴古籍的抢救、译述工作。1973 年分别在昆明和北京中国美术馆举办个人画展。1982年，北京民族文化宫举办了《周霖遗作展》。北京人民大会堂收藏其国画《金沙水拍云崖暖》。

（二）国内汉族学者（以姓氏拼音首字母排序）

蔡华（1954—　）　云南省昆明市人。20 世纪 70 年代末至 80 年代初分别在长沙铁道学院和云南大学攻读和进修法语、历史学和经济学。1984 年前往法国，在巴黎第十大学社会文化人类学系攻读博士学位，系统地学习了西方文化人类学的理论与原理。1985 年至 1997 年间，曾五次深入滇川边界地区纳西族村寨进行田野调查，并在此基础上完成了

《一个既无丈夫又无父亲的社会——中国的纳人》（1997年由法国大学出版社法文出版）。作者在实地考察的基础上提出了自己独到的观点，即认为纳人社会是个既无婚姻制度又无家庭组织的社会，在中外学术界引起了热烈的反响。

傅懋勣（1911—1988） 山东省聊城市人。长期从事少数民族语言研究。20世纪40年代在《中国文化研究集刊》上发表《维西么些语研究》的系列文章，对其语言、语法及词汇作了深入探讨。70年代末，前往丽江纳西族地区进行实地考察。1979年为第十二届国际汉藏语言学会议提交了题为《永宁纳西族的母系家庭和亲属称谓》的论文，说明了母系家庭对亲属称谓的影响，指出：“研究一种语言的亲属称谓只分析具体的称谓是不够的，还必须研究称谓和称谓的相互关系，其中最重要的是互称关系。”1981年和1984年，日本东京大学出版了其在纳西语言文化研究方面的代表作《纳西族图画文字〈白蝙蝠取经记〉研究》（上、下册）。此书为纳西族文字史、语言史、民间文学及古文字研究提供了宝贵的资料。

姜竹仪（1934—） 北京市人。1956年毕业于中央民族学院语文系。1956年参与中国科学院少数民族语言调查第三工作队的工作，通过一年多的田野调查，获取了大量第一手语言资料，并在此基础上提出了《纳西拼音文字方案》（草案），并于1957年在昆明召开的云南少数民族语言文字问题科学讨论会上获得通过。完成论文《纳西族语言研究概况》《纳西语的几种构词方式》《纳西族概况》《纳西语西部方言音位系统中的几个问题——兼答杨焕典同志》，另与和即仁合著《纳西语简志》。

李霖灿（1913—1999） 河南省辉县市人。1933年毕业于河南省立第一师范学校，之后考入西湖艺专。1939年因抗日战争迁至云南。受滕固校长委派，前往大理、丽江调查边疆少数民族的文化艺术，从此开始对纳西文化，特别是纳西象形文字的研究工作。在纳西好友和才及张琨博士的帮助下，于1944年编纂成《么些象形文字字典》，收录2120余字。1945年，编写出《么些标音文字字典》，收录2334余字。1967年完成《么些经典译注九种》。1971年写成《玉龙大雪山——霖灿西南游记》。1984年由台北"故宫博物院"出版《么些研究论文集》，收入其关于纳西文化研究方面的主要文章。1955年，曾受美国国会图书馆之邀，为该馆所藏东巴经进行整理编目，发现其实际所藏东巴经书竟达3038册，并发现了一本写于康熙七年（1668年）的经典。此外，还发表有《么些族的故事》《神秘的玉龙山》等作品。

李国文（1950—　　）　云南省永德县人。1976年毕业于云南大学政治系。长期从事社会科学理论研究和少数民族田野调查，主攻民族学、宗教学研究，专攻纳西族东巴教和东巴文化研究。1980年发表《古代纳西族哲学思想初探》，获同行好评。完成国家及省级重大课题多项。出版个人专著《东巴文化与纳西哲学》《天·地·人——云南少数民族哲学窥秘》《人神之媒——东巴面面观》及《东巴文化辞典》等。合著有《云南省志·宗教志》等19部。曾在《哲学研究》、台湾《宗教学》等杂志上发表论文52篇。1996年、1997年赴日本东京女子大学和中国台湾作《纳西族东巴文化》等学术演讲。

翁乃群（1948—　　）　出生于印度尼西亚雅加达。1976年毕业于北京师范大学历史系，毕业后留校任教。1985年秋赴美国罗切斯特大学攻读人类学，1987年获文学硕士。1993年获得人类学博士学位。1987至1989年间曾往中国西南地区的纳西族摩梭人社区进行田野调查，后在导师托马斯吉布生教授的指导下于1993年完成了其博士论文《母屋——中国西南纳日人的象征符号与性别关系》。对有关亲属制度社会性别、族群认同、社会文化变迁、医学人类学等均有广泛研究，曾发表《全球化背景下的文化再生产：以纳西文化与旅游业发展为例》（载《人文世界》第1卷，华夏出版社，2001年）。

宋兆麟（1936—　　）　出生于辽宁省辽阳市。1960年毕业于北京大学历史系考古专业，留校任教。1961年调至中国历史博物馆工作。注重实地调查，长期深入民族地区考察，了解民族风情，搜集民族文物。1963年发表第一篇论文《永宁纳西族的葬俗——兼论仰韶文化的葬俗》。

1985 年发表了《左所纳日人的葬礼》。在纳西文化研究领域，还与人合著有《永宁纳西族母系制》《共夫制与共妻制》等。

徐振康（1929—1995） 云南省临沧市人。毕业于云南大学外语系。1958 年担任丽江县委书记期间，指示县文化馆馆长周霖组织学者和老东巴协同工作，并拨专款用于纳西东巴经的抢救工作。1963 年从北京商调回纳西族学者周汝诚，指导并亲身参与东巴经的整理与翻译工作。此项工作持续了 7 年，得到了当时省民族民间文学丽江调查队的支持，先后整理出东巴经 13 大类、528 本，译毕 140 多本，并石印出版其中的 22 本，为抢救东巴文化古籍做出了特殊的贡献。

严汝娴（1933—　　） 女，民族学家。祖籍云南省富民县，出生于云南省建水县。1954 年毕业于云南大学历史系。长期从事中国少数民族原始社会形成及婚姻家庭、妇女问题等方面的研究。在田野调查的基础上发表《纳西母系亲属制与易洛魁亲属制的比较研究》等 10 篇论文。与刘尧汉一起完成了对永宁区温泉乡、八株乡、拖支乡领主经济和母系制的 3 篇调查报告，并收录在《永宁纳西族社会及母系制调查（三）》中。其纳西文化研究的代表作是与宋兆麟合著的《永宁纳西族母系制》，较系统地介绍讨论了纳西族摩梭人的母系氏族——"尔"和"斯日"、母系亲族——"衣杜"、女方居住的走婚等婚俗和亲属制。

詹承绪（1931—2000） 重庆市江津区人。长期从事中国少数民族研究，多次前往宁蒗彝族自治县进行田野考察。写成关于纳西族摩梭人领主经济及家庭婚姻调查报告约 65 万字，部分调查报告被收入《宁蒗彝族自治县永宁纳西族社会及其母系制调查》。与王承权、李近春等人合作撰写的《永宁纳西族母系家庭几个专题的调查》《永宁纳西族的阿注婚姻和母系家庭改革后的变化》《丽江纳西族的文化习俗和宗教信仰》等文章，被收入《云南四川纳西族文化习俗的几个专题调查》中。与王承权、李近春、刘龙初合著《永宁纳西族的阿注婚姻和母系家庭》，与王承权合著《神秘的女性王国》，并参与拍摄《永宁纳西族的阿注婚姻》科教片。

参考文献

一、中文文献

［1］方国瑜，和志武.纳西象形文字谱［M］.昆明：云南人民出版社，1981.

［2］傅懋勣.丽江么些象形文字《古事记》研究［J］.武昌：华中大学出版，1948.

［3］傅懋勣.纳西族图画文字《白蝙蝠取经记》研究（上）.日本：东京外国语大学语言文化研究所，1981.

［4］傅懋勣.纳西族图画文字《白蝙蝠取经记》研究（下）.日本：东京外国语大学语言文化研究所，1984.

［5］戈阿干.东巴神系与东巴舞谱［M］.昆明：云南人民出版社，1992.

［6］戈阿干.东巴骨卜文化［M］.昆明：云南人民出版社，1999.

［7］郭大烈，杨世光.东巴文化论［M］.昆明：云南人民出版社，1991.

［8］和志武.纳西东巴文化［M］.长春：吉林教育出版社，1989.

［9］和志武.祭风仪式及木牌画谱［M］.昆明：云南人民出版社，1998.

［10］和志武.东巴经典选译［M］.昆明：云南人民出版社，1998.

［11］李国文.东巴文化与纳西哲学［M］.昆明：云南教育出版社，1991.

［12］李国文.人神之媒——东巴祭司面面观［M］.昆明：云南人民出版社，1993.

［13］李国文.东巴文化辞典［M］.昆明：云南教育出版社，1997.

［14］李国文.从象形文字看古代纳西族空间观念的形成［J］.云南

社会科学, 1983.

[15]李静生.纳西东巴文字与甲骨文的比较研究[J].云南社会科学, 1983.

[16]李霖灿.么些象形文字字典[M].台湾:文史哲出版社, 1972.

[17]李霖灿, 张琨, 和才.么些经典译注九种[M].台湾:"中华丛书编审委员会", 1978.

[18]木丽春.东巴文化揭秘[M].昆明:云南人民出版社, 1995.

[19]卜金荣, 李锡副.东巴文化要集及传承概览[M].昆明:云南民族出版社, 1999.

[20]王元鹿.汉古文字与纳西东巴文字比较研究[M].上海:华东师范大学出版社, 1988.

[21]闻宥.么些标音文字字典(评介)[J].燕京学报, 1949(30).

[22]闻宥.么些象形文之初步研究[J].台湾:"中央研究院历史语言研究所"人类学集刊, 1941.

[23]闻宥.论么些写本之形式[J].中国文化研究汇刊, 1947.

[24]杨福泉.原始生命神与生命观[M].昆明:云南人民出版社, 1995.

[25]杨正文.最后的原始崇拜——白地东巴文化[M].昆明:云南人民出版社, 1999.

[26]郑卫东, 郭大烈.纳西族象形文字汉英日对照[M].昆明:云南民族出版社, 1997.

[27]周汝诚等.东巴经译注二十二种[M].丽江:丽江县文化馆石印, 1962–1965.

[28]朱宝田.纳西族象形文字的分布与传播问题新探[J].云南社会科学, 1984.

[29]白庚胜.纳西文化[M].北京:新华出版社, 1993.

[30]白庚胜, 和自兴.玉振金声探东巴　国际东巴文化艺术学术研讨会论文集[C].北京:文献出版社, 2002.

[31]白庚胜, 杨福泉.国际东巴文化研究集粹[M].昆明:云南人

民出版社，1983.

［32］白庚胜.东巴神话象征论［M］.昆明：云南人民出版社，1998.

［33］白庚胜.东巴神话研究［M］.北京：社会科学文献出版社，1998.

［34］白庚胜.色彩与纳西族民俗［M］.北京：社会科学文献出版社，2000.

二、译著

［35］（法）雅克巴克著；宋军，木娟译.么些研究［M］.昆明：云南大学出版社，2019.

［36］（俄）顾彼得著，李茂春译.被遗忘的王国：丽江 1941—1949［M］.昆明：云南人民出版社，2017.

［37］（美）约瑟夫·洛克著，刘宗岳等译.中国西南的古纳西王国［M］.昆明：云南美术出版社，1999.

［38］（德）迈克尔·奥皮茨，（瑞士）伊丽莎白·许等著；刘永青，骆洪译.纳西、摩梭民族志——亲属制、仪式、象形文字［C］.昆明：云南大学出版社，2010.

［39］（日本）山田胜美.曾有过生命的绘图文字世界［M］.日本：玉川大学出版部，1977.

［40］（日本）西田龙雄.活着的象形文字·纳西族的文化［M］.日本中公新书，1966.

［41］（日本）伊藤清司著，张正军译.中国古代文化与日本　伊藤清司学术论文自选集［C］.昆明：云南大学出版社，1997.

［42］（英）约翰·斯特洛克编；渠东，李康等译.结构主义以来　从列维斯特劳斯到德里达［C］.沈阳：辽宁教育出版社，1998.

总后记

50卷《白庚胜文集》行将出版,我对自己近年从事有关选编工作无怨无悔。因为,在本质上,我也是文化工作者,只是偏于戏曲表演与教育罢了。

在此,对为出版这套文集而无偿提供有关版权的社科文献出版社、线装书局、作家出版社、民族出版社、云南人民出版社、云南民族出版社、晨光出版社、四川新华出版发行集团、宁夏人民出版社、深圳海天出版社、苏州古吴轩出版社、辽宁民族出版社、中央民族大学出版社、新华出版社、中华书局等表示衷心地感谢!同时对授权翻译出版中文本有关著作的日本勉诚出版社、学生社、雄山阁出版社、中公社表示深深的谢意。

我要特别致谢那些为这项工作施以种种援手的朋友们:中国作家协会主席、中国文学艺术界联合会主席铁凝女士,中国作家协会副主席高洪波先生,中国作家协会书记处书记吴义勤先生,全国政协常委班禅额尔德尼·确吉杰布大师,中共贵州省委原常委、宣传部原部长、贵州省人大常委会副主任慕德贵先生,贵州出版集团有限公司党委书记、董事长黄定承先生。没有他们的关怀、决策,就没有这套文集的出版。

我要特别感谢的是贵州民族出版社及其胡廷夺社长。胡先生仅因白庚胜先生于15年前为他写过一篇序,以及这几年来一直关心贵州文学、文化事业,尤其是脱贫攻坚文学书写,便一直谋划着以文化的形式予以回报。胡先生的大气、重义、高端，为贵州乃至全国民族文化出版事业勇于开拓创新的精神，让我坚信贵州民族出版事业及贵州民族出版社必有灿烂的未来。

李江山先生是胡社长的得力助手，也是本文集全部选编业务的操盘手。他的温润、细致、敬业都给我留下难忘的印象。

40 多年来一直在白庚胜先生身边工作，并予以他帮助的中国社会科学院少数民族文学研究所、中国民间文艺家协会、中国文学艺术界联合会、云南省人民政府、中国作家协会、全国政协民族宗教委员会的各位朋友，云南、四川、西藏的纳西族同胞，我也要深深地致以谢意：是你们成就了白庚胜先生的一切辉煌。

如果钟敬文先生、马学良先生、贾芝先生、宫田登先生在天有灵，我想献上这套文集，以感激他们对白庚胜先生的教育和培养之恩。

最后，我想借此告慰我的公公婆婆：二老，庚胜此生不虚度，淑玲卅年已尽力。不足之处，望多包涵！

孙淑玲

2021 年 6 月 15 日